CJ의 생각

문화에서 꿈을 찾다, 7가지 창조적 여정

creative journey

고성연 지음

열림원

21세기에는 문화산업이
각국의 승패를 결정하는 최후의 승부처가 될 것이다.

_피터 드러커

| 일러두기 |

외국 인명·지명·상표명 등 고유명사 표기는 기본적으로 국립국어원의 외래어 표기법에 따르되,
필요한 경우 관용적 표기를 따랐다.

프롤로그

나는 어린 시절부터 실험적이면서도 대중성을 잃지 않는 영국의 대중문화에 관심이 많았다. 피터 그리너웨이, 대니 보일 같은 감독들의 영화를 흠모했고, 〈미스사이공Miss Saigon〉, 〈레미제라블Les Misérables〉 같은 뮤지컬을 제작한 카메론 매킨토시의 작품에 흠뻑 빠져들었으며, 얼마 전 타계한 뮤지션이자 혁신가였던 데이비드 보위의 영향이 스민 브릿팝을 즐겨 들었다. 그러다가 산업적인 관점에서 영국을 바라보게 되는 계기를 맞이했다. 「한국경제신문」 산업부 기자로 일하던 시절, '디자인 경영' 시리즈를 준비하다가 런던의 '창의산업creative industries'에 관심의 촉수를 뻗친 것이다. 어째서 이 나라의 문화콘텐츠는 유달리 매력적일까? 창의산업을 키운 근원적인 동력은 무엇일까? 문화적 유산이 풍부한 나라는 많지만 그 소중한 유산을 현대 산업에서까지 새롭게 꽃피운 경우는 드물지 않은가.

나는 그 답을 크리에이터들로부터 직접 얻기로 했다. 그래서 런던에서 유학을 하는 동안 틈틈이 패션, 산업디자인, 건축 등 각 분야에서 영국의 창조성을 대표하는 크리에이티브 리더들을 만나 인터뷰를 진행했다. 그 결과 몇 가지 키워드를 건져냈다. '다문화', '절충주의', '수평적 사고'. 이런 요소들이 녹아 있는 문화적 토양이 전통에 대한 자부심과 절묘한 조화를 이루면서 창의력으로 발전했다는 이해가 가능했다. 21세기 들어 런던이 창의산업의 허브로 부각된 데는 영국을 '셰익스피어'의 영광에 기대지 않고 참신한 아이디어로 반짝이는 문화강국으로 키우려는 정부의 지원도 큰 몫을 했다.

그런데 또 다른 발견이 있었다. 많은 영국인들이 자신들의 창의성에 대단한 자긍심을 지니면서도 그 창조적 DNA를 토대로 글로벌 시장을 아우르는 기업가 정신을 발휘하는 데 있어서는 미국에 뒤진다는 사실을 못내 씁쓸해한다는 점이었다. 개개인의 재능은 탁월하지만 정작 그들의 실력을 담은 문화콘텐츠의 결실은, 복합 미디어 기업들을 다수 보유하고 할리우드와 브로드웨이 같은 '브랜드'를 거느린 '주식회사 아메리카'가 훨씬 더 많이 누리고 있는 것이 현실이었다. 사실 어느 국적이 됐든 빼어난 인재들의 창조적 역량을 흡수해 '가치'로 발산시키는 글로벌 플랫폼은 미국이 거의 독식하고 있다. 왜 미국식 '시스템'이 대중문화의 패권을 그토록 압도적으로 장악하고 있는 걸까? '강요가 아니라 매혹'이라 불리는 문화산업까지도 좌우하는 기업들의 힘은 어디에서 비롯되는 걸까? 대중문화의 세계화가 빠르게 전개되는 디지털 시대에 이 치열하고도 매력적인 산업의 역학 구도는 어떻게 바뀔 것인가?

이 책으로써 나는 CJ라는 한 기업의 렌즈를 통해 그 답을 진지하게 탐색해볼 기회를 갖게 되었다. 우리 대다수는 온 국민을 복고의 향수에 빠지게 한 〈응답하라 1988〉이나 사회적 반향을 일으켰던 〈미생〉 같은 드라마, 그리고 〈명량〉, 〈베테랑〉 등 통쾌한 영화를 선보이는 요즘의 CJ에 익숙할 테지만, 이 기업이 지금으로부터 20여 년 전 대한민국에서 문화산업을 제대로 일으켜보겠다고 도전장을 던졌을 때만 해도 그들에겐 아무런 밑천이 없었다. 당시 제일제당이라는 이름으로 창립 이래 40여 년간 설탕과 밀가루를 주로 만들던 기업이, 앞으로 '문화'라는 키워드로 사업을 꾸려가겠다고 대뜸 영화사업에 뛰어든 것이었다. 당시 자사 매출의 2할 수준인 3000억 원을 할리우드의 신생 스튜디오 드림웍스에 통 크게 투자하면서. 다들 제조업에 열중하던 시절, 식품 기업으로서 충분히 먹고살 토대를 갖춘 이 기업의 대담한 행보는 남들 눈에는 엉뚱하게 보였을 터다.

CJ에게 그 투자는 아시아의 할리우드처럼 도약하겠다는 야무진 포부를 갖고 명운을 건 전략적 승부수였다. 우리 자본과 역량으로 '메인스트림'으로 불리는 영미권 문화 패러다임에 견줄 문화상품을 만들어내려면 경쟁력 있는 플랫폼과 시스템을 갖추는 일이 필수적이라고 생각했기 때문이다. 그 이후로 CJ는 부지런히 지평을 넓혀나갔다. 영화 배급만이 아니라 영화 기획·투자, 멀티플렉스, 방송, 홈쇼핑, '체험경제'의 정수를 담은 이벤트 등 다각도로 사업을 확대했다. 단순한 '패치워크' 식이 아니었다. 그 모든 선택의 기로와 실행 과정마다 '문화'에 대한 고민이 여실히 반영돼 있었다. 홈쇼핑에 엔터테인먼트 요소를 불어넣고, 영화관을 다양한 문화콘텐츠가 뛰노는 놀이터로 재해석하며, 식품도 문화를 덧입혀 식문화 콘텐츠로 빚어내려 애쓴 배경엔 그런 고민이 어김없이 자리하고 있었다. 이 책이 7장에 걸쳐 CJ의 문화사업을 이끈 전략적 선택과 비전의 바탕이 된 '생각들'에 초점을 맞추고 있는 이유다.

이제 CJ는 먹고, 입고, 보고, 즐기는, 우리 일상에 가장 깊숙이 들어와 있는 '라이프스타일'을 전방위적으로 다루는, 세계적으로도 드문 사업 포트폴리오를 갖춘 기업이 됐다. 대한민국의, 아시아의 문화산업을 논하기 위해서는 'CJ'를 언급하지 않을 수 없게 되었다. 그러나 이러한 오늘에 이르기까지 CJ의 20년은, 나의 선입견과 달리, 성공담보다는 시행착오가 훨씬 더 많은 지난한 여정이었다. 그 고군분투기가 흥미로웠던 이유는 아무도 가보지 않은 길이었다는 점, 한 기업만이 아니라 우리나라 문화산업의 성장 궤적을 더불어 반추해볼 수 있는 핵심적인 사례연구case study였다는 점, 그 20년이 마침 세계적으로 대중문화가 어느 때보다도 폭발적으로 팽창한 데다, 디지털화의 흐름을 타고 국적이나 장르, 플랫폼의 경계가 허물어지는 '혼돈'과 '변혁'의 시기와 맞물렸다는 점 때문이다.

　　그리고 더 중요하게는, 결국 창조적인 사람들에 대한 이야기였기 때문이다. 문화상품을 다루는 기업들의 R&Dresearch and development 대상은 '인재'와 그들이 맘껏 창의적 역량을 펼칠 수 있는 토대가 아니던가. 개개인이 기업가 정신으로 무장한 수많은 인재들의 두뇌와 열정, 상상력, 그리고 그것들이 한데 버무려진 집단지성collective genius이 발현되지 않았더라면 지금의 CJ는 존재하지 못했을 것이다. 앞으로도 마찬가지다. 콘텐츠 사업을 하는 기업은 기획자든, 아티스트든, 마케터든 '사람'에 집중적으로 투자해야 하는 숙명을 안고 있다('협업적 창의성'에 기여한다는 맥락에서 이들은 모두 '크리에이터'라 불릴 자격이 있다). CJ의 향후 20년이 궁금하고, 또 응원해줄 수밖에 없는 데는 그 과정에서 보다 많은 이들에게 기회와 사회적 부富가 돌아가기를 바라는 바람이 있어서다.

또 다른 20년 여정도 CJ에게 그리 순탄하지만은 않을 듯하다. 한국에서야 문화산업의 물꼬를 트고 단단히 자리매김한 대기업이지만 글로벌 차원에서 CJ는 이제 막 걸음마를 뗀 거나 다름없기 때문이다. 견고한 시스템과 초국적 네트워크를 지닌 '골리앗'들이 버티고 있는 가운데 문화산업에서도 'G2'를 꿰차겠다고 외치는 중국발 '공룡'들이 갈수록 존재감을 키우는 상황에서 문화콘텐츠 실크로드를 개척하려는 CJ는 사실 체급 자체가 다른 '다윗'이나 마찬가지다.

'문화'라는 매혹적인 단어를 둘러싸고 글로벌 기업들이 포진해 있는 산업의 장은 거대한 자본의 싸움터이며, 유구한 역사와 치밀하면서도 유연한 지략을 바탕으로 펼쳐지는 체스판이다. 그 역학 구도에 파장을 일으키겠다고 당찬 행보에 나선 CJ가 단지 패권 다툼에서 우위를 점하기보다는 진정성 있는 콘텐츠로 글로벌 문화의 다양성과 한국의 '소프트파워'에 보탬이 되는 기업이 되기를 소망한다. 바로 그 같은 바람으로 기꺼이 인터뷰에 응해준 CJ의 크리에이터들, 그리고 더 넓게는, 실력만큼은 누구 못지않게 빼어난 수많은 대한민국 콘텐츠 크리에이터들의 영감과 땀이 있었기에 감히 이 책을 집필할 용기를 얻었다.

2016년 2월

고 성 연

차례

일곱 번째 생각

입맛을 사로잡는 것이야말로 문화의 완성이다
'음식'이라는 대중문화

꿈에 맞는
시스템을 갖춘다

3천억에 미래를 품다

기업의 본질은 사람들에게 시장을 개척할 수 있는 기회를 준다는 데 있다.

베르너 플룸페(프랑크푸르트대학교 역사학과 교수)

Background Story

설탕과 스필버그

1995년 4월, 세계 영화계는 할리우드가 낳은 불세출의 스타 스티븐 스필버그의 동향을 예의 주시하고 있었다. 그의 차기작이 궁금해서는 아니었다. 이 시기에 스필버그는 그냥 연출자로만 활약하는 '감독님'이 아니었다. 디즈니에서 〈알라딘Aladdin〉, 〈라이온 킹The Lion King〉 등 히트작을 내놓으면서 10년 동안 애니메이션 흥행사로 활약했던 제프리 카젠버그, 그리고 음반업계의 혜성 같은 존재였던 데이비드 게펜과 합심해 설립한 신생 영화사 드림웍스Dream Works SKG를 이끄는 사업가로 변신한 상태였다. 드림웍스는 이미 마이크로소프트(MS)의 공동 창업주 폴 앨런으로부터 5억 달러에 가까운 자금을 받아내는 데 성공한 상태였고, 제2 투자자를 물색하던 중이었다. 당시 천하를 호령하던 첨단 산업의 선봉장 마이크로소프트와 드림웍스의 조합.* 과

---

* 마이크로소프트와 드림웍스는 컴퓨터 게임 등을 제조하는 소프트웨어 회사를 합작으로 만드는 일도 진행하고 있었으므로 이 둘의 관계는 '전략적 파트너'로 여겨졌다. "Dreamworks: One for the Money", 『The Seattle Times』, 1995년 5월 1일 자

첫 번째 생각 꿈에 맞는 시스템을 갖춘다 19

연 누가 다음 주자가 될지, 다수가 촉각을 곤두세울 만도 했다.

그런데 뜻밖의 소식이 전해졌다. 마이크로소프트에 이은 제2 투자자는 제일제당이라는 한국의 식품기업으로 밝혀진 것이다. 제일제당은 거물들의 조합으로 할리우드에서도 주목받고 있던 드림웍스에 3억 달러를 출자하기로 하고 그들의 전략적 파트너가 되는 대형 계약을 성사시켰다.

당시 한국에서는 영화산업에 대한 관심이 제법 고조되고 있던 상황이었다. 그 관심의 시발점은 88서울올림픽. 모두가 알다시피 여러모로 국가 성장의 기폭제가 된 서울올림픽을 계기로 한국의 기업들은 자동차, 조선, 건설, 반도체 등 많은 분야에서 혁혁한 개가를 올렸고, 그러한 분위기는 서비스산업으로도 이어졌다.

서비스산업, 그중에서도 고부가가치 영역으로 꼽히는 영화산업이 물꼬를 트게 된 것도 역시 올림픽 덕분이었다. 88올림픽을 기점으로 웬만한 가정에는 VCR이 한 자리를 차지하게 됐고, 이로 인해 비디오 시장이 급격히 커졌다. 1990년대 초반 삼성, LG, 대우 등 대기업 가전 3사는 이 시장을 받쳐줄 '콘텐츠' 시장으로 눈을 돌렸다. 비디오 기기를 더 많이 팔려면 '볼거리'가 필요했던 것이다.

외국영화만으로는 프로그램 조달이 힘들어지자 기업들은 한국영화 제작에도 투자하기 시작했다. 1992년, 삼성이 비디오 판권을 미리 사들이기 위해 투자한 영화 〈결혼 이야기〉가 성공하자 기업들의 움직임은 더욱 빨라졌다. 그리고 때마침 강력한 해외 사례가 눈에 들어왔다. 그 주인공은 스티븐 스필버그의 영화 〈쥬라기 공원Jurassic Park〉(1993)이었다.

"〈쥬라기 공원〉은 1년 만에 8억 5000만 달러의 흥행수익을 올렸습니다. 이는 자동차 150만 대를 수출해서 얻는 수익과 같습니다."*

이상희 당시 과학기술부 장관은 대통령에게 이렇게 보고하면서 콘텐츠산업의 잠재력을 역설했다. 영화 한 편으로 국산 자동차 수십, 수백만 대를 판매하는 효과를 낼 수 있다니, 미래의 먹거리를 부지런히 찾고 있던 한국 기업들로서는 솔깃하지 않을 리 없었다. 1990년대 중반까지 대우, 벽산, 해태, 한보, SKC, 새한, 진로 등 20여 개의 대기업들이 앞다퉈 영화산업에 진출했다.

이러한 현상을 바라보는 영화인들의 시선은 크게 두 갈래로 나뉘었다. 비판론자들은 '대기업들이 돈으로 휘젓는다', '돈에 눈이 멀어 정작 한국영화의 진흥은 뒷전으로 밀어놓는다'는 목소리를 거세게 냈다. 하지만 토착 자본에 대한 혐오감 때문에 기업의 진입을 환영하는 옹호론자들도 꽤 있었다. '충무로관'이라 불리는 기존의 영화업계는 특유의 끈끈함이 강점이기도 했지만, 제작 자본이 영세하고 도제식 인력 운용이 뿌리 깊었던 데다, 기성 세력 위주로 뭉쳐 있어 배타적인 분위기가 강했다. 설상가상으로 외화 직배(직접 배급)가 성행하면서 토종 영화를 만들 자본의 씨가 말라갔다. 등용문이 넓어지길 기다렸던 젊고 역량 있는 영화인들 사이에서는 자연스레 대기업 자본을 반기는 기색이 엿보였다.

바로 이 무렵, 전혀 존재감을 드러내지 않고 있던 '설탕 회사' 제일제당이 모두가 꿈꾸던 영화계 최고 브랜드 스필버그와 손을 잡는 '사건'이 벌어졌으니 다들 놀랄 만도 했다. 국경을 넘어선 이 전략적 제휴는 국내 신문들의 헤드라인을 대문짝만 하게 장식한 건 물론이

---

* 「쥐라기 공원」의 흥행수익 차 150만 대 수출과 같아", 「동아일보」, 1994년 5월 18일 자

고, 멀리 바다 건너 「뉴욕타임스」에도 제법 비중 있게 소개됐다. 당시 제일제당의 매출 규모는 1조 원대.* 동방의 작은 나라에서, 그것도 식품기업이 자신의 덩치(매출)를 감안하면 무려 5분의 1(1995년 기준)에 해당하는 거액을 들여 사업 동맹을 맺었다. 그것도 완전히 별세계처럼 여겨지는 영화사업으로. 직원들로서도 어안이 벙벙할 지경이었다. 흥미진진하게 받아들이는 이들도 있었지만, 대다수는 갈피를 잡지 못했다. 삼성그룹 계열의 안정적인 식품기업에서 일할 요량으로 입사했던 일부 사원들이 돌연 '딴따라 업종'에 편입된 듯한 느낌을 받은 것도 어찌 보면 당연했다.

드림웍스를 사로잡은 '청바지 협상'

사실 이 사건의 배경에는 묘한 운명의 엇갈림이 있었다. 사업 확장을 위해 외부로부터 자금 조달을 모색하고 있던 드림웍스의 문을 먼저 두드린 국내 기업이 있었다. 바로 삼성그룹이었다. 실제로 둘 사이에 진지한 협상이 이뤄졌을 만큼 논의가 진행된 상태였다. 미국의 유력지 「USA투데이」는 "한국의 삼성그룹이 드림웍스 지분을 대거 매입할 가능성이 유력한 투자자"라는 보도를 내놓기도 했다.**

6천여 편의 영화를 소장할 정도로 영화광으로 알려진 이건희 회장이 깊은 관심을 표명했던 협상이었다. 이 협상은 왜 결렬된 것일까? 미국 시사주간지 「타임」과 「동아일보」의 기사를 참조하자면 당시 상황은 이러했다. 삼성은 단독 투자자라는 조건을 내걸고 10억 달러의 출자 금액을 제시했다. 그러나 드림웍스 3인방은 반도체 공

---

* 1991년 1조 450억 원으로, 국내 식품업계 최초로 1조 원대를 돌파했다.

** 1995년 2월 23일 자, 「CJ그룹 60주년 사사」

룡이 받쳐주는 거대한 우산을 필요로 하지 않았다. 이들은 한국 굴지의 반도체 기업로부터 제안받은 '통 큰' 투자 금액을 확연히 낮춰 자신들의 경영권 실세를 유지하고 싶어 했다. 즉, 양측이 원하는 바가 달랐던 것이다.[*]

"우리는 한 그룹이 경영권을 너무 많이 갖는 것을 원하지 않는다. 9천 파운드짜리 고릴라 한 마리보다는 3천 파운드짜리 고릴라 세 마리와 있는 편이 더 좋다."

드림웍스의 입장을 압축해낸 듯한 데이비드 게펜의 비유적인 표현은 꽤나 인상적이다. 드림웍스는 마이크로소프트의 공동 창업주 폴 앨런을 비롯한 '큰손'들로부터 러브콜을 꽤나 받고 있었으므로 크게 아쉬울 것 없는 입장이었던 것 같다.[**] 다수의 예상을 깨고 삼성과 드림웍스와의 협상이 결렬됐다는 소식이 들려오자 이 투자 건을 예의 주시하고 있던 제일제당이 나섰다. 1995년 3월 말, 이재현 당시 제일제당 상무는 단출한 협상실무팀을 꾸려 누나인 이미경 이사와 함께 곧장 미국 LA로 날아갔다.[***] 그는 할리우드 거물들과의 협상을 앞두고 아이디어를 짜내느라 여념이 없던 이미경 이사에게 진지하고 단호한 어조로 말했다. "이제는 문화야. 그게 우리의 미래야."[****]

그렇다면 이들이 '딜deal'을 성사시킨 비결은 무엇이었을까? 우선

---

[*] 김학수, 『한국 영화산업 개척자들』, 인물과사상사, 2003

[**] 결국 폴 앨런은 5억 달러를 투자했다. "Unlikely Credits for a Korean Movie Mogul", 『뉴욕타임스』, 1996년 7월 5일 자

[***] 미국 유학 생활을 거쳤던 이미경 당시 제일제당 이사는 앞서 삼성과 스필버그의 접촉 과정에도 다리를 놓는 등 풍부한 글로벌 인맥을 지닌 것으로 알려져 있다.

[****] 한국CCO클럽, 『한국경제를 만든 이 한마디』, 프리코노미북스, 2015

제일제당 협상팀은 만남의 장소부터 자유분방한 할리우드식을 따랐다. 호텔이나 사무실이 아닌 스필버그의 개인 스튜디오 '앰블린 Amblin'을 선택한 것이다. 이 자리에서는 넥타이나 수트 같은 격식을 갖춘 차림새는 전혀 찾아볼 수 없었다. 멀리 한국에서 찾아온 30대의 젊은 남매는 청바지에 티셔츠, 운동화 차림으로 협상에 임했다. 양 진영의 이해 당사자들은 품격 있는 정찬 대신 간단히 피자를 먹어가며 소탈하게, 그러나 열정적으로 대화를 나눴다.

제일제당의 제안은 간단 명료했다. 돈을 투자할 테니 한국 시장에 먹힐 영화를 만들어달라는 게 아니라, 영상 사업을 전개해나가는 데 체계적인 도움을 받고 싶다는 것이었다. 그래서 궁극적으로는 진정한 창조적 파트너십을 구축하고 싶다는 것이었다. 처음에는 영화 유통부터 시작하지만 점차 한국 정서에 맞는 영상, 음악 등의 콘텐츠를 직접 제작하겠다는 꿈, 그리고 언젠가는 경쟁력 있는 문화상품을 앞세워 아시아의 할리우드처럼 도약하겠다는 야무진 꿈을 품고 있었기에 드림웍스처럼 젊고 창의적이고 유연한 글로벌 파트너를 절실히 필요로 했다.

이러한 제안은 드림웍스의 방향성과 잘 맞아떨어졌다. 당시 지나치게 관료주의에 젖어 있던 할리우드의 전형적인 틀에서 벗어나 보다 창의적으로 사업을 전개해보겠다는 소망을 지닌 창업가들로서는, 투자를 받더라도 당연히 좀 더 자유로운 파트너십 구도를 선호했을 것이다.* 그런 그들에게 제일제당은, 남들에게는 다소 의외의

---

* 스필버그가 공개적으로 밝힌 드림웍스의 설립 취지에는 "우리는 우리가 창조한 꿈의 실질적인 주인이 되겠다"는 내용이 담겨 있다. '드림웍스Dream Works'라는 사명에서도 창작자로서의 자부심이 느껴진다.

후보로 비춰졌을지 몰라도, 최적의 파트너로 느껴졌다. 제일제당은 드림웍스를 단순한 투자처가 아닌, 산업적인 차원에서 창의적인 콘텐츠를 빚어내는 시스템과 노하우를 전수받을 수 있는 최고의 '롤모델'로 바라보았기 때문이다.

두 남매는 이 같은 의도를 협상에서 가감없이 드러냈고, 드림웍스 3인방은 그 호기로움을 기꺼워했다. 카젠버그는 후일 "에너지와 열정, 흥분, 그리고 날것처럼 다듬어지지 않은 솔직한 야망에 반했다"라고 털어놓기도 했다.[*]

그리고, 겉으로는 무척이나 캐주얼했던 이 협상의 밑바탕에 제일 제당은 한 가지 뚜렷한 확신을 품고 있었다.

"이 협상이 우리가 꿈꾸는 미래를 앞당겨줄 것이다."

---

[*] "New Name in Lights in S. Korea", 「LA타임스」, 1996년 8월 19일 자

꿈에 맞는
시스템을 갖춘다

'한 수 배우겠다'는 겸허한 자세는 진심이었다. 양국 영화산업의 수준 차이는 실로 엄청났기 때문이다. 그 엄청난 간극의 핵심에는 '스튜디오 시스템'이 단단히 자리 잡고 있었다. 스튜디오 시스템이란 영화의 '제작', 투자 비용을 조달하는 '재무', 제작한 영화를 극장에 유통하는 '배급', 그리고 전략적으로 홍보 활동을 펼치는 '마케팅'을 체계적으로, 그리고 유기적으로 조율하고 관리하는 시스템으로, 할리우드는 이 시스템을 만들고, 보완하고, 하나의 굳건한 체제로 굳히면서 한 세기에 걸쳐 영화산업의 패권을 지켜왔다.

제일제당의 경영진은 한국영화가 산업으로 성장하는 기틀을 갖추고, 글로벌 시장에서 자웅을 겨루기 위해서는 하루빨리 스튜디오 시스템을 우리 것으로 만들어야 한다고 생각했다.

영화 시스템의 논리는 축구의 그것과도 닮았다. 철학과 가치가 체화된 시스템을 오랫동안 운영해온 축구 강국들은 슈퍼스타들의 공급에 다소 부침이 있더라도 크게 흔들리지 않는다. 브라질이 아무리 '죽을 쑤어도' 월드컵 8강에 오르지 못하는 일은 드물며, 호나우두처럼 걸출한 선수층까지 확보할 경우엔 파죽지세로 우승까지 내달린다. 할리우드도 마찬가지였다. 크고 작은 위기를 겪었지만 시스템의 저력을 바탕으로 버텼기에 강자의 면모를 오래도록 유지할 수 있었다. 실력 있는 개개인의 재능을 최대한 발휘하게 하기 위해서라도 시스템은 필수적이었다. 스필버그에게 손을 내민 결단에는 최고의 시스템을 배워 '우리 것'으로 체화하려는 의지가 짙게 깔려 있었다.

할리우드 스튜디오 시스템

할리우드에서 영화의 산업화를 위해 기획, 시나리오, 연출, 촬영, 편집 등 모든 제작 과정을 효율적으로 표준화(규격화), 분업화한 방식과 체계를 뜻한다. 이는 '대중 오락'이라는 자본주의 상품으로서의 영화를 전제하는 개념인데, T형 포드(모델 T)로 자동차의 대량 생산을 가능케 한 포디즘Fordism의 논리를 생각하면 쉽게 이해할 수 있다.

1920년대 중후반부터 20여 년간 파라마운트, MGM, 폭스 등 할리우드 메이저 스튜디오들은 비용 효율적으로 규격화된 제작 시스템은 물론, 배급과 마케팅, 그리고 주요 도시를 거점으로 한 극장 체인의 구축으로 상영까지 아우르면서 황금기를 누렸다. 이러한 수직적 통합은 대량 생산을 가능케 했고, 할리우드 영화가 세계적으로 대중성을 확보하게 하는 데도 기여했다.* 장르 영화와 스타 시스템에 의한 흥행

---

* 신강호, 『할리우드 영화』, 커뮤니케이션북스, 2013 ; 부르크하르트 뢰베캄프, 『할리우드』, 예경, 2005

공식은 리스크를 낮추고 자본의 안정성을 도모하려는 초기 대형 스튜디오들의 노력이 낳은 대표적인 산물이다.

실제로 양사의 파트너십은 제일제당 경영진이 원하던 '역량 쌓기'를 뒷받침하기에 꽤 적절한 조건을 담고 있었다. 계약의 핵심 내용을 보면 다음과 같다.

- 제일제당은 드림웍스의 자본금 10억 달러 중 3억 달러를 5년에 걸쳐 투자, 제2대 주주가 된다.
- 이로써 투자분에 대한 배당금과 함께 일본을 제외한 아시아 지역 판권을 가진다.
- 이재현 상무, 이미경 이사는 드림웍스의 5인 이사회와 경영위원회에 1년에 네 차례 참여한다.
- **드림웍스로부터 영화 배급, 마케팅, 관리, 재무 등 실무자들에 대한 운영 노하우와 영상 관련 기술을 지원받는다.**

이중 마지막 조항이야말로 CJ가 바라 마지않았던 부분이다. 스튜디오 시스템을 구축하기 위한 '기초 공사'의 토대를 제공받을 수 있다는 뜻이었으니 말이다.

'멀미', 제일제당 멀티미디어 사업부

1990년대 중반만 해도 한국 땅에서는 '스튜디오가 되겠다'는 얘기가 별로 먹히지 않았다. 스튜디오는커녕 '배급'이라는 말의 개념조차 제대로 잡혀 있지 않았다. 제작사와 극장주가 있었을 뿐 그 사이를 잇는 배급사는 존재감이 미미했고, 몇몇 배급업자들과 전국의 극장주들이 끈끈한 인간관계로 얽혀 있었다. 그러다 보니 제작사가 자신의 주머니를 털거나 빚을 내 영화를 만들어, 일부 지역에는 직접 배급하고 나머지는 지방 극장주나 배급업자 들에게 맡기는 식으로 판이 돌아갔다.

대기업들이 영화시장에 뛰어든 직후에도 상황은 크게 달라지지 않았다. 효율적인 비즈니스 체계를 구축하기보다는 스타 기용 전략을 강화하고, 마케팅과 홍보 예산을 키우는 등 할리우드의 흉내만 내는 수준이었다. 그런 상황에서 CJ는 스튜디오 시스템을 향해 직진했다. 그러한 방식이 장기적으로 체력의 원천이자 근본적인 경쟁력을 마련해줄 것이라고 믿었기 때문이다.

"드림웍스 투자는 우리의 목적지가 아닙니다. 출발 지점일 뿐입니다."
— 이미경 부회장, 「뉴욕타임스」에 실린 로이터 인터뷰 중

1995년 8월, 제일제당 멀티미디어 사업부가 신설됐다. 영화를 중심으로 방송, 음악, 게임 등을 아우르는 조직으로, 사내 공모와 외부 수혈을 통해 모은 30명 정도의 최고 인재들로 구성된 '정예 부대'였다. 줄여서 '멀미'라고 부르던 이 조직은 이재현 상무와 이미경 이사가 직접 진두지휘했는데, 파격적인 운영으로 유명했다. 당시 사내 공식 근무 시간은 오전 7시~오후 4시였지만 이 부서는 오전 9시 반부터 오후 6시 반까지 근무하는 체제를 택했다. 회의는 원탁에서만 진행했고, 팀원들에게는 밑도 끝도 없는 사업 주제가 주어졌다. 자유

로웠지만 그 누구보다 열정적이어야 했다.

'멀미'의 직원들은 미국 현지로 파견되기도 하면서 드림웍스로부터 배급 노하우를 전수받았다. 이 과정에서 좌충우돌의 시기를 겪었다. 드림웍스에서 보내오는 계약서를 번역하는 일조차 간단하지 않았다. 다양한 해외 파트너들과 커뮤니케이션을 하고 협상을 거치는 초창기였기 때문에 계약서 종류부터 입이 떡 벌어지게 많았던 데다 대부분 맥이 빠지도록 두꺼웠다. 모두가 머리를 맞대고 회의에 회의를 거듭해야 했다. 그야말로 '멀미' 난다는 우스갯소리가 어울리는 사업부였다.

배우고 익혀야 할 영역도 엄청나게 많았다. 드림웍스는 분기별 경영 상황, 계획 대비 달성비, 영화 예측, 제작 현황 등 각종 정보는 물론이고 흔히 P&A print and advertisement*라고 불리는 마케팅 비용을 책정하는 법부터 원가 관리, 회계 시스템 등 경영 전반에 걸친 관리 방식까지 공유했다. 낯선 자원들을 소화해내면서 한국 상황에 맞게 적용하려다 보니 툭하면 체하기 일쑤였다.

그런 상황에서 영화 제작의 기초도 간접적으로 다져나갔다. 〈모래시계〉로 이름을 날렸던 드라마계의 거장 김종학 감독과 그의 단짝 송지나 작가를 내세운 영상소프트웨어 업체 제이콤에 20억 원을 투자하는 형태로 합작회사를 차렸다. 제이콤은 제작비 20억 원을 들여 사하라 사막에서 촬영한 〈인샬라〉를 위시해 영화 네 편과 드라마, 애니메이션 등을 아우르는 대형 프로젝트를 발표했다. 그러나 TV 드라마 인력을 주축으로 한 제이콤과의 작품들은 결과가 좋지 않

---

* 영화의 배급비와 마케팅비. 프린트 제작, 필름 현상 등은 배급비에, 선제물 제작, 광고 제작, 광고비, 인건비, 프로모션비 등은 마케팅비에 포함된다.

았고, 시기는 더더욱 좋지 않았다. 1997년 'IMF 한파'가 몰아닥치며 대기업의 구조 조정이 시작됐던 것이다.

선택의 기로에서 홀로 남다

1998년 1월, SK가 영상사업을 포기했다. 1999년에는 대우가 영상음반사업부를 해체하고 멀티플렉스 사업을 동양그룹에 매각했다. 드림웍스 투자 건이 무산된 뒤에 〈JFK〉, 〈귀여운 여인Pretty Woman〉을 선보인 미국 유명 독립영화사 뉴리전시와 파트너십을 맺고 멀티미디어 사업에의 의지를 열렬히 이어갔던 삼성영상사업단도 1999년 〈쉬리〉와 〈건축무한육면각체의 비밀〉의 배급을 마지막으로 해체되었다. 대기업 자본의 영화산업 1차 진출은 이렇게 막을 내렸다.

1995년 시작된 위성, 케이블 산업의 영향으로 비디오 시장이 가파른 내리막길을 걷자 영화산업을 둘러싼 위기감이 더욱 팽배했다. 그룹 내부에서도 한국영화 투자에 대한 우려의 목소리가 터져나왔다. 드림웍스를 등에 업은 '외화 배급', 그리고 1998년에 서울 테크노마트에 문을 연 CGV를 내세운 '극장 사업'이라는 '쌍두마차'만으로도 충분히 안정적인 수익을 낼 수 있지 않겠느냐는 의견이었다.

실제로 제일제당은 외화 배급에서는 제법 그럴듯한 성적을 내고 있었다. 일례로 1998년 초여름에 개봉한 〈딥 임팩트Deep Impact〉는 드림웍스 배급 영화 중 처음으로 관객 수 100만을 넘어섰다. 〈이집트 왕자The Prince of Egypt〉(1998)도 전 세계적으로 실망스러운 성적을 거뒀는데, 한국에서는 박스오피스 순위에서 미국에 이어 2위를 차지했다. 〈글래디에이터Gladiator〉(2000)의 경우에는 처음에는 다른 업체(UIP)가 배급을 맡기로 했는데 끈질기게 설득해 국내 배급권을 따냈고, 300만 가까운 관객을 동원했다.*

1999년, 당시 영화사업을 담당하던 CJ 관계자들은 영화계 실력자였던 강우석 감독을 비롯해 여러 영화업자들을 만나 한국영화 투자에 대해 의견을 나누었다. 그리고 다음과 같은 결론에 이르렀다. "배급과 극장 사업은 돈이 되지만 한국영화로는 이익을 낼 수 없다."**

세상의 눈도 그리 호의적이지 않았다. 여전히 제일제당이라고 하면 '김혜자'와 '다시다', 그리고 '설탕'을 떠올리는 게 세간의 인식이었다. 어떤 사람들은 이런 말을 툭툭 던지곤 했다. "그냥 설탕이나 팔지 왜?"

제대로 된 시스템을 갖추기 위해 큰 투자를 감행했던 제일제당에게 당시 상황은 말 그대로 사면초가였다. 그러나 제일제당은 고심 끝에 처음의 목표를 지키기로 했다. 영화산업의 기틀을 다지는 데는 오랜 시간이 소요되리란 점을 처음부터 알고 있지 않았던가. 제대로 꿈을 펼쳐보지도 못한 채 중도 이탈할 수는 없었다.

당장 가시적인 성과가 나지 않더라도 '드림웍스 영화 배급'과 '한국영화 투자'라는 두 가지 과제를 모두 수행해야만 했다. 그러지 않으면 결국에는 외국 자본과 할리우드 스튜디오들에 휘둘릴 수밖에 없고, 한국영화를 기업의 먹거리로 삼겠다는 비전은 거품처럼 흩어질 것이 분명했다. 체계적인 운영 방식과 경험을 축적하는 데 더욱 집중해서 5년 안에 할리우드 같은 스튜디오 시스템을 갖추는 쪽으로 가닥을 잡았다.

---

* 〈글래디에이터〉는 2000년 개봉한 외국영화 흥행 1위를 차지했다. 씨네21 사이트, 영화진흥위원회, ㈜아이엠픽처스 제공 자료 바탕

** 김학수, 앞의 책

할리우드식 시스템의 저력

1895년, 최초로 대중을 상대로 유료 영화를 상영한 뤼미에르 형제를 탄생시킨 나라는 프랑스다. 20세기 초만 해도 프랑스는 세계 영화계를 주름잡았던 '본산'이었다. 1912년 상황을 보면, '파테Pathé'라는 프랑스 영화사는 미국에서 제작된 영화 전체의 두 배 분량을 단독으로 소화할 정도로 기세등등했다.* 영국, 이탈리아, 독일, 덴마크 등 다른 유럽 기업들도 저마다 영화시장에 진출하며 수출국으로서 기치를 올렸다.

그러나 제1차 세계대전의 발발로 인해 헤게모니의 전환이 이뤄졌다. 전쟁의 혼돈 속에 유럽 영화사들이 허둥거리는 동안에 충만한 기업가 정신으로 무장하고 신흥 강자로 부상한 미국 기업들이 그 빈틈을 영리하게 메운 것이다. 이러한 역전 현상에는 투자 부족, 영화 기업의 현대화 실패 등 다양한 요인들이 도사리고 있지만** 할리우드식 시스템이 지닌 힘 또한 강하게 작용했다. 특유의 시스템을 탄탄하게 굳힌 할리우드 메이저 스튜디오들은 유럽 세력에 대해서는 카르텔 형태로 강력한 연합전선을 구축해 싸우는 한편, 미국 내에서의 각개전투에도 치열하게 임하며 독자적인 경쟁력을 쌓아갔다.

물론 유럽 영화는 그 이후로도 예술적인 완성도를 자랑하는 작품과 명감독들을 꾸준히 배출해 존재감을 잃지는 않고 있다. 하지만 규모 면에서도, 자국 시장 내 영화 점유율에서도 할리우드에 밀리며 산업

---

* 서정남, 『할리우드 영화의 모든 것』, 이론과실천, 2009
** 앤 자켈, 『유럽의 영화 산업』, 커뮤니케이션북스, 2006

적으로는 활짝 꽃을 피우지 못하고 있다.

할리우드가 영화산업 자체를 움직일 수 있는 힘의 바탕에는 강력한 수직적 시스템과 이와 교묘하게 맞물려 돌아가는 방대하고 유기적인 콘텐츠 네트워크가 단단히 자리하고 있다. 인재와 기술력도 중요하지만 그것만으로는 절대적인 패권국 수준으로 맹위를 떨칠 수 없었을 것이다.

"우선 판을 키우자!" CJ는 즉시 영화 공급을 늘려 수요를 이끄는 공격적인 계획을 세웠다. 2004년까지 영화, 극장, 케이블 TV, 음반 사업 등 엔터테인먼트 분야에 5000억 원 이상을 투자한다는 것이 요지였다.

2000년, CJ엔터테인먼트라는 새 법인이 출발했다. 마침 동양그룹이 대우그룹의 영화 채널 DCN(1999년 6월 OCN으로 변경)과 캐치원(지금의 캐치온), 그리고 바둑TV까지 인수해 '온미디어'라는 통합 브랜드를 내세웠고, 멀티플렉스 사업에도 뛰어들면서 규모 있는 경쟁 업체로 등장했다. 롯데그룹 역시 2001년까지 전국 대도시에 있는 롯데백화점 12곳에 100개 스크린을 개관한다는 계획을 내놓았다.[*] 21세기를 배경으로 영화산업을 향한 대기업들의 도전이 다시금 불 붙게 된 셈이었다.

한국영화에 시스템을 입히다

CJ를 비롯해 기업들이 적극적으로 진출하면서 한국 영화계는 투명

---

[*] 김학수, 앞의 책

하고 효율적인 시스템을 갖춰나갔다. 사실 1990년대 중반만 해도 충무로 영화시장에서는 모든 회계 방식이 간이 영수증을 통해 주먹구구식으로 진행됐다. 정확한 용처를 알 수 없는 큰 비용이 제작비에 슬며시 얹히기도 했다. 이에 CJ 투자팀에서는 '영화 제작 예산 운영 가이드'라는 매뉴얼을 도입해 예산 운영의 투명성을 확보하는 작업을 시작했다.

무엇보다 값진 성과는 '수익의 정산과 분배'를 시스템화한 것이다. 이전에는 경쟁을 뚫고 영화를 진입시키기 위해 수천만 원의 뒷돈을 극장에 건네주는 일이 빈번했고, '표치기'라고 하는 영화 제목만 쓰여진 종이 티켓을 계속 돌려 영화사로 전해야 할 수익을 가로채는 일도 적지 않았다. 하지만 확실한 전산 시스템을 갖춘 배급사들이 자리를 잡으면서 이러한 비리가 근절됐다. CJ는 여러 차례의 정산일을 사전에 정하고, 순이익이 발생하면 제작사의 수익 분배금을 다음 달 말일까지 지급하는 내용을 계약서상에 명기하고 이를 시스템적으로 실행했다.

전산화 작업을 통한 투명한 유통 관리와 함께 CJ는 투자와 마케팅을 이끄는 배급사의 본보기를 제시했다. 예전에는 제작사에서 영화를 만들고, 신문, 잡지에 광고를 실어 관객을 동원했다면, 이제는 제작·배급사가 관객들의 성향을 분석하여 그에 맞게 영화를 만들고, 가장 효과적인 마케팅 플랜을 짤 수 있게 된 것이다.*

오늘날 한국의 영화산업은 매출 2조 276억 원으로 사상 최고의

---

* 우리나라에서 영화의 투자와 배급을 겸하고 있는 주요 투자·배급사로는 CJ E&M, 롯데엔터테인먼트, 쇼박스(미디어플렉스), N.E.W 등이 있다. 이들 4대 배급사는 작품 선별 능력이 핵심 경쟁력으로, 흥행 작품에 따라 순위가 결정된다. 일례로, 중소 배급사 N.E.W는 2013년 한국영화시장 점유율 29.4%로 CJ E&M(28.0%)을 누르고 1위를 차지하기도 했다.

호황을 누리고 있다.* 1998년만 해도 한국영화 점유율은 22.5%에 불과했지만 지금은 50%대를 넘나든다(인도, 미국 다음으로 높은 수준이다). 영화계 인사들은 한국 영화시장이 100년의 전통을 지닌 할리우드 역사를 단 20년의 기간에 응축시켜놓은 듯한 엄청난 속도전을 펼쳐왔다고 이야기한다. 사실, 그 20년의 세월 동안 CJ는 고전을 면치 못한 적이 더 많았다. 그렇지만 한 번도 처음의 목표를 놓지 않았다. 2013년 10월에 한국을 찾았던 제프리 카젠버그는 이처럼 단기간에 영화를 주축으로 한 경쟁력 있는 문화콘텐츠 기업이 나왔다는 점에 대해 놀랍다는 반응을 드러냈다.**

CJ가 아니었어도 배급 시스템이나 마케팅 체계는 언젠가는 결국 자리를 잡았을 것이다. 자본의 논리에 따른 산업이 전개되는 과정에서 필연적으로 수요가 생겨났을 테니 말이다. 그렇지만 한 번도 궤도에서 이탈한 적이 없는 CJ의 꾸준한 행보와 다른 후발 주자들의 활발한 대응이 빚어낸 경쟁 생태계가 뒷받침되지 않았다면 아마도 한국 영화산업은 결코 이처럼 빠른 시간에 시스템을 갖추지 못했을 것이다. 게다가, 어쩌면 그 주체는 한국 기업들이 아니었을지도 모른다.

* "2014년 한국 영화산업 결산", 영화진흥위원회

** "제프리 카젠버그, '드림웍스 - CJ, 20년 돈독한 관계 지속한 배경은?'", 「enews24」, 2013년 10월 21일 자 인터넷판

〈설국열차〉, 시스템의 내공을 확인하다

우리 자본과 능력, 시스템의 역량으로 누가 봐도 '글로벌 영화'라고 할 수 있는 작품을 직접 선보이는 것. 그것은 콘텐츠를 다루는 수많은 크리에이터들의 소망일 것이다. 그러나 말처럼 쉬운 일은 아니다. 영화나 TV 드라마 같은 대중문화 콘텐츠를 전 세계적으로 유통, 배급하고 막대한 부가가치를 창출하는 나라는 미국이 거의 유일하다 (애니메이션 강국 일본은 대중영화의 경쟁력에서는 갈수록 하향세를 타고 있다).

개개인의 재능이 신나게 '나들이'를 하는 것도 흐뭇한 광경이지만 그 수준을 뛰어넘어 할리우드 메이저 스튜디오처럼 초국적인 오케스트라의 지휘자 역할을 해내는 진정한 의미의 글로벌 프로젝트를 꾸리는 것은 여전히 꿈 같은 일일까.

"할리우드에서는 할 수 없는 모든 것을 담고 있다."

— IGN(미국 영화비평 사이트)

"이 영화를 만든 이들은 블록버스터급 액션영화들의 텃밭인 할리우드에서 할리우드 영화들을 제치고, 이견의 여지 없이 이번 여름에 가장 멋진(the coolest) 작품을 대항마로 내놓았다는 점에 대해 자긍심을 가질 수 있을 것이다."
— 「롤링스톤」(미국 대중문화 잡지)

"올여름 할리우드가 일손을 놓고 있는 건 아니지만 참신한 아이디어를 선보이려 무던히 애쓰고 있지도 않다는 점은 확실하다. 그러니 대담하게 독창적이고 기묘하게 특이한 영화적 시각(cinematic vision)을 갖춘 봉준호 감독의 작품은 숨막힐 정도로 천편일률적인 영화들의 틈바구니 속에서 당연히 주목받을 자격이 있다."
— 「엔터테인먼트 위클리」(미국 대표 연예 주간지)

2014년 6월 말, 한국에서 개봉한 지 1년쯤 지나 미국 시장의 문을 두드린 〈설국열차〉에 평단의 호평이 봇물처럼 쏟아졌다. 우리나라는 물론, 영화의 원작이 탄생한 프랑스를 비롯한 세계 무대에서 성공적으로 상영돼온 데다 167개국에 선판매 방식으로 수출이 확정됐기에 어느 정도 예상은 했지만, 기대를 뛰어넘은 호응이었다. 심지어 2000개 이상의 스크린을 확보하는 대규모 개봉 방식인 '와이드 릴리스wide release'를 택하지 않았던 결정에 대해 현지에선 이 영화의 북미권 배급을 맡은 와인스타인 컴퍼니를 비난하는 목소리까지 울려퍼졌다.

될성부른 중소 규모 작품들을 키워내는 탁월한 사업 감각으로 잘 알려진 와인스타인 컴퍼니는 배급·제작사로서의 명성을 지니고 있지만 동시에 상업성을 위해서라면 영화를 과하게 재편집하는 경우도 다반사라 '가위손'이라는 악명도 떨치고 있다. 〈설국열차〉의 경우에도 와인스타인 컴퍼니는 북미 시장의 기호에 맞춘다는 명목으로 19분을 덜어낸 편집본을 주장했는데, 이 부분에서 CJ, 봉준호 감독과 합의점을 찾지 못한 결과 원래의 버전(125분짜리)을 그대로 상영하는 대신 소규모 개봉 방식인 '리미티드 릴리스limited release' 방식을 택했다.

와인스타인 컴퍼니The Weinstein Company

하비 와인스타인과 밥 와인스타인 형제가 이끄는 준메이저급 영화 제작·배급사. 와인스타인 형제는 미라맥스의 공동 창업자로, 1989년 〈섹스, 거짓말 그리고 비디오테이프Sex, Lies, and Videotape〉의 판권을 110만 달러에 사들여 2500만 달러의 수익을 올림으로써 독립영화 사상 최대의 상업적인 성공을 거뒀다. 미라맥스는 1993년 디즈니에 인수된 뒤 쿠엔틴 타란티노의 〈펄프픽션Pulp Fiction〉으로 '대박'을 터뜨리며 메이저에 필적하는 영화사로 도약했고, 이후 〈브리짓 존스의 일기Bridget Jones's Diary〉, 〈킬 빌Kill Bill〉 등 수많은 화제작을 제작, 기획, 배급하며 상승가도를 달렸다. 2005년 디즈니와 갈등을 빚으면서 자신들의 성을 딴 새로운 업체를 설립한 와인스타인 형제는 그 후로도 〈더 리더The Reader〉, 〈킹스 스피치The King's Speech〉, 〈아티스트The Artist〉, 〈실버라이닝 플레이북Silver Lining Playbook〉 등 아카데미를 휩쓴 수작을 다수 배출해 '오스카 수상 제조기'라고도 불린다.

〈설국열차〉는 미국 주요 도시 8개 관에서 출발선을 끊었다. 이는 리미티드 릴리스의 전형적인 전략인 '롤아웃roll out', 즉 적은 수의 개봉관에서 시작해 관객 반응에 따라 스크린 수를 늘려가는 개봉 방식을 적용한 것이다. 당초 업계에서는 최대 150개 정도의 스크린을 확보할 것으로 예상했지만, 평단 못지않게 자못 뜨거웠던 관객들의 반응에 힘입어 상영관이 보름 만에 356개까지 확대됐다. 하지만 개봉 3주 차에 들어서자 이런 인기와 상관없이 원래 계획대로 VOD(주문형 비디오) 서비스에 돌입해야만 했다. 그 파장으로 극장에서의 상승세가 확 꺾이나 싶었지만, 이 영화는 의외로 양쪽 시장에서 선전하는 이례적인 뒷심을 발휘했다.

그렇게 〈설국열차〉는 한 달여 만에 미국 시장에서 극장 매출 450만 달러*를 돌파했고, 온라인 시장에서도 아이튠스 차트 1위를 비롯해 구글플레이, 컴캐스트 등 미국 주요 VOD 플랫폼에서 상위권에 오르며 750만 달러라는 고무적인 수익을 거둬들였다. 북미 외에도 프랑스, 중국까지 대부분의 개봉 국가에서 역대 개봉 한국영화 1위 신기록을 모두 갈아치운 대표적인 K필름이 됐다.

〈설국열차〉도 단순히 숫자의 논리만 놓고 보면, 할리우드에 도전할 만한 성적을 거두었다고 보기는 어렵다. 한국영화사 기준에서는 최대 규모를 기록한 400억이 넘는 제작비, 부수적인 마케팅 비용까지 감안하면 손익분기점(BEP)을 넘긴 정도다. 물론 VOD 매출이나 DVD 판매 등 부가 판권 서비스로 앞으로도 꾸준히 성과를 내긴 하겠지만 소위 '대박'을 터뜨렸다고 볼 수는 없다. 진부하다는 힐난의

* 2014년 10월 23일 기준 456만 달러, Box Office Mojo

눈초리를 받을지언정 꿋꿋하게 돈을 쓸어담는 온갖 할리우드 블록버스터 시리즈물의 틈바구니를 비집고 들어가는 데까진 성공했지만 유유자적 헤집고 다니며 노다지를 캐내지는 못했던 것이다.

그렇다면, 절반의 성공이라는 타이틀에 만족하면서 나머지 절반은 아쉬움 남는 실패로 간주해야 할까? 결론부터 말하자면 그렇지 않다. CJ 내부는 물론 우리 영화 생태계에 일어난 변화를 생각해보면 〈설국열차〉를 계기로 절반의 성공에다 절반의 가능성까지 확보했다는 것이 제대로 된 진단이다.

우리 힘으로 만든 첫 글로벌 영화

박찬욱, 봉준호, 김지운 같은 실력파 감독들이나 최민식, 이병헌, 배두나 등의 배우들이 해외에서 개인의 재능을 마음껏 펼치고 있다. 하지만 CJ는 글로벌 무대에서 K필름이 하나의 브랜드로 서기 위해서는 이들 개개인의 힘을 집결시킬 수 있는 '글로벌 프로젝트'도 꼭 필요하다고 생각했다. 〈설국열차〉는 전적으로 우리나라의 자본과 기획, 연출력으로 승부를 펼쳐 여러모로 꽤 의미 있는 실적까지 거둔 첫 글로벌 영화다. 아시아권이 아니라 전 세계 영화시장의 40% 수준을 차지하는 북미 지역(2011년 PwC 통계 기준)을 주요 타깃으로 성과를 올렸다는 데 남다른 의미가 있다.

제작 규모부터 달랐다. 2011년 한 해 동안 해외 배우 캐스팅, 촬영지 섭외, 스태프 채용 등 제작을 위한 준비가 이뤄졌다. 하지만 엄청난 제작비가 장애물로 다가왔다. 박찬욱 감독이 운영하는 모호필름과 이태헌 대표가 이끄는 오퍼스픽처스가 제작사로 참여한 이 대형 프로젝트에 CJ는 이미 기획 단계부터 개발비로 150억 원이라는 거금을 투자한 상태였다. 국내 제작사들은 나머지 자금을 확보하기 위해 해외 투자를 적극 유치할 계획이었지만, 그 작업이 생각보다 만만치 않았다.

2012년 4월, 촬영에 돌입할 시점이 눈앞에 다가왔는데도 펀딩 상황은 나아지지 않았다. 영화 〈어벤져스The Avengers〉의 영웅 '캡틴 아메리카'로 유명한 크리스 에번스나 틸다 스윈턴 같은 세계적인 배우들을 비롯한 다국적 인력이 참여하는 프로젝트라 제작 일정을 조정할 수도 없었다. CJ로서는 중대한 결단을 내려야 했다.

"CJ에게도 400억 원이 넘는 투자 규모는 선례가 전혀 없는, 수익성만을 생각할 때는 어려운 결정이었던 것이 사실입니다. 하지만 그간 해외 시장에서 쌓아온 유통 역량에 대한 자신감이 있었고, 무엇보다 봉준호라는 걸출한 감독과 작품에 대한 믿음, 글로벌 시장에 당당히 선보일 대작에 대한 열망이 있었기에 가능했던 것 같습니다."

— CJ E&M 영화 해외사업부 남종우 부장

글로벌 작품은 '콘텐츠, 기술, 해외 창구'의 삼박자가 맞아떨어져야 한다. CJ는 그동안 차곡차곡 쌓아온 투자, 제작, 배급 역량을 총동원해야만 했다. 국내에서 다진 내공에, 해외 시장에 한국영화들을 배급하거나 글로벌 영화사들과 공동제작을 해온 실력을 더해 완전 초보처럼 당황하지는 않을 수 있었다. 하지만 워낙 규모가 크다 보니 새롭게 배우거나 막연히 지식으로만 알고 있다가 실전에서 처음 시도한 일이 많았다. 회계, 정산, 세무, 외환 거래, 다양한 언어 버전 배급, 각국 개봉 시기 조절, 글로벌 마케팅 등 모든 업무 과정이 그러했다.

메이저리그에 K필름을 각인시키다

앞서 나열된 미국 미디어의 호평에서 공통적으로 주목되는 부분은
바로 '할리우드 토양에서는 나올 수 없는 참신함을 지녔다'는 평가
다. 이 시대 마지막 열차를 탄 인간들, 그들의 계급사회를 비유하는
다소 무거운 주제를 다룬 〈설국열차〉의 화법은 긍정적인 휴머니즘
과 해피엔딩으로 특징지어지는 전형적인 블록버스터 화법과는 확실
히 거리가 있다. 그렇지만 그네들이 좋아하는 서사와 영상미, 판타
지 요소들을 머금은 대형 공상과학물의 틀도 분명 갖추고 있다.

그런데 이처럼 색다른 조화는 매력으로 비쳐지기도 했지만 동시
에 '장르'에 대한 시각 차이를 야기하는 요소이기도 했다. 또 400억
원대의 제작비는 우리로서는 엄청난 금액이었지만 편당 1000억 원
정도는 가볍게 넘기곤 하는 할리우드 블록버스터의 제작비 규모를
볼 때는 애매한 수준이었다. 이런 배경에서 〈설국열차〉는 '웰메이드'
이긴 해도 미국 시장에서 먹힐 만한 상업적인 대작으로 간주되지는
않았다(바로 이 점이 제한 상영과 VOD 시장이라는 배급사의 '이원화' 전
략을 불러왔다).

물론 CJ와 봉준호 감독도 고민했다. 실제로 배급사인 와인스타인
의 주장대로 19분 분량을 잘라낸 북미 시장용 편집본도 준비했다
고 한다. 하지만 편집본을 상영한다고 해도 과연 배급사가 마케팅
예산을 얼마나 투입할지, 그리고 실제로 '뻔하지만 강력한' 블록버
스터들과의 대결에서 쏠쏠한 성과를 낼 수 있을지 예단할 수 없었
다. 여러모로 정면 승부는 쉽지 않은 모양새였다. CJ 내부에서는 영

화 본연의 색을 잃을 수 있는 상황에서 큰 성과를 낼 수 있다는 확신도 없다면 차라리 '스토리를 지키자'는 쪽으로 의견이 모아졌다.

선택은 나쁘지 않은 결과를 불러왔다. 우선 관객들은 이 작품을 전형적인 독립영화나 아트버스터Artbuster*로 받아들이지 않았다(각종 매체에서 앞다퉈 '큰 스크린에서 봐야 할 SF 스릴러'라고 강조한 점에 주목할 필요가 있다). 이런 주장을 뒷받침하기라도 하듯이, 애초의 계약 조건대로 개봉한 지 3주 만에 VOD 서비스 플랫폼에 올라왔지만 여전히 극장에도 발길이 끊이지 않아 상영관을 확대했고, 현지에서도 이를 '놀랍게' 받아들였다.

극장에서 개봉한 영화가 VOD 같은 다른 창구로 유통되는 데 걸리는 시간인 '홀드백hold back'이 짧으면 대개 그 영화는 실패작으로 간주된다. 그런데 〈설국열차〉는 극장과 VOD가 공존하기 어렵다는 고정관념을 깼다. 「월스트리트저널」은 와인스타인의 배급 사업 부문인 레이더스-TWC의 공동 대표인 톰 퀸의 말을 인용해, "〈설국열차〉는 상업영화와 독립영화 사이에 자리한 영화"라며, 입소문으로 양쪽 플랫폼에서 쏠쏠한 성적을 거둔 배경을 소개했다.

한국 배우들이 등장하고 한국어로 대사를 던지는 데 대해 한층 포용적인 반응을 얻어냈다는 점도 긍정적이다. 한국말 대사가 그다지 많지 않기도 했지만 저항감보다는 '자연스럽다', '신선하다'는 반응이 대부분이었다. 가수 싸이가 한국어 가사로 노래한 〈강남스타일〉의 신화가 시사하는 바와 맥락을 같이하는 대목이다.

한 문화권에 뿌리를 둔 상품이 다른 문화권으로 진입하게 되

---

* 대작은 아니지만 예술성을 갖춘 데다 블록버스터 부럽지 않은 흥행성까지 겸비한 작품이라는 뜻의 신조어.

면 언어, 관습 등의 차이로 인해 원래의 가치가 떨어지는 '문화할인 cultural discount' 현상*이 일어난다. 〈강남스타일〉이나 〈설국열차〉처럼 경계를 무너뜨리는 사례들이 점차 많아질수록, 그리고 그 파장이 클수록 지구촌의 대중이 문화적 장벽에서 느끼는 정서적 간극과 수용의 저항감을 줄여갈 수 있을 것이다. 그러면 우리 문화 상품에 적용되는 문화할인의 폭도 자연스럽게 줄어들 것이다.

할리우드가 이런 변화의 흐름을 눈치챈 것은 당연하다. 이미 세대를 거듭해 블록버스터 전략을 펼치면서 시각적 효과를 강조해 문화적 할인의 폭이 크지 않은 스펙터클한 작품들에 치중해왔고, 요즘은 그 반경을 한층 넓히고 있는 추세다. 영화 〈어벤져스〉의 속편이 서울에서 촬영되고, 마블 만화 『캡틴 아메리카』의 주인공을 백인에서 흑인으로 바꾸는 식의 '다문화적 기획'이 속속 고개를 내밀고 있는 것도 그 때문이다. 미국, 유럽 등지에서도 조금씩 감지되고 있는 이런 현상은 우리 문화콘텐츠가 틈새를 파고들어 판을 키울 여지를 넓혀줄 것이다. 〈설국열차〉에서 블루오션의 실마리를 엿볼 수 있는 이유다.

---

* 문화할인율이 낮으면 타 문화권에 쉽게 받아들여질 수 있다. 대개 스포츠·다큐·애니메이션·게임 등은 문화할인율이 낮고, 영화·드라마·예능 등은 높다. 시각적 효과에 중점을 둔 문화상품일수록 문화할인의 폭이 줄어든다.

실패를
선택한다

블록버스터를 포기할 수 없었던 이유

실패는 진리가 자라는 학교다.
헨리 워드 비처

2015년 여름, 최고의 베테랑들이 온다!

2015 범죄오락액션
베테랑
황정민 유아인 유해진 오달수 <베를린> 류승완 감독
2015.08.0

그 때 그 시절, 굳세게 살아온 우리들의 이야기

국제시장
황정민 김윤진 오달수 장진영 장영남 라미란 김슬기 감독 윤제균
2014.12

30 척에 맞선 12척의 배
역사를 바꾼 위대한 전쟁이 시작된다
명량
30일 대개봉

광해군 8년, 모두가 꿈꿔온 또 한명의 왕이 있었다
2012.09.13

Background Story

블록버스터의 치명적 매력

"어느 누구도, 그 무엇도 알 수 없다!"

아카데미상을 두 차례나 거머쥔 할리우드의 전설적인 시나리오 작가 윌리엄 골드먼은 도무지 예상하기 힘든 블록버스터 영화의 흥행 성적에 대해 이렇게 잘라 말했다. 천문학적 자금을 동원하고도 희대의 망작을 떠안게 되기도 하고, 그다지 큰 기대를 걸지 않았는데 의외로 잭팟을 터뜨리기도 하는 종잡을 수 없는 속성에 대한 푸념 섞인 진단이다. 개봉 직전까지도 한 치 앞을 알 길이 없어 영화한 편에 모든 걸 바치다시피 쏟아부은 관계자들을 거의 신경쇠약상태로 몰아가곤 하는 예측불허의 비즈니스. 얼마나 많은 이들이 동원되고 오랫동안 피땀을 흘렸든지, 얼마나 큰 돈이 투입됐든지 간에 대개 개봉 첫 주말의 성적에 따라 천국과 지옥의 갈림길이 정해져버리고 마는 구조적인 허탈함. 바로 이런 면모 때문에 영화산업은 몹시 리스크가 큰 분야로 각인돼 있다.

그렇다면 그토록 커다란 리스크가 필연적으로 따라붙는 일을 경쟁적으로 벌이는 이유는 무엇일까? 어째서 영화업자들이란 부류는 속이 시꺼멓게 타들어가다 못해 재가 되어버리는 느낌을 선사한다는, 온몸을 주체할 수 없을 만큼 심한 멀미와 두통을 내내 달고 다니게 해 '블록버스터'가 아니라 '롤러코스터'라고 불리는 고위험 사업에 날이 갈수록 더 집착하는 것처럼 보이는 걸까? 언젠가는 화끈하게 '대박'이 터지기를 기다리는 어설픈 도박사의 심리에서 비롯된 단순한 과열 현상일까?

천만의 말씀이다. 영화는 예술인 동시에 엄연한 비즈니스다. 소위 '메이저 스튜디오'라고 불리며 무려 100년에 걸쳐 패권을 유지해온 할리우드 영화사들을 위시해 이 업계에서 제법 규모가 되는 기업들은 격랑의 세월을 버텨온 사업의 고수들이다. 자그마치 한 세기를 파란만장하게 수놓은 할리우드의 베테랑들이 합리적이지 않은 비즈니스 논리로 움직였을 리 없다는 건 자명하다.

블록버스터에 대한 집착에 가까워 보이는 사랑은 역설적이게도 영화 비즈니스가 지닌 숙명이다. 필연적으로 내재된 위험을 줄이기 위한 수단, 다시 말해 '불확실성의 확실성'을 미리 방어하기 위한 방편으로 크기scale를 주 무기로 내미는 것이다. 막대한 제작비가 투입되는 블록버스터 한 편만 놓고 보면 '모 아니면 도' 식의 배짱 가득한 승부수로 판단될 수도 있겠지만, 1년치 상영작 목록을 활짝 펼쳐놓으면 그림이 싹 달라진다.

예를 들어, 연간 25편의 개봉 예정작이 있다면 기둥이 될 성싶은 4~5편의 텐트폴tentpole 영화에만 초대형 예산을 집중적으로 쏟아붓고 나머지에는 '성의 표시' 정도만 하는 식이다(적어도 자금의 논리로 보면 그렇다). 무작정 모든 작품의 판돈을 키우는 게 아니라 철저한 선택과 집중으로 밀고 나간다. 그중 히트작은 잘하면 2~3편 정도지만 전체적으로는 플러스(+)의 수익률을 낼 수 있다.[*] 블루칩 중심으로 포트폴리오를 꾸리는 안정 지향적인 주식 투자 전략과 비슷한 체계다.

엔터테인먼트산업 분야의 권위자인 하버드 경영대학원의 애니타 엘버스 교수는 이처럼 치밀하고도 대담한 영화산업의 승부수를 가리켜 '블록버스터 전략'이라고 부른다. 언뜻 '한 방'을 노리는 도박처럼 들리지만 엄청난 위험 부담을 안고 제작하는 블록버스터야말로 실제로는 가장 많은 수익을, 꾸준하게 가져다주는 화수분인 셈이다.

할리우드의 검증된 전략, 블록버스터

21세기에 접어들어 메이저 스튜디오들 중에서도 디즈니와 더불어 쌍두마차 격으로 활약상이 특히 두드러진 워너브라더스는 최근 블록버스터 전략을 성공적으로 실천해온 '우량주'로 꼽힌다. 지금은 디즈니그룹 산하 월트디즈니 스튜디오의 지휘봉을 잡고 있지만 이에 앞서 워너브라더스에 12년간 몸담았던 앨런 혼 회장은 상당히 저돌적으로 블록버스터 전략을 펼쳤다. 그리고 워너브라더스는 그의 재임 기간에 11년 연속 연간 10억 달러(약 1조 원)가 넘는 수익을 올렸던 유일무이한 스튜디오라는 영예로운 실적을 꿰찼다.

블록버스터 전략의 효과는 워너만 누린 것이 아니다. '그들만의 리그'에서 순위 바뀜만 있었을 뿐, 워너를 비롯해 파라마운트, 유니버설, 디즈니, 소니(컬럼비아), 20세기폭스 등 할리우드의 6대 메이저

---

[*] 애니타 엘버스, 『블록버스터 법칙』, 세종서적, 2014

스튜디오들은 이미 1960년대부터 이러한 '규모의 경제학'에 의존하기 시작했다. 벌써 반세기가 넘는 세월을 거치면서 효력을 발휘해온 검증된 전략인 셈이다. 『하이 컨셉트: 할리우드의 영화 마케팅』을 집필한 저스틴 와이어트 박사 역시 할리우드의 이러한 전략은 '한탕주의'에 바탕을 둔 승부수라기보다는 경제적으로 극도로 보수적인 관점에서 내려진 결정이었다고 설명한다. 영화 제작 비용이 점차 증가하면서 손익분기점도 덩달아 상승하자 아무래도 경제적인 위험을 줄일 수 있는 안전 장치로써, 더 많은 관객을 끌어들일 수 있는 증명된 요소들을 담은 블록버스터에 치중할 수밖에 없었다는 얘기다.

블록버스터 전략은 할리우드의 글로벌 행보와도 맞닿는다. 20세기 중반, 본격적으로 수출에 나섰던 할리우드는 해외 관객들이 보편적으로 선호하는 가족영화나 모험물 성격의 대작들에 치중하게 됐다.* 그리고 이 전략이 적중해 세계 각국에 소위 '할리우드 키즈 Hollywood kids'가 활발하게 생겨났다. 일각에서 '문화 식민지'라는 각성이 대두될 만큼 미국산 블록버스터의 매력은 치명적이었다. 유럽의 작가주의 예술영화도 시네필을 양산하긴 했지만 대중적인 파급력만큼은 미국산 블록버스터와 상대가 되지 않았다.

스케일로 압도하는 블록버스터는 작품성을 떠나 극장으로 관객의 발길을 이끄는 힘을 갖고 있다. 이러한 흥행 요소에 작품성까지 갖춘다면 그 효과는 상상하기 힘들 정도로 크다. 20세기폭스가 1977년에 선보인 〈스타워즈Star Wars〉의 사례를 보라. 처음 4년 동안 1100만

---

* 대부분의 블록버스터 영화들이 국가나 민족에 특정되지 않는 보편적 가치와 윤리를 기저에 깔고자 하는, 또는 그렇게 표방하는 이유도 이런 배경에서 이해될 수 있다. 김진해 외, 『아시아 영화의 오늘』, 한울아카데미, 2012

달러의 투자 비용을 지불하고 1억 8000만 달러를 벌어들인 이 영화는 미국 대중문화를 상징하는 할리우드의 대표 주자로 자리매김했고, 성공적인 장수 시리즈물로 이어졌다. 2015년 12월 〈스타워즈: 깨어난 포스〉를 통해 새로운 시리즈를 선보인 스타워즈가 지금까지 벌어들인 수익은 총 33조 원에 달한다. 이는 CJ 그룹의 2015년 한 해 매출보다 높은 수치이며,* 우리나라 한 해 예산의 9% 정도다.

이렇듯 할리우드 메이저 스튜디오들은 블록버스터를 통해 안정적인 수익 구조를 마련하고 글로벌 시장의 패권까지 장악했다. 할리우드에 대항할 만한 아시아의 문화기업으로 도약하려는 비전을 품고 있는 CJ에게 블록버스터는 반드시 풀어야 할 과제였다. 하지만 블록버스터란 단지 돈만으로 만들어낼 수 있는 것은 아니다. 창의성, 콘텐츠, 기술력, 전문 인력, 제작 노하우, 해외 창구 등 모든 역량이 한곳에 집중되어 긍정적인 화학작용을 일으켜야만 가능한 복합적인 산물이기 때문이다. 할리우드의 메이저 스튜디오들조차도 긴 세월에 걸쳐 갈고닦은 시스템 차원의 역량을 총동원해 빚어내온 초국적 문화상품이 바로 블록버스터가 아니던가. 그러니 영화산업이 막 걸음마를 뗀 시점에서는 엄청난 시행착오를 감당할 각오를 해야만 했다.

**"우리 힘으로 블록버스터를 만들어보자.
설령 실패를 하더라도."**

---

* "스타워즈의 경제학: 스타워즈 역대 수익, 33조 원… CJ 그룹 한 해 매출보다 높아", 「헤럴드경제」, 2015년 12월 17일 자

실패를
선택한다

'500만 관객을 동원하는 영화를 만들어낼 수 있는 안정적인 비즈니스 모델 창출'. CJ가 영화사업 초기에 내부적으로 세운 목표이자 희망은 지금 돌이켜보면 다소 소박해 보인다. 하지만 이 목표치는 국내 영화사들이 만든 1000만 관객 동원 작품이 활개를 치는 요즘과 달리, 당시로서는 꽤나 '맹랑하기 짝이 없는 꿈'으로 치부됐다. 그도 그럴 것이 1990년대는 한국영화의 혼돈기로, 해외 직배 영화들의 공세를 이겨내기 위해 연간 146일 이상 국내 영화를 상영하도록 제도적으로 보장하는 '스크린 쿼터제'가 간절하게 여겨졌던 시기였다.

일단 '판' 자체가 작았다. 그때까지 최고 관객 수의 기록을 가지고 있던 영화는 임권태 감독의 수작 〈서편제〉(1993)로, 103만 관객을 동원했다. 당시 한국영화의 평균 제작비는 5억 원대. 할리우드의 수준(160억 원)과 30배 이상 차이가 났다. 재능 있는 감독들은 여기저기 눈에 띄었지만 시장 규모 자체가 워낙 작은 데다, 제작 환경이나 극장 등 전반적인 인프라가 열악하다 보니 영화의 수준도 그만 그만했다. 소소한 코미디, 신파적인 감성에 호소하는 드라마, 가벼운 액션 등 몇몇 장르의 저예산 영화가 주를 이루고 있었다.

그런데 놀랄 만한 수치를 기록한 영화가 한 편 등장했다. 1997년 개봉된 〈타이타닉Titanic〉이 350만 관객을 동원한 것이다. 할리우드 블록버스터의 저력이 또 한 번 확인되는 순간이었다. 그러나 그것이 전부는 아니었다. '350만'이란 숫자는 국내 영화시장도 질적, 양적으로 팽창할 수 있다는 잠재 수요가 엿보인, 가능성의 지표이기도 했다.

홍콩영화에서 '흥행 공식'을 엿보다

시장 수요 면에서 가능성이 보였다고 해서 우리 영화가 당장 할리우드급으로 도약하기를 바랄 수는 없었다. 그래서 CJ 내부에서는 한때 폭풍 같은 인기를 끌었던 홍콩영화를 성공 사례로 놓고 골똘히 연구를 진행했다. 1980년대 중후반부터 한국은 물론 아시아 전역에 전염병 같은 열기를 몰고 왔던 〈영웅본색英雄本色〉(1986), 〈천녀유혼倩女幽魂〉(1987), 〈천고유정天若有情〉(1990) 같은 홍콩영화의 열풍은 똑같은 영화를 수십 번 관람하는 열성팬들을 대거 양산해낼 만큼 대단했다. 주윤발, 장국영 등 한국을 찾은 홍콩 스타들은 국빈급 대우를 받으며 TV에 출연하고 광고를 찍곤 했다. 지금의 한류처럼 그 시절에는 홍콩류, 즉 '항류港流'가 세차게 불었던 것이다. 아시아권을 주름 잡는 스타 배우들을 활용한 특유의 코미디물, 웃음과 인간미를 곁들인 쿵푸 영화, '홍콩 느와르'라고 불렸던 진한 남성적 유대감을 강조하는 갱스터 액션물 등 홍콩영화에는 온갖 장르가 다양하게 혼재하면서도 서구 영화와는 차별된 색이 흘렀다.

반면 당시 한국 영화계에서는 상업적인 영화를 위한 규격화된

'레시피'를 거의 찾아볼 수 없었다. 레시피에 지나치게 집착하면 독이 될 수도 있지만 대중의 수요를 꿰뚫을 만한 재료를 다듬어 장르의 매력을 극대화할 수 있는 기본 조리 노하우는 반드시 필요했다. 궁극적으로 관객층을 폭넓게 창출할 대작을 빚어내기 위해서는 반짝하고 끝나는 게 아니라 일정하게 우리만의 맛을 낼 수 있는 정제된 레시피를 계속적으로 개발해야 했다. 그러나 무림 고수들이 오랜 세월에 걸쳐 쌓은 내공과 내실을 단숨에 다질 수는 없는 법. 초기에는 엄청난 출혈이 예상됐다. 하지만 끊임없이 실전을 통한 '실험'에 나서는 것 외에는 다른 방법이 없었다. 밑 빠진 독에 물 붓기임은 불 보듯 훤했지만 지속적으로, 밀도 있게 투자하는 수밖에 없었다. '실패로 점철된' CJ의 기나긴 블록버스터 여정은 그렇게 시작됐다.

영화 선구안을 기르다

일단 작품을 고르는 선구안부터 길러야 했다. 그래서 영화사업 진출 초기에는 '안목 키우기' 차원에서 주로 배급 업무, 그리고 기획에 깊숙이 개입하지 않는 단순 투자 업무 위주로 역량을 쌓으면서 차근차근 체력을 다져나가기 시작했다.

마침 긍정적인 신호탄이 터졌다. 강제규 감독이 연출과 제작을 맡았던 〈쉬리〉가 1999년 2월에 개봉했는데, 한국영화 사상 최초로 관객 500만 명의 벽을 깨며 블록버스터 시대의 포문을 연 것이다 (582만). 제작비는 24억 원. 순도까지 높은 성공이 아닐 수 없었다. '한국영화도 볼 만하다. 충분히 흥행할 수 있다'는 확신을 갖게 하기에 충분했다. 게다가 시장의 규모 자체를 키울 수 있는 기폭제로 작용할 게 분명해 보였다.

CJ의 행보도 빨라졌다. 〈해피엔드〉, 〈섬〉, 〈행복한 장의사〉 등 작품성 있는 영화들을 발굴한 데 이어, 2000년 CJ엔터테인먼트라는 새 법인으로 출발하면서 투자 규모를 더 늘렸다. '좋은 시나리오에는 과감하게 투자한다'는 생각으로 명필름, 강제규필름 같은 젊고 창의적인 제작사들에 200억~300억 원씩을 투자하는 등, 요즘 기준에서도 꽤나 통 크게 움직였다. 하지만 헛다리를 짚은 경우도 꽤 있었다. 마음만 앞선 나머지 엉뚱한 제작사에 투자하기도 하고, 나름 참신한 기획임에도 제작 규모나 방향을 제대로 잡지 못해 일을 그르치기도 했다. 이처럼 옥석을 가리는 눈이 부족해 '애먼 데 투자했다'는 비아냥거림을 듣기도 했지만 '수업료'라고 생각하고 꾸준히 우물을 파는 수밖에 없었다.

그래도 2000년 가을에 이르러 상당히 뿌듯한 결실이 하나 맺혔다. 명필름이 제작하고 CJ가 배급을 맡은 박찬욱 감독의 영화 〈공동경비구역 JSA〉가 583만 명의 관객을 동원한 것이다. 보다 폭넓게 관객들을 끌어들일 수 있는 멀티플렉스의 등장과 맞물리면서 흥행작이 잇따라 출현하자 업계 전반에 걸쳐 '블록버스터, 우리도 할 수 있다'는 분위기가 활기차게 형성됐다.

그런데 이후로 그럴듯한 후속타가 나오지 않았다. CJ에서도 〈공동경비구역 JSA〉의 성공에 고무돼 제작비 수준을 한 단계 끌어 올린 80억~100억 원대 블록버스터들을 속속 선보였지만 줄줄이 흥행 실패로 끝나거나 손익분기점을 맞추지 못한 선에서 쓰라리게 막을 내렸다. 〈2009 로스트 메모리즈〉(2002)는 그나마 면치레를 했지만 나머지는 참담한 수준이었다. 투자 목록을 보면 SF물들이 주류를 이뤘는데, 대부분 할리우드 흥행작을 답습하는 데 그쳤다는 평

CJ 블록버스터의 희비곡선(2002~2003)

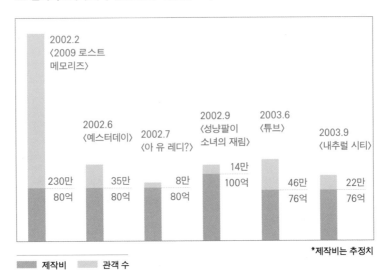

2002.2
〈2009 로스트
메모리즈〉

2002.6
〈예스터데이〉

2002.7
〈아 유 레디?〉

2002.9
〈성냥팔이
소녀의 재림〉

2003.6
〈튜브〉

2003.9
〈내추럴 시티〉

230만
80억

35만
80억

8만
80억

14만
100억

46만
76억

22만
76억

*제작비는 추정치

■ 제작비   ■ 관객 수

가를 받았다. 시도 자체는 나쁘지 않았지만 당시의 국내 영화 정서
상 '너무 앞서간 게 아니냐'는 지적도 흘러나왔다.

　CJ가 잇따라 쓰디쓴 실패를 맛보고 있는 가운데 한국 영화계는
힘차게 질주했다. 2003년 크리스마스 이브에 개봉한 강우석 감독
의 〈실미도〉가 한국 영화사 최초로 1000만 관객을 끌어들였다. 설경
구, 안성기, 허준호, 정재영 등 호화 캐스팅, 드라마적 요소가 가득
한 '684 북파부대'라는 소재가 블록버스터의 공식을 충분히 갖추면
서도 완성도 역시 높았다는 호평을 한 몸에 받았다. 2004년에는 〈쉬
리〉의 강제규 감독이 150억 원을 쏟아부어 제작하고 장동건, 원빈이
주연을 맡은 전쟁물 〈태극기 휘날리며〉가 1174만 관객을 동원했다.

　2000년대 중반에는 한국영화 점유율이 50~60%로 치솟을 정도
로 업계가 탄력을 받았다. 하지만 곧이어 극적일 정도의 하강곡선

을 그리기 시작했다. 당시 연타석 흥행에 성공하고 있던 영화산업에 투자 펀드가 눈독을 들이면서 업계에 돈이 넘쳐난 것이 화근이었다. 그런 탓에 외형만 커지고 내실은 부족한 불균형적인 성장이 이루어졌다. 간간이 수작도 나오긴 했지만 조폭 영화가 성공하면 그와 비슷한 아류작들이 판을 치는 식의 매너리즘이 심각했고, 당연히 관객의 신뢰도가 하락했다.

"언젠가부터 관객들은 대작에 대한 기대를 별로 하지 않게 됐습니다. 볼거리는 화려하지만 스토리는 별거 없는 영화들만 보다 보니 기대감보다는 의심이 높아진 것이죠." 이상윤 CGV 아트하우스 총괄은 당시의 상황을 이렇게 회상했다. 무분별한 투자로 함량 미달의 작품들이 양산되자 시장 전반에 편수 자체가 지나치게 많아졌고, CJ와 쇼박스 등 '몸집 불리기'에 바빴던 영화업체들은 배급력에 스스로 한계를 드러냈다. 마케팅 비용조차 회수하지 못한 적자 영화들이 판을 쳤다. '눈먼 돈'이라고 해도 무방할 만큼 투자가 걷잡을 수 없이 쏟아진 현상이 오히려 독으로 작용한 것이다.

흥미로운 점은 이러한 과정에서도 한국 영화계는 역대 최고 관객 수 기록을 거듭 경신해나갔다는 점이다. 시네마서비스가 배급한 이준익 감독의 〈왕의 남자〉(2005)가 1230만, 봉준호 감독이 연출을 맡고 쇼박스가 배급을 담당한 〈괴물〉(2006)이 1301만으로 당시까지 최대 관객을 끌어들이며 한국영화의 자존심을 지켰다.

관객들은 대작을 마냥 외면한 게 아니었다. 단지 눈높이를 달리하게 됐고, 영화를 고르는 안목과 취향이 더 까다로워졌기에 흥행 양극화 현상이 극명하게 나타났던 것이다. 서서히 자본이 빠져나가며 '거품'이 빠져나간 건 당연한 수순이었다. 게다가 불법 복제물이

범람하면서 부가 시장이 붕괴되는 등 복합적인 요인들이 더해지면서 한국 영화산업은 2012년 즈음 다시 부활의 조짐이 나타나기 전까지 상당히 오랫동안 내리막길을 걷게 됐다.

흑역사 탈출하기, 체질 개선에 나서다

CJ는 명암이 심하게 엇갈리는 '소용돌이'의 핵심에 자리하고 있었다. 각각 약 200억과 100억의 제작비를 투자한 한국형 액션 블록버스터 〈태풍〉(2005)과 판타지 무협 사극 〈중천〉(2006)으로 거듭 눈물을 삼켜야 했던 것이다. 〈태풍〉은 400만 명의 관객을 동원해 그나마 낯을 덜 붉혔지만 〈중천〉은 그야말로 참패였다.

"한류 스타를 내세운 선 굵은 기획에 100억 원 넘게 제작비를 투자한 작품은 해외 수출까지 돼야 마땅한데, 국내 흥행조차 쉽지가 않았어요. 사실 당시만 해도 이런 장르의 작품을 성공시킨 사례는 거의 없었던 터라 어떻게 눈높이를 맞춰야 할지 판단이 서지 않았고, 아무래도 제작 노하우도 무르익지 않았던 것 같습니다." 오랫동안 CJ의 블록버스터 도전 과정을 내내 지켜본 한 영화업계 관계자의 말이다.

'실험'도 좋지만 대작을 표방한 작품들의 잇단 부진을 만회하기 위한 '체질 개선'을 요하는 자성의 목소리가 커져갔다. 무조건 스타 배우를 앞세우고 대규모 자금을 투척할 게 아니라 보다 체계적인 투자와 배급 노하우를 바탕으로 실력을 쌓고, 이를 일회적인 '한 방'이 아니라 시스템으로 안착시키는 '더 큰 내공'이 절실하다는 데 중지가 모아졌다.

그리하여 CJ는 블록버스터 흑역사에서 탈출하기 위한 '갱생 작업'에 본격적으로 돌입했다. 우선 안정적으로 펀드를 조성하는 기술들을 적극적으로 도입했고, 지속적인 관계를 유지해나갈 수 있는 제작사 루트를 개발하는 작업에 공을 들였다. 그 일환으로, 단순하게 감독이나 배우에게 기획·개발비 명목으로 '선급'을 주는 기존의 관행에서 벗어나 양질의 제작사들을 발굴해 꾸준하게 투자하고 관리하는 '인하우스 제작 시스템'*을 도입했다.

작품 보는 눈을 키우기 위해, 유명무실했던 제작투자 회의도 활성화시켰다. 투자를 결정하는 과정에서 한두 사람이 아니라 신입 사원들까지 포함한 조직원 전체의 의견을 수렴해 시나리오를 평가할 수 있는 의사 결정체를 점점 더 활발하게 운영하기 시작했다. 이를 위해 시나리오 모니터링 조사와 필터링 시스템을 도입했다. 최종 결정을 내리는 주체가 바뀌는 건 아니었지만 그들이 더 객관적으로 분석하고 판단할 수 있도록, 보다 체계적인 검증을 거치는 발판을 마련해나간 것이다.

"영화 선구안을 키우는 건 시간과 경험, 고민을 필요로 하는 일입니다. CJ로서는 조직 내부의 집단지성을 높여 구성원들의 다양한 의견을 수렴해야 했고, 이를 위한 시스템을 마련하는 일이 필수적이었지요." CJ E&M 영화사업 부문 글로벌비즈니스팀 김권식 과장의 설명이다.

이렇듯 갖은 노력을 기울이는 과정에서 뿌듯한 결실을 맺은 대작이 하나둘씩 나오기 시작했다. 730만 명 관객을 동원한 〈화려한 휴가〉(2007), 한국형 웨스턴을 창조했다는 호평과 함께 668만 관객을

---

* 작품의 프로듀서와 감독이 자신의 시스템을 갖추고 기획과 연출을 진행하지만 전반적인 제작과 투자, 배급 업무를 투자·배급사에서 관리하고 운영하는 방식.

CJ 블록버스터의 희비곡선(2004~2012)

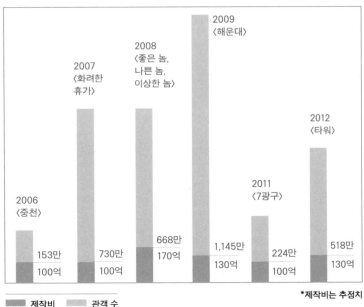

2009
〈해운대〉

2008
〈좋은 놈,
나쁜 놈,
이상한 놈〉

2007
〈화려한
휴가〉

2012
〈타워〉

2011
〈7광구〉

2006
〈중천〉

153만
100억

730만
100억

668만
170억

1,145만
130억

224만
100억

518만
130억

■ 제작비   ■ 관객 수

*제작비는 추정치

모은 〈좋은 놈, 나쁜 놈, 이상한 놈〉(2008), 그리고 CJ에서 초기 단계부터 기획·개발에 참여해 처음으로 1000만을 돌파한 블록버스터급 재난영화 〈해운대〉(2009)가 그것이었다.

그렇게 숨을 좀 돌리는가 싶었지만 다시 웅덩이에 빠졌다. 물론 연타석 홈런을 친다는 건 누구에게나 어려운 성과이긴 하지만 CJ에게 2011년은 유난히 우울한 해였다. 한국 최초 아이맥스 3D영화인 〈7광구〉를 내놓았지만 기술적 성취도에서 인정을 받았을 뿐 전반적인 면에서 '재앙'에 가깝다는 악평을 받았던 것이다. 강제규 감독이 아시아 시장을 겨냥해 한국, 중국, 일본을 대표하는 배우들을 캐스팅한 굵직한 프로젝트 〈마이웨이〉도 흥행에서는 고배를 마셨다.

그나마 이듬해인 2012년, 화재를 소재로 한 재난영화 〈타워〉가 510만 관객을 돌파하긴 했지만 넉넉히 위안이 될 정도는 아니었다. 제작비나 마케팅 비용이 급속도로 불어나 판 자체가 커진 만큼 500만 명의 관객 수를 달성한 작품이라 해도 손익분기점을 간신히 맞춘 정도의 '평타'를 기록한 것이나 마찬가지였다.

값비싼 수업료를 통해 터득한 것

흑역사와 체질 개선의 과정을 거치며 두 가지는 확실히 얻었다. '최초의 SF 대작', '최초의 재난 블록버스터', '최초의 3D 액션' 등 해외 무대를 염두에 두고 '장르적 실험'에 과감하게 도전해 경험을 쌓고 선구안을 기르게 된 것은 큰 소득이었다. 그에 더해 무작정 글로벌 시장을 겨냥할 게 아니라 국내에서부터 기반을 다지고 역량을 쌓는 일이 중요하다는 점을 절실히 깨달았다. 우리 국민의 입맛에 맞는 한국형 콘텐츠를 요리하려면 블록버스터든 아니든 영화의 결에 맞는 '드라마'를 솜씨 있게 버무릴 줄 알아야 했다.

이런 각성을 바탕으로 CJ는 변화를 모색했다. 로맨스, 가족, 애국주의 정서 등 한국 관객들에게 좀 더 친밀하게 다가갈 수 있는 보편적 감성을 투영한 스토리를 선택하고, 그런 스토리텔링 효과를 극대화할 수 있는 캐스팅을 단행하려고 노력했다. 사실 드라마는 한국인들이 오랫동안 사랑해온, 어찌 보면 상대적으로 '안전한' 장르다. 하지만 기획적인 역량보다는 재능 있는 작가와 감독에 대한 의존도가 높은 영역이기도 하다.

CJ는 이러한 이해를 바탕으로 하되 조금 다른 접근 방식을 택했다. 연출 역량만을 믿거나 일반적인 흥행 코드를 답습하는 대신 드라마 요소를 녹이면서도 새로운 이야기 구조를 보여주기 위해 제작사들과 함께 고민했다. 〈완득이〉(2011), 〈써니〉(2011), 〈늑대소년〉(2012), 〈광해, 왕이 된 남자〉(2012), 〈집으로 가는 길〉(2013)로 이어지는 드라마 요소 강한 작품들을 내놓을 수 있었던 것은 그러한 시도가 결실을 빚어낸 동시에 크고 작은 패배들에서 얻은 내실 있는 교훈이 은근한 힘으로 작용한 덕도 있다고 볼 수 있다.

과거의 쓰라린 실패가 쓸모 있는 자산 역할을 하는 경우도 나타났다. 예컨대, 비련의 사랑을 그린 판타지 무협 사극 〈중천〉은 흥행에 실패했지만 그 과정에서 쌓은 경험들이 판타지와 사극에 코믹물을 가미한 최동훈 감독의 작품 〈전우치〉에서 빛을 발할 수 있었다.* 로맨스와 액션에 새로이 코믹을 버무리니 드라마적 장치와 캐릭터가 훨씬 더 강하게 돋보였다. 결과적으로 영화는 해학과 위트가 넘치는 유쾌한 오락물로 자리매김했고, 매력적인 한국형 히어로물의 가능성을 열었다는 의미 있는 평가를 받았다.

CG를 비롯해 음향, 특수효과 같은 첨단 기술을 구현하고 버무리는 역량을 갖추게 된 것도 큰 성과다. SF물인 〈성냥팔이 소녀의 재림〉(2002)에 이어, 〈중천〉(2006)에서는 CG로 가상 배우를 창조해내는 등 점진적인 발전을 이뤄냈다. 하지만 기술에 엄청난 투자를 쏟아붓고도 영화의 흥행으로 이어지는 성과를 내지는 못했기에 애석함을 많이 남긴 것이 사실이었다.

그 아쉬움이 긴 시간의 터널을 지나 '환희'로 뒤바뀐 작품이 〈해운대〉였다. 이 영화는 기존의 할리우드 재난 블록버스터와 달리 유

---

* 최동훈 감독은 〈중천〉 각본 작업에 참여했다.

머를 곳곳에 녹여 한국적 휴머니즘을 이끌어내는 한편, 물을 소재로 한 완성도 높은 CG기술을 효과적으로 활용했다. 천문학적인 제작비가 투입되는 할리우드 영화에는 비할 바 못 된다 하더라도 국내 그래픽업체 모팩스튜디오가 작업을 맡은 물 CG의 수준이 상당한 터라, 작품성이나 완성도를 떠나 영상 자체가 관객들에게 힘 있게 다가갈 수 있었다.

〈해운대〉의 윤제균 감독이 제작을, 〈화려한 휴가〉의 김지훈 감독이 연출을 맡았던 〈7광구〉는 참담했던 흥행 성적과는 별도로 〈괴물〉, 〈디워〉에 이어 괴물 CG의 역사를 새로 쓴 영화다. 석유시추선에서 벌어지는 심해 괴물과의 싸움을 다룬 이 영화는 국내 CG기술로 제작됐는데, 전체 컷의 99%를 차지할 정도로 CG의 비중이 높다. 비록 한국에서는 'CG만 있고 내용은 없다'는 평가를 들으며 실패를 면치 못했지만 중국에서는 한류스타(하지원)가 이끄는 '아시아 최초의 3D 괴물 블록버스터'라는 타이틀을 꿰찬 덕분에 당시 역대 한국영화 흥행기록을 깨면서 약간이나마 위안이 되는 성과를 거뒀다(중국은 〈트랜스포머 4Transformers 4〉 단 한 편으로 3000억 원의 흥행기록을 세울 정도로 SF 대작에 열광하는 시장이다).

한국형 블록버스터 전성시대

숱한 실패를 겪으며 키운 내공은 2013년부터 빛을 발하기 시작했다. 액션영화의 달인으로 통하는 류승완 감독의 블록버스터 데뷔작인 〈베를린〉과 봉준호 감독의 글로벌 프로젝트 데뷔작 〈설국열차〉가 모두 흥행과 작품성 면에서 인정받으며 기세를 이어갔다. CJ 입장에서 〈베를린〉은 감회가 새로운 작품이었다. 716만 관객을 이끌어낸 작품이란 점에서도 의미가 있었지만 8년 전 〈태풍〉의 실패를 딛고 절치부심의 노력 끝에 드디어 그토록 바라던 '한국형 첩보영화의 새 지평을 열었다'는 평가를 받았다는 점이 더욱 값진 성과였다.

CJ만의 '나홀로 르네상스'는 아니었다. 〈도둑들〉, 〈변호인〉 등 최근 3~4년에 걸쳐 한국 영화계에는 1000만을 찍은 영화가 줄줄이 쏟아져 나왔고, 800만~900만을 기록한 히트작들이 그 뒤를 단단히 받쳤다. 토종 작품들의 강세에 힘입어 2011년 50%대 초반(51.9%)이었던 한국영화 점유율은 2012년 58.8%로 껑충 뛰어올랐고, 2013년에는 59.7%, 2014년 50.1%라는 기록적인 수치를 꿰차면서 3년 연속 관객 1억 명 시대를 지켜냈다.*

그리고 2014년 여름, 100억대 대작들이 한꺼번에 쏟아져 나왔다. 7월 말, 먼저 포문을 연 〈군도〉를 위시해 〈명량〉, 〈해적〉, 〈해무〉까지 국산 블록버스터들이 순차적으로 스크린을 공략하며 치열한 여름 전투를 한판 벌였다. 할리우드에서나 볼 법한 블록버스터 대전이라는 초유의 사태가 벌어진 것이다. 이듬해에도 그런 현상이 이어졌다. 2014~2015년 겨울 시즌을 강타한 〈국제시장〉 이후로는 이렇다 할 흥행작들이 나오지 않더니, 여름 시즌이 되자 다시금 한국 영화들의 강세가 나타났다. 최동훈 감독의 농익은 흥행 감각을 여실히 보여준 〈암살〉과 류승완 감독의 역량이 폭발한 〈베테랑〉이 나란히 1000만 관객을 훌쩍 넘기면서 '쌍천만 시대'를 열었다. 저마다 장르적 스타일과 분위기는 다르지만 이제는 한국 영화계도 블록버스터로 버무리는 '레시피'를 갖고 흥행 시즌을 겨냥한 '카드'를 내놓을

---

* 영화진흥위원회, "2014년 한국 영화산업 결산"

줄 알게 됐다는 얘기다.

앞으로도 수많은 블록버스터가 탄생하겠지만 국산 블록버스터 역사에서 뚜렷한 이정표를 세운 주인공은 누가 뭐래도 〈명량〉이다.

2014년 7월 30일 개봉한 지 12일 만에 관객 수 1000만을 돌파한데 이어 한 달여 만에 1700만을 넘으면서 역대 최다 관객 수를 달성한 이 블록버스터는 그동안 존재했던 모든 기록을 갈아치우는 신화를 써내려갔다. 역대 관객 수 동원 1위이자 외화로서 최대 흥행작이었던 〈아바타Avatar〉의 기록도 넘어섰다. 일종의 학습효과인지, 〈명량〉 이후로는 '터지는 영화는 확실하게 터지는' 현상도 주시할 만하다. 실제로 2015년 대형 흥행작들은 1000만을 아슬아슬하게 돌파하거나 못 미친 작품보다는 +200만, +300만을 찍은 통 큰 블록버스터가 주를 이룬다.[*]

하지만 CJ에게 〈명량〉은 단순한 흥행작이 아니다. 20년 세월에 걸쳐 실패를 거듭하며 차곡차곡 쌓아올린 역량이 집대성된 작품이라는 점에서 더욱 큰 의미를 지닌다.

---

* 〈암살〉 1270만 명. 〈베테랑〉 1341만 명. 영화진흥위원회 통합전산망 발권 통계 기준

〈명량〉, 꿋꿋이 쌓아올린 '역량'

국내외를 막론하고 많은 흥행작들의 운명이 그렇듯이 〈명량〉은 전대미문의 성적을 거두고도 온갖 '갑론을박'식 논쟁에 시달린 작품이다. 전술적인 차원에서 세밀하지 못하고 지적인 쾌감을 많이 제공하지 못한 점, 다양한 캐릭터들이 저마다의 매력을 부각시키지 못한 점, 역사적 고증을 충실히 따르지 않고 드라마적 허구를 많이 추가한 점 등이 비판의 주요 내용이다. 하지만 이 지점에서 파라마운트의 전신 격인 페이머스플레이어스를 설립한 야심가이자 할리우드 초창기에 스튜디오 시스템을 공고히 한 저돌적인 비즈니스맨, 아돌프 주커의 지적에 한 번쯤 귀 기울일 필요가 있을 것 같다.

"관객들은 절대로 틀릴 리가 없다(The public is never wrong)."

안방이나 거실에 편히 앉아 즐길 수 있는 TV 드라마와 달리 돈을 들여 티켓을 사고, 시간을 투자해 극장으로 향하는 '발품'까지

팔도록 해야 하는 영화 비즈니스의 흥행은 쉽게 이뤄지는 게 아니다. 기본적으로 1000만을 넘기는 흥행작은 마케팅이나 배급의 힘만으로 탄생하지 못한다. 될성부른 영화는 스펙터클한 영상이든, 최루탄성 감동이든, 폐부를 관통하는 강렬한 메시지든 관객으로 하여금 기꺼이 돈을 지불하게 할 만한 확실한 동인을 품고 있어야 하며, 그것이 입소문으로 꼬리에 꼬리를 물고 이어져야만 비로소 흥행 대박을 기록하는 법이다. 때로는 사회적 분위기와 맞물리는 '타이밍의 운'까지 요구된다. 마음먹고 달려든다 해도 상업적인 흥행작을 만들어내는 일이란 결코 만만하지 않다.

〈명량〉도 마찬가지다. 우선 '이순신'이라는 소재부터 부담이었다. 지나치게 잘 알려진 탓에 오히려 반전을 엮어낼 수 없는 평범한 소재가 아니냐는 세간의 우려가 있었기 때문이다. 게다가 150억 규모의 투자를 결정할 당시인 2012년만 해도 〈7광구〉, 〈마이웨이〉, 〈알투비〉 등 대작들의 연이은 흥행 실패로 CJ의 분위기가 썩 좋지 않았다. 하지만 CJ는 역사에 남을 통쾌한 세계적인 해상 전투를 우리 힘으로 스크린에 대대적으로 복원한다는 점에서 도전할 가치가 충분하다고 생각했다.

2013년 초 크랭크인에 돌입해 7개월의 촬영과 공들인 후반 작업을 거쳐 마침내 영화 제작이 마무리된 시점. CJ 내부에서도 개봉 전부터 성공을 조심스럽게 점치기는 했지만 한국 블록버스터들이 워낙 유례없이 몰려든 시즌인지라 섣불리 1000만을 넘어설 것이란 기대를 품지는 못했다. 외부에서는 이른바 '티켓 파워'를 지닌 톱스타 하정우와 강동원을 '쌍두마차'로 내세운 〈군도〉의 우세를 예상하는 이들이 많았다.

그러나 결과는 예상을 훌쩍 뛰어넘었다. 초반부터 돌풍을 몰고 왔다. 첫날부터 역대 최고의 오프닝 스코어(68만)를 찍었고, 첫 주말에 최고 일일 스코어(8월 3일, 125만)를 기록하면서 충격적인 수치들을 만들어냈다. 그런데 이는 빙산의 일각이었다. 개봉한 지 2일 만에 100만 돌파, 12일 만에 1000만, 15일 만에 1200만, 21일 만에 1500만…… 최단 기간에 최다 관객을 이끌어내는 기록을 세우며 걷잡을 수 없는 기세로 승승장구했다.

"개봉도 하기 전에 영화에 대해 근거 없이 안 좋은 소문이 무성해 가슴을 졸이기도 했습니다. 시나리오를 보고는 '남자 영화'라고 규정하는 이들도 많았지만 저희는 '힐링 영화'로 간주했습니다. 다행히 뚜껑을 열어보니 여자 관객들의 반응이 좋았고, 자연스럽게 남녀노소가 즐길 수 있는 영화라는 인식이 확산됐지요." 〈명량〉의 투자업무를 담당한 CJ E&M 영화사업 부문 방옥경 팀장의 설명이다.

국내에서 1000만 영화가 되기 위해서는 '모든 연령층이 즐겨야 한다', '극장에서 멀어진 고객도 다시 찾아야 한다'는 조건을 충족시켜야 한다는 CJ 내부의 분석이 있다. 에듀테인먼트* 요소가 깃든 콘텐츠로 세대를 아우르는 공감을 자아냈다는 점은 분명 〈명량〉의 기록적인 흥행을 이끈 주요 동력이었다. 김한민 감독도 "노년층, 중장년층, 젊은 세대가 함께 볼 수 있는 영화라는 평가가 정말 기뻤다"라고 말한 적이 있다.**

방 팀장은 관객을 폭넓게 끌어들이기 위해서는 '익숙한 것을 새

---

* 에듀케이션(교육)과 엔터테인먼트(오락)를 결합시킨 신조어. 교육 효과가 있는 영화 콘텐츠라는 의미.

** "'최민식, 이순신 역 또 안 한다고? '꼭' 다시 작업해요", 「일간스포츠」, 2014년 8월 20일 자

롭게 보여주는' 좋은 기획의 힘이 필요한 법인데, 〈명량〉은 그런 점에서 뚜렷한 강점을 지녔다고 설명했다. 예컨대 이순신 장군은 익숙한 인물이지만, 거북선이 등장하는 '한산해전'이나 "나의 죽음을 알리지 말라"라는 명언으로도 유명한 '노량해전'이 아니라 상대적으로 덜 유명한 '명량해전'을 택하면 대중에게 나름의 새로움을 제공할 수 있다고 판단했다는 것이다.

웅장한 스케일, 온 국민이 지지하는 영웅을 맡은 스타 배우와 대립각을 세우는 악역 캐스팅의 조화, 남녀노소 가릴 것 없이 공감대와 일체감을 이끌어내는 '국민은 천행天幸' 같은 강력한 메시지 등을 보면 〈명량〉은 일반적인 블록버스터 공식을 잘 따르고 있는 듯하다. 하지만 조금만 더 자세히 보면 허를 찌르는 요소들도 꽤 눈에 들어온다. 닮은 듯 닮지 않은 면모로 차별화에 성공한 것이다.

익숙함에 더해진 〈명량〉의 새로움들

'웃음 코드'를 쏙 빼다

진한 가족애를 다루거나 사회성 짙은 작품들이 주를 이룬 우리나라의 역대 블록버스터 흥행작들은 감동 속에 유머를 놓치려 하지 않는 공통분모가 있다. 그러나 장엄한 해전에 집중하는 데 총력을 기울인 〈명량〉은 자칫 가벼움을 유발할까 싶어 유머를 안전장치로 두지 않았다. 그리고 진지한 접근 방식으로도 관객의 발길을 이끌 수 있음을 증명했다.

한 전투에 한 시간

유머나 인간적인 감동을 빼고 리더십의 무게에 치중하는 정공법을 택하면서 해상 전투 신을 가장 상업적인 무기로 부각시키는 전략을 택했다. 회오리 치는 바다의 질감을 생생하게 표현하기 위해 할리우드에도 없다는 360도 회전 가능한 짐벌Gimbal을 활용하는 등 CG기술을 총 동원한 해상 전투 신에 오롯이 1시간을 할애하는 초강수를 뒀다. 한국영화 사상 하나의 전투에 1시간가량(61분)을 할애한 작품은 〈명량〉이 처음이었다.

캐릭터 하나에 집중하다

스타 배우들을 동원해 강력한 캐릭터들을 다양하게 등장시키는 '멀티캐스팅'을 전면에 내세우지 않았다. 배우 최민식이 그려내는 이순신 장군의 인간적인 캐릭터에 초점을 맞추면서 그의 내적, 외적 갈등을 최대한 부각시켰다. 다른 등장인물들의 캐릭터 묘사가 섬세하지 않다는 비판도 있지만, 이순신 자체에 집중하는 쪽을 택한 감독의 결단은 영화에 대한 몰입도를 한층 더 끌어올렸다.

| Column |

토종 블록버스터의 숙제, 프랜차이즈

우리나라 인구는 약 5000만 명, 그리고 그중 경제활동 인구는 2500만 명 수준에 불과하다. 그런데도 연간 관객 수 2억 명을 돌파하고 블록버스터 흥행작의 기준점인 1000만이란 숫자를 가뿐히 찍는 경우가 심심찮게 나타난다. 좀처럼 침체기를 벗어날 줄 모르는 경기 상황과는 사뭇 대조적이다. 게다가 이런 기조는 쉽게 꺾이지도 않을 듯하다. 토종 블록버스터의 활약에 힘입어 영화 관람이 어느덧 한국 사회에서 하나의 라이프스타일로 자리 잡았기 때문이다.

그런데 한국 영화산업의 안정적인 궤도를 낙관하는 밑바탕에는 '콘텐츠의 힘'이 지속적으로 받쳐줄 것이라는 전제가 깔려 있다. 그래서 새록새록 솟아나는 참신한 '뉴페이스'도 중요하지만 존재감이 남다른 시리즈물도 중요하다. 이러한 맥락에서 토종 블록버스터가 안고 있는 또 하나의 과제는 프랜차이즈 무비, 다시 말해 대작 한 편의 일회적인 성공으로 끝나는 게 아니라 후속편들의 기본적인 흥행을 어느 정도 담보해주는 시리즈물을 만들어내는 것이다. 물론 프랜차이즈 영화가 영화산업을 이끌고 갈 유일한 답은 아니지만 영화 자체가 브랜드로 자리매김하게 하고, 음악, 게임, 테마파크, 머천다이징 등 원소스 멀티 유스osmu 방식으로 확장될 수 있는 저력을 지닌 것은 분명하다.

상대적으로 연륜이 짧고 규모가 작은 토종 블록버스터의 역사에 할리우드처럼 프랜차이즈 무비로 꽃을 피운 사례는 아직 없다. 그래서, 훗날 누가 투자의 주체가 되든, 3부작으로 만들겠다는 기획을 김한민 감독이 처음부터 공공연히 밝혔던 만큼, 〈명량〉의 후속 작품들이 보여줄 역할이 막중할 듯하다.

관객의 기대 수준은 이미 높아졌다. 경험과 데이터에 의존해 철저히 기획된 흥행작은 '안전도'는 높겠지만 어디서 본 듯한 기시감이 들기에 '도전 의식이 부족하다'는 비난을 감수해야 하고, 자유롭게 창의성을 펼쳐낸 도전작은 호평을 받으면 다행이지만 그렇지 않으면 '의도는 좋지만 선을 넘었다'는 씁쓸한 꼬리표를 달곤 한다.

엄청난 내공을 자랑하는 할리우드에서도 프랜차이즈 무비가 늘 성공을 거둔 건 아니었다. 하지만 위기 때마다 창의적인 변주를 시도하면서 평단의 찬사와 흥행 성공이라는 두 마리 토끼를 잡은 본보기들이 있다. 최장수 시리즈인 〈007〉은 샘 멘디스 감독을 기용해 액션의 강박에서 자유로워지면서 21세기에도 존속할 만한 가치를 부여했다는 호평을 꿰찬 23번째 작품을 내놓았다. 〈배트맨Batman〉 시리즈는 크리스토퍼 놀란 감독과의 환상적인 궁합으로 완성도 높은 '다크나이트 3부작'을 선보였다. 할리우드는 '영화 언어가 고루해졌다'는 얘기가 흘러나올 때면 자국 문화권의 정통파가 아닌 '다른 피'를 지닌 인재를 과감히 선택해 대작을 맡김으로써 실험적인 요소를 가미하는 시도를 부단히 꾀했다. 〈로보캅RoboCop〉의 연출을 맡은 폴 버호벤 감독은 주로 파격적인 내용의 B급 영화를 만들던 네덜란드 출신의 변방인이었고, 〈반지의 제왕The Lord of the Rings〉 시리즈의 피터 잭슨 감독 역시 초기에는 컬트무비나 블랙코미디를 사랑하던 뉴질랜드 출신의 '이단아'로 커리어를 키운 인물이다.

이 같은 사례들은 블록버스터도 실험적인 피를 수혈하면서 끊임없이 진화하지 않으면 내일의 성공을 보장할 수 없다는 점을 시사한다. 특히 최근의 블록버스터 상승세를 발판 삼아 대작의 프랜차이즈화를 시도하려는 움직임이 역력한 한국 영화계에 의미하는 바가 크다. 예컨대 〈명량〉이 기존에 성공을 부르는 안전한 공식처럼 여겨지던 흥행 법칙을 일부 탈피하면서 성공을 거뒀듯이 그 후속 작품들도 1편을 답습하는 식으로 안주해서는 안 된다는 얘기다. '오리지널' 본연의 메시지와 품격은 유지하되 매번 껍질을 벗고 다채로운 매력을 드러낼 수 있는 창조적 진화가 반드시 필요하다. 물론 과유불급이라 했듯이 '파괴적 변신'의 정도가 지나치게 심해도 대중의 반감을 살 수 있기에 적정량을 수혈해야 한다(앞에서도 얘기했듯이 말처럼 간단한 과제는 아니지만 말이다).

〈베를린〉, 〈베테랑〉 등의 역대급 흥행 작품들도 각각 블록버스터 시리즈물로 선보일 계획이다. 아직 속편에 대한 구체적인 계획은 발표되지 않았지만 전편보다 알맹이가 한층 더 튼실해진 프랜차이즈 블록버스터가 탄생한다면 한국 영화산업의 역사에 또 다른 의미에서 커다란 한 획을 긋게 되리라는 점은 확실하다. 블록버스터 시대를 만들어낸 한국 영화계가 이제 프랜차이즈 무비라는 한 차원 높은 도전을 어떻게 풀어갈지 궁금하다.

때로는 수요를 앞지르는 플랫폼이 필요하다

극장의 존재감을 바꾼 멀티플렉스

영화 붐이 왜 일어났는가를 분석하려면
영화를 만드는 환경이 어떻게 바뀌었나 하는 것뿐만 아니라 영화를 보는 환경,
즉 흥행의 토대가 어떻게 변했는가에 대해서도 살펴볼 필요가 있다.
사사가와 게이코(일본 간사이대학교 교수)

플랫폼의 힘

떠들썩했던 〈명량〉의 흥행 질주에 이어 2014년 가을로 접어들면서 한국 영화시장에 '조용한' 파란이 일어났다. 다양성 영화로 구분되는 〈비긴 어게인Begin Again〉의 잔잔하지만 은근히 저력 있는 흥행 물결이 그것이었다. 이미 〈원스Once〉로 무시 못 할 팬층을 확보하고 있는 존 카니 감독의 작품이긴 했지만 화제성 넘치는 소재나 영상을 담지 않은 은은한 영화라 처음에는 큰 기대를 모으지 못했다. 그런데 입소문을 타고 갈수록 뒷심을 발휘하면서 장기 상영으로 이어졌고, 급기야 340만 관객을 성큼 넘어섰다. 애잔한 음악이 흐르는 이 소박한 로맨스물이 이처럼 흥행 역주행을 펼치리라고는 누구도 쉽게 예상치 못했을 것이다.

사실 작품성을 따지고 들어도 평론가들로부터는 전작에 비해 그리 호평을 받지 못한 영화다. 다른 개봉국 성적도 썩 훌륭하지 않았다. 그런데도 유독 한국 시장에서 의외의 성적을 거두었다.

음악 마케팅의 힘이 컸다. 주인공 키이라 나이틀리의 스타 파워

보다도 그녀의 청아한 음색을 내세웠고, 더불어 내한 공연으로 한국 관객들에게 더욱 친숙해진 미국의 팝 밴드 마룬파이브의 리더 애덤 리바인의 '막강 보컬'이 빚어내는 감미로운 음악이 큰 힘을 발휘한 것이다. 이 영화의 OST 앨범은 국내의 각종 음원 차트에서 수개월 넘게 상위권을 장식했다.

2015년 3월에는 또 다른 음악영화 〈위플래쉬whiplash〉의 기세도 눈여겨볼 만했다. 음대 밴드를 소재로 탄탄한 스토리와 매혹적인 재즈 선율을 선사한 이 영화는 개봉 첫 주에 박스오피스 1위를 차지하면서 〈비긴 어게인〉보다도 빠른 속도인 16일 만에 100만 관객을 동원했다. 이 영화의 총 관객 수 158만 명은 북미 지역을 제외한 전세계 시장을 통틀어 단일국 흥행 수익 1위에 해당하는 성적이었다.

두 영화의 신드롬에는 음악의 힘이 공통적으로 작용했다. 그런데 음악의 힘을 한껏 끌어올린 또 하나의 힘이 있었다. 바로 '극장'이었다. "극장에서 관람하기 좋은 영화"라는 입소문이 꼬리에 꼬리를 물고 이어져 표심을 강하게 사로잡았다는 얘기다. 연인과 오붓하게 아이패드로 보거나 그냥 음원만 내려받고 말 수도 있는 영화를 굳이 극장에 찾아가 즐기도록 이끈 내재적 동인은 무엇이었을까? 세계적인 심리학자 미하이 칙센트미하이 박사의 이론을 빌리자면, 다른 건 다 제쳐둔 채 주의를 온통 하나에 쏟게 되는 상태인 '몰입'을 관객들은 원했던 것이다.

극장은 '영화에 집중할 수 있는 환경'을 다양한 방식으로 선사한다. 깜깜한 공간과 커다란 스크린, 빵빵한 음향 같은 영화 장치일 수도, 집단 관람이라는 형태가 제공하는 묘한 공감대일 수도, 동반자와의 친밀감을 북돋우는 특유의 분위기일 수도 있다. 〈비긴 어게인〉이나 〈위플래쉬〉 같은 음악 영화의 경우에는 '오디오의 미학'이 압도적인 몰입의 기제였을 테고 말이다.

'영상미'가 강력한 몰입의 도구로 작용한 듯한 기현상도 있다. 공멸 위기에 놓인 지구인들이 희망을 찾아 우주로 떠나는 시간여행을 다룬 SF대작 〈인터스텔라Interstellar〉의 예를 보자. 2014년 늦가을 개봉을 앞뒀을 무렵 이 영화의 예매율이 개봉 2~3주 전부터 1위를 다투는 사건이 벌어졌다. 〈다크나이트The Dark Knight〉, 〈인셉션Inception〉 같은 명작들을 연출한 크리스토퍼 놀란 감독의 복귀작이라는 점을 감안하더라도 자못 놀라운 광경이었는데, 흥미로운 건 우주 공간을 꽤나 생동감 있게 묘사한 이 영화가 ('필름 신봉자'인 놀란 감독의 작품답게) 3D가 아닌 35mm 필름카메라와 아이맥스IMAX 카메라로 촬영됐다는 사실이다. 할리우드 장편영화 중에서 역대 최장 시간인 1시간가량의 아이맥스 촬영 분량을 담았다는 이 작품은 상영 방식도 다양해 아이맥스와 디지털, 2D, 4DX, 그리고 놀란 감독의 신념을 지지하듯 35mm 필름 버전까지 구비됐다. 상영관들은 저마다 관객들을 블랙홀처럼 빨아들였고, 아이맥스관의 경우에는 주말 황금 시간대를 노린 암표까지 극성을 부렸다. 역대 청불(청소년관람불가) 외화로 흥행 4위라는 대기록을 쓴 〈킹스맨Kingsman〉과 〈매드맥스Mad Max〉의 경우에도 유독 한국에서 큰 인기를 얻었는데 기존 액션영화의 틀을 깨는 신선한 스토리와 더불어 귀에 쏙쏙 박히고 타이밍 좋은 OST나 헤비메탈의 거친 사운드를 차용한 특수 음향 등이 복합적으로 시너지를 냈다는 평가다.

〈비긴 어게인〉이나 〈위플래쉬〉 같은 영화들, 그리고 〈인터스텔라〉와 최근의 〈마션The Martian〉 같은 영화들이 큰 인기를 끈 현상은 한때 '저무는 사업'의 범주에 들곤 했던 영화관이라는 하드웨어의 존재 이유를 여실히 보여준다.* 모바일 기기, DVD, 스마트 TV, 홈시어터 등 콘텐츠를 소화하는 플랫폼이 넘쳐나는 시대에 관객들은 극장에서 볼 영화와 그러지 않아도 될 영화를 귀신처럼 구분해내고 냉정하게 행동으로 옮긴다. 바꿔 말하면 콘텐츠 창구가 그처럼 다양하게 마련돼 있어도 애써 영화관을 찾는 수고를 무릅쓰게 하는 영화는 따로 있다는 얘기다. 이처럼 일단 극장에서 '검증된' 흥행작은 DVD나 케이블 TV 같은 제2, 제3의 플랫폼에서도 성공적으로 소화될 가능성이 크고, 실제로 높은 가치를 부여받는다. 그렇기에 극장은 여전히 영화의 진정한 경쟁력을 가늠케 하는 핵심 플랫폼으로 버티고 있다.**

이러한 현상이 발생하기까지 극장이 가만히 팔짱을 끼고 기다렸던 것은 아니다. 사실 '영화 콘텐츠'라는 소프트웨어의 눈부신 진화는 하드웨어의 탄탄한 조화가 뒷받침됐기에 가능했다. 처음에는 흑백을 배경으로 한 흐릿하고 조용한 움직임이 전부였던 영화가 이미지에 소리를 얹고 컬러를 입히고 디지털 작업을 가미하면서 진화해왔다면, 극장은 음향의 질을 높이고 스크린의 크기를 키우고 역동적인 영상미를 뿜어내는 관람 환경을 구축하면서 단단한 토대를 제공해왔다. 이렇듯 극장은 영화를 살리기 위해, 영화는 극장을 지키기 위해 치열하게 고민하면서 공생해왔다. 오늘날 우리가 당연하게 여기는 멀티플렉스라는 영화관 개념도 그런 고민에서 탄생했다.

---

* 이 영화들의 흥행 성적은 한국에서 특히 더 좋았다. 영화에 대한 취향, 영화관에 대한 선호가 작용한 것으로 볼 여지가 있다.

** 세계 시장에서 극장은 더 이상 1위 플랫폼이 아니다. 홈비디오가 극장 매출을 앞선다. 2011년 기준. PwC 자료 참고

멀티플렉스는 불황 타개책이었다

할리우드의 막강 화력인 스튜디오 시스템은 20세기 후반부에 큰 변화를 겪었다. 제작·배급·상영의 수직적 통합에 대해 독과점의 우려가 있다며 상영 사업을 분리시킨 미 연방법원의 '파라마운트 판결'(1949) 때문이다. 이로써 스튜디오 시대의 황금기는 막을 내렸다. 그와 맞물려 TV가 급부상하고, 제2차 세계대전 후에 사람들이 야외 활동을 즐기면서 영화 제작 편수가 감소하고 극장이 연쇄적으로 파산하는 등 영화 산업은 침체기를 겪었다.

이에 할리우드는 극장을 시외나 쇼핑가로 옮기고 기존의 대형 극장들을 소극장으로 잘게 쪼개는 방식으로 대응했다. 다수의 스크린(보통 5개 이상의 상영관)과 함께 쇼핑몰, 각종 위락시설을 갖춘 멀티플렉스가 처음 등장한 것은 바로 이 시기다.*

1960~70년대에 걸쳐 할리우드 시스템은 새롭게 진화해나갔다. TV를 경쟁자가 아닌 영화 콘텐츠를 소화하는 새로운 창구로 활용하는 한편, 와이드스크린 기술을 도입하고 독립 제작사들과 공존을 모색하면서 활로를 마련해냈다.

1980년대 이후, 대형 스튜디오들은 다차원적 인수합병(M&A) 물결에 휩쓸려 영화는 물론 방송, 출판, 음악, 스포츠 등의 분야에 걸쳐 다수의 미디어와 사업체를 거느린 복합 글로벌 기업의 우산 속으로 들어갔다. 예컨대 파라마운트는 비아컴 그룹에, 20세기폭스는 뉴스 코퍼레이션, 콜롬비아는 소니 그룹에 합병되는 식이었다. 이 기업들은 스

---

* 부르크하르트 뢰베캄프, 앞의 책

튜디오를 미디어 그룹의 일부로 재편하고 멀티플렉스 체인도 계열사로 편입시키는 한편, 통신·케이블·인터넷 등 콘텐츠의 다양한 창구를 연계하고 통합시키는 작업에 나섰다. 미국 정부도 콘텐츠 산업의 수직계열화를 허용하는 통신법(1996년 Telecommunications Act)을 제정하면서 '최소한의 개입'이라는 자세를 견지하고 있다.*

멀티플렉스에서 흥행의 토대를 보다

미국을 비롯한 다른 나라에서는 이미 20세기 중반부터 멀티플렉스 시대를 맞이하게 됐지만 한국의 사정은 사뭇 달랐다. 1990년대까지도 하나의 상영관에 하나의 영화만 걸리는 '1극장 1영화' 체제가 굳건히 자리 잡고 있었다. 예컨대 〈서편제〉, 〈장군의 아들〉을 보려면 단성사에 가야 했고, 〈람보 2〉를 보려면 피카디리로 향해야 했다. 간혹 복수의 극장에서 동시 개봉을 하더라도 두세 군데가 고작이었고, 그나마도 주요 영화관들이 시내에 몰려 있어 화제작을 보려면 마음먹고 외출을 해야만 했다.

1990년 중반부터 서울 강남 지역에 힐탑시네마, 뤼미에르, 씨네하우스 등 3~6개 정도의 스크린을 지닌 극장들이 생겨나긴 했지만 이때 '복합상영관'으로 불렸던 영화관은 지금의 멀티플렉스와는 거리가 있었다. 거대 극장을 작은 단위로 분할해 스크린만 늘려놓은 형태였기 때문이다.**

* 목진자, "역사적인 맥락에서 본 미디어 융합현상의 인식의 틀"(2003년도 방송과 통신의 융합 세미나) 참고.

** 류형진, 『멀티플렉스 산업 연구』, 영화진흥위원회, 2005

CJ는 1990년대 중반 영화산업에 뛰어들면서 미래를 만드는 중추적인 인프라로 극장을 눈여겨봤다. 가능성이 무궁무궁한 양질의 콘텐츠들이 고개를 빼꼼 내밀고 있었지만 흥행의 토대인 하드웨어, 즉 영화를 보는 환경은 전혀 그 잠재력을 받쳐주질 못하고 있었다.

'씨 뿌릴 텃밭도 없는데 씨앗에만 관심을 가지면 뭐하나?' 미국 유학 시절부터 멀티플렉스 문화를 접했던 제일제당의 최고경영진은 한국 영화시장을 분석하면서 이런 의문을 품었다. 관객의 수요를 이끌어낼 넉넉하고 세련된 상영 인프라 없이는 절대로 영화산업이 성장할 수 없다고 본 것이다. 열악한 하드웨어부터 획기적으로 바꿔야 했다.

"한발 앞선 플랫폼으로 판을 키운다."

때로는 수요를 앞지르는
플랫폼이 필요하다

"한국 극장의 음향 시설이나 영사 상태, 객석 등을 보고 싶었습니다. 개선이 필요한 것으로 보입니다. 레스토랑·게임 등이 함께 있는 멀티플렉스 등으로의 변화도 필요할 것 같네요."

— 스티븐 스필버그 감독 (1995년 10월, 한국을 처음 방문해 가진 기자회견에서)

굳이 스필버그의 발언이 아니었더라도 CJ는 제일제당 멀티미디어 사업부 초기부터 영화를 관람하는 환경에 관심이 많았다. 그래서 극장 사업팀을 꾸리고 해외 여러 나라의 사례를 집중적으로 조사했다. 당시 미국에는 멀티플렉스 체제가 단단히 뿌리를 내리고 있었는데, 이중 AMC라는 브랜드가 대표 주자로 내달리고 있었다. 영국의 경우 AMC가 1980년대 중반에 처음 진출했는데, 10여 년이 지난 1996년 당시에는 영화 인구 자체가 대폭 늘었다.* 일본에서는 1993

---

* 관객 수 1억 3200만 명, 인구 1인당 관람 횟수 연 2.2회로 관객 수와 관람 횟수가 거의 두 배 이상 증가한 것으로 집계됐다.

년에 본격적인 멀티플렉스 극장 시대가 열렸다. 후쿠오카에 자리 잡은 캐널시티 AMC는 13개 스크린에 2600석이 넘는 거대한 규모를 자랑했다. 더욱이 영화관이 들어선 공간에는 호텔, 게임센터, 쇼핑센터, 오페라하우스 등 다양한 여가 시설이 함께 자리 잡고 있었다. 이처럼 여러 나라의 상황을 두루 살펴보니 쇼핑과 문화를 연계한 복합 문화공간이 세계적인 추세로 굳어졌다는 사실이 더욱 확연해졌다. 더구나 일본의 경우 멀티플렉스가 흥행 시스템을 크게 바꿔 자국(일본) 영화가 활기를 찾는 데 큰 힘이 됐다.[*]

멀티플렉스와 블록버스터의 동행

1970년대부터 1980년대에 걸쳐 비디오 산업이 위세를 떨치자 미국 극장들은 '원스톱 엔터테인먼트'라는 모토를 내걸고 다양한 문화시설을 집결시킨 멀티플렉스 사업에 박차를 가했다. 그와 함께 극장들은 앞다퉈 와이드스크린 방식과 스테레오 음향에 과감한 투자를 단행했고, '커진 그릇'에 맞는 '대형 콘텐츠', 다시 말해 블록버스터가 덩달아 만들어졌다. 블록버스터 시대가 열린 것이다.

이후 멀티플렉스와 블록버스터는 성장의 궤를 같이해왔다. 영화 배급사들은 상업성을 갖춘 대작이 나오면 개봉 초기에 와이드 릴리스 방식으로 많은 상영관을 확보해 흥행에 불을 불일 수 있게 했다. 〈죠스Jaws〉(1975), 〈스타워즈〉(1977) 같은 블록버스터는 멀티플렉스가 없었다면 결코 '빅뱅' 수준으로 흥행하지 못했을 것이란 분석은 그래

---

[*] 김진해 외, 『아시아 영화의 오늘』, 한울아카데미, 2012 중 "새로운 일본 영화의 형태"

서 나온다.

이러한 동행에 힘입어 미국 영화산업은 폭발적인 상승세를 탔다. 5개 이상의 관으로 구성된 멀티플렉스에서 더 나아가 16개 이상의 스크린을 보유한 이른바 '메가플렉스 붐'이 일어났다. 1995년 72개였던 미국의 메가플렉스 숫자는 1998년 242개로 증가했다. 극장 인프라의 확대와 함께 관객 수도 눈덩이처럼 불어났다.

멀티플렉스 이후 미국 영화산업의 성장

*MPAA 자료 참고

국내 최초 멀티플렉스를 만들다

정답이라는 확신은 있었지만 실제로 밑그림을 그려나가기는 쉽지 않았다. 1990년대 중후반 한국 땅에 복합 문화 공간을 만든다는 건 무모한 계획으로 보였다. 비용 문제부터 만만치 않았다. 1980년대부터 지속적으로 부동산 가격이 치솟는 상황에서 필요한 대지를 확보하기 위해서는 단관식 극장의 2~3배에 달하는 자금이 소요됐다. 더구나 1990년대는 세계적으로 '신경제new economy' 붐이 일면서 뉴미디어에 대한 기대와 환상이 팽배했다. 비디오, 인터넷 같은 새로운 미디어 플랫폼이 대량 보급되면서 아무도 극장을 찾지 않을 것이란 공포감이 영화계를 엄습했다.

따라서 일각에서는 다른 나라에서는 10년, 20년 전에 이미 구축한 인프라를 뒤늦게 도입하는 것이 잘못된 행보가 아니냐는 의구심이 불거졌다. 이러한 부정적인 시각은 숫자로도 증명되는 듯했다. 실제로 한국의 영화 관객층은 얇아지고 있었다. 1990년대 초 5200만~5300만 명에 달했던 연간 관객 수가, 1990년대 중반에 이르면서 4500만 명 전후로 왔다갔다하는 수준으로 오히려 줄어드는 현상이 나타난 것이다.[*] 큰 감소 폭은 아니었을지라도 신경제로 패러다임이 전환되면서 영화산업을 둘러싼 전반적인 전망에는 먹구름이 짙게 드리워지는 듯했다.

그 시점에서 대대적이고 급진적인 변화를 '나홀로' 추진하는 것은 다소 무리였다. 자본의 부담을 덜고 노하우를 배울 수 있는 파트너십을 모색하는 것이 최선이었다. 제일제당은 1996년, 아시아 최대

---

[*] 김형석, 『영화 콘텐츠 비즈니스』, 문지사, 2001

의 영상 배급업체인 홍콩의 골든하베스트, 호주의 세계적인 멀티플렉스 체인인 빌리지로드쇼와 손잡고 'CJ골든빌리지'라는 합작법인을 설립했다.*

어디에 부지를 확보하느냐가 관건이었다. 모름지기 멀티플렉스는 교통이 편리하고 유동 인구가 많으며 주변에 위락시설이 밀집한 곳에 들어서야 하는 법. LA의 대표적인 멀티플렉스 체인 센트리시티 AMC14의 경우에는 금융가와 호텔, 백화점, 레스토랑이 한곳에 몰려 있는 중심가에 위치해 있었고, 파리의 경우에도 최대 번화가인 퐁피두센터와 루브르 박물관 사이의 지리적 요충지에 멀티플렉스가 터를 잡고 있었다.

우리나라에서도 극장은 도심 위주로 발달해왔다. 1907년 우리나라 최초의 영화관 단성사가 들어선 이래 종로 일대가 극장의 메카로 명성을 누렸다. 충무로 대한극장을 비롯해 광화문 국제극장, 을지로 국도극장, 그 밖에 스카라, 명보, 서울, 피카디리, 허리우드, 그리고 명동의 코리아극장과 중앙극장. 그러나 기득권 극장주 세력이 밀집해 있는 종로나 그 인근은 넘보기 어려웠다. 게다가 당시 극장 사업은 음침한 느낌이 강한 유해 사업으로 인식되곤 하여, 제안서를 들고 발에 땀이 나도록 건물주를 설득하러 다녀야 했다.

제일제당 멀티미디어 사업부는 '변두리'로 눈을 돌렸다. 처음에는 넓은 공간을 확보할 수 있는 영등포 공장 부지를 염두에 두었지만 교통이나 주변 여건을 고려하면 최적의 장소라고 할 수 없었다. 다

---

* 합작법인의 총자본금은 60억 원. 제일제당이 50%, 나머지 두 회사가 각각 25%의 지분을 갖는 조건이었다. 2002년 10월에는 주주가 빌리지로드쇼에서 아시아시네마홀딩스로 바뀌었고, 사명도 CJ CGV㈜로 변경됐다.

음으로 눈길이 꽂힌 곳이 바로 구의동이었다. 지하철 2호선이 연결된 강변역에 건설되고 있던 전자상가 테크노마트. 7만 8천 평(25만 7850㎡) 대지에 39층 규모로 짓고 있던 이 건물에는 전자상가만이 아니라 쇼핑을 위한 상점들도 들어설 예정으로, 영화 주요 소비층인 10대, 20대를 끌어들일 수 있을 것으로 기대됐다. 그렇게 탄생한 영화관의 공식 명칭은 'CGV강변11'. 한강의 낭만적 이미지와 11개 스크린을 갖췄다는 뜻을 합해 지은 이름이었다.

개관일은 1998년 4월 4일. 첫 상영작으로 홍상수 감독의 〈강원도의 힘〉을 비롯해 〈남자이야기〉, SF 스릴러 〈스피어Sphere〉가 나란히 관객들을 만났다. 걱정했던 것과 달리 상영관 앞에 길게 줄이 늘어섰다. 밤잠을 못 이룰 정도로 안절부절못하던 극장사업팀 담당자들은 환호성을 내질렀다. 언론에서는 '드디어 멀티플렉스의 시대가 열렸다'는 메시지를 앞다퉈 쏟아냈다.

"제일제당이 지난 4월 개관한 CGV강변이 극장가의 전반적인 불황 속에서도 기대 이상으로 관객을 불러 모으고 있다. CGV강변은 지하철역에서 바로 연결되어 극장을 찾기가 편리하고, 극장 내부도 철저하게 관객 중심으로 만들어져 있다. 이 극장은 11개 관이 각기 15~20분 간격으로 운영되기 때문에 관객들은 언제든지 기다리지 않고 바로 영화를 볼 수 있다. 퀴퀴하고 지저분하고 불편한 극장이 아니라는 것도 관객을 극장으로 유인하는 요인이다. 컵 홀더를 갖춘 넓고 편안한 좌석, 첨단 서라운드 음향 시스템. 시야를 가리지 않는 객석 구조, 24시간 전산 예매 등으로 관객의 불편 사항을 없앴다."*

---

* 「연합뉴스」, 1998년 7월 3일 자

국내 멀티플렉스 1호의 인기는 한동안 식을 줄 몰랐다. 11개 스크린 모두 매진 행렬이 거듭되며 개관 첫해인 1998년에만 230만 명의 관객이 몰렸다.[*] 1990년대 중반까지 최고 흥행작이었던 〈서편제〉가 100만 관객을 돌파하는 데 6개월이 걸렸음을 감안할 때 실로 놀라운 수치였다. 1998년 말쯤엔 상영관 점유율이 무려 99%에 이르는 기염을 토했다. 빈자리가 거의 없었다는 뜻이다.

멀티플렉스로 한국영화의 르네상스를 열다

"1999년 처음 가본 CGV강변은 정말로 별천지였습니다. 여기에 와서 일해보고 싶다는 생각이 절로 들었지요."

초창기 CGV강변을 찾았던 관객이었다가 훗날 실제로 멀티플렉스 직원이 된 CGV 위탁영업팀 선택근 팀장의 회상이다. 지금이야 흔하고 당연하게 느껴지지만 당시에는 영화관에 와서 원하는 작품을 보지 못할 때 차선책을 다양하게 선택할 수 있도록 한 '멀티 콘텐츠' 시스템이 획기적으로 다가왔다. 극장 근처에 다른 이유로 왔거나 그냥 우연히 지나가던 소비자들이 자연스럽게 영화를 보고 가는 일이 많아지면서 관객 기반 자체가 두꺼워졌다. 잔잔한 향수가 어려 있는 장소이긴 하지만 뭔가 어둡고 청결하지 못한 면모도 지녔던 극장 이미지가 밝게 바뀌면서 사람들은 점차 극장을 부담 없는 '놀이 공간'으로 인식하기 시작했다.

CGV가 대성공을 거두자 다른 기업들이 잇따라 나섰다. 그중 동양(메가박스)과 롯데의 행보를 주목할 만했다. 1999년 10월에 롯데시

---

* 「연합뉴스」, 2002년 10월 29일 자

멀티플렉스 도입에 따른 영화산업 선순환 구조

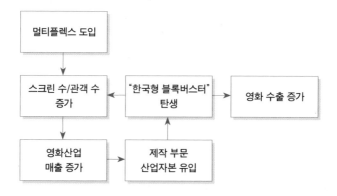

네마 1호점이 경기도 일산에, 2000년 5월에 메가박스 1호점이 서울 삼성동 코엑스몰에 들어섰다. 드물게 강남 한복판의 비즈니스 요충지에 자리 잡은 메가박스 코엑스는 세련되고 신선한 이미지로 처음부터 시선과 발길을 동시에 모으는 데 성공했다. 롯데 역시 할인점과 백화점 같은 넓고 탄탄한 유통망을 등에 업고 있다는 점에서 유리한 입지를 지니고 있었다.

멀티플렉스들의 경쟁 속에서 공간도 서비스도 눈에 띄게 진화를 거듭하자 관객들은 더 잦은 발걸음으로 호응했다. 한국 영화시장의 관객 수는 2000년에 전년 대비 18% 성장했고, 이듬해인 2001년에는 38%, 2002년에는 18%가 증가하며 연간 1억 명을 돌파했다.[*]

보다 의미심장한 변화는 멀티플렉스가 토종 영화의 잠재력을 키우는 기폭제로 작용했다는 사실이다. 콘텐츠와 플랫폼의 관계에는 늘 '닭이 먼저냐, 달걀이 먼저냐' 식의 해석이 따라붙을 수 있겠지

* 류형진, 『멀티플렉스 산업 연구』, 영화진흥위원회, 2005

멀티플렉스 이후 한국 영화산업 주요 변천사

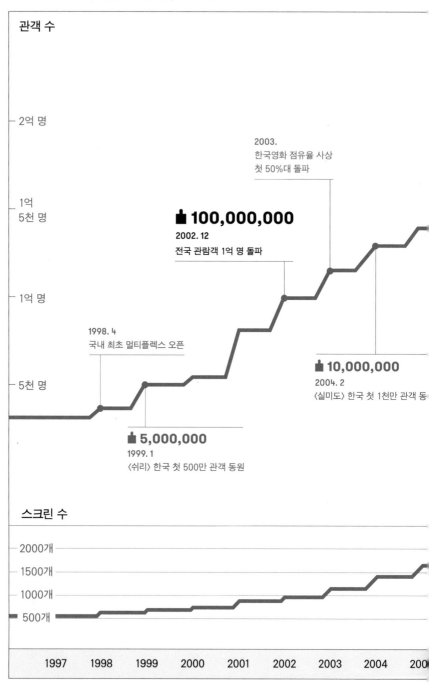

관객 수

— 2억 명

— 1억 5천 명

2003.
한국영화 점유율 사상
첫 50%대 돌파

📕 **100,000,000**
2002. 12
전국 관람객 1억 명 돌파

— 1억 명

1998. 4
국내 최초 멀티플렉스 오픈

— 5천 명

📕 **10,000,000**
2004. 2
〈실미도〉 한국 첫 1천만 관객 동

📕 **5,000,000**
1999. 1
〈쉬리〉 한국 첫 500만 관객 동원

스크린 수

— 2000개
— 1500개
— 1000개
— 500개

1997   1998   1999   2000   2001   2002   2003   2004   200

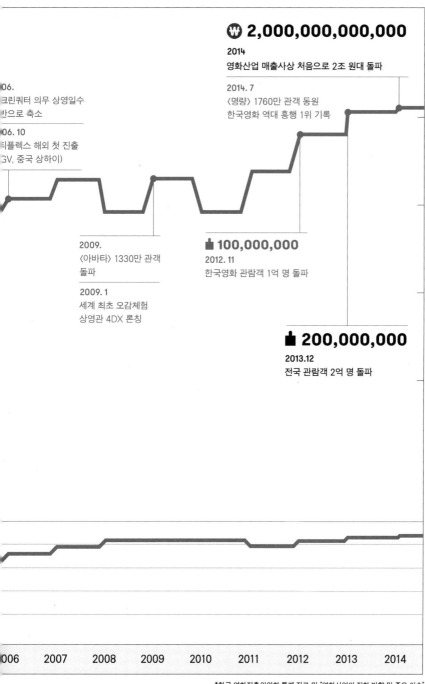

₩ 2,000,000,000,000

2014
영화산업 매출사상 처음으로 2조 원대 돌파

2014. 7
〈명량〉 1760만 관객 동원
한국영화 역대 흥행 1위 기록

06.
크린쿼터 의무 상영일수
반으로 축소

06. 10
메플렉스 해외 첫 진출
GV, 중국 상하이)

2009.
〈아바타〉 1330만 관객
돌파

2009. 1
세계 최초 오감체험
상영관 4DX 론칭

🎬 100,000,000

2012. 11
한국영화 관람객 1억 명 돌파

🎬 200,000,000

2013.12
전국 관람객 2억 명 돌파

| 006 | 2007 | 2008 | 2009 | 2010 | 2011 | 2012 | 2013 | 2014 |

*한국 영화진흥위원회 통계 자료 및 "영화산업의 진화 방향 및 주요 이슈"

만 적어도 이 시기에는 극장이라는 서비스 공간의 변모가 영화 콘텐츠의 경쟁력에 큰 보탬이 된 게 사실이다. 일단 멀티플렉스 효과로 전반적인 매출이 상승세를 타자 한국영화 투자에 불이 붙었다. 투자·제작·배급에 모두 관여하는 대기업 계열의 투자·배급사가 받쳐주고 있는 데다 관객들이 기름까지 철철 부어주니 영화인들의 행보는 거칠 게 없었다. 영화 편당 기대 매출액이 높아지고 제작비가 커지는 산업 전반의 변화가 이루어진 것이다.[*]

때마침 관객의 새로운 요구와 기대에 부응하는 다양한 장르의 토종 작품들이 하나둘 등장하기 시작했다. 〈친구〉, 〈실미도〉, 〈태극기 휘날리며〉 등 토종 대작들의 대박 행진이 이어졌다. 한국 시장에도 토종 영화가 상당한 파이를 차지하는 블록버스터 시대가 도래한 데는 극장 인프라와 관람 문화를 바꾸면서 흥행의 토대 역할을 톡톡히 해낸 멀티플렉스의 공이 컸다.

극장에서 '잇 플레이스'로

한국의 영화 관객 수는 2013년부터 연간 2억 명을 넘어섰다. 2014년 1인당 영화 관람 횟수는 연 4.19회. 한국인은 세계에서 극장을 가장 자주 찾고 있다. 최근 3~4년 사이의 상승세는 대다수 나라들과는 대조적인 현상인데, 특히 연령대와 성별을 가리지 않고 전반적으로 관객층이 넓어졌다는 점이 인상적이다.

이 정도 토대라면 잘 다져진 텃밭 수준이 아니라 기름진 평야라고 할 수 있다. 다양한 연령대가 골고루 영화 관람을 자주 하고 있

---

[*] "CJ CGV 한국 영화산업의 틀을 바꿨다", 「동아비즈니스리뷰(DBR)」, 2008년 11월 21호

는 데다, 주말이면 가족 단위로 영화관을 나들이 삼아 찾는 모습이
흔하다. 요즘 10대, 20대는 믿기 힘들겠지만 2000년대 이전만 해도
국내 극장의 조조영화 시간대는 11시 40분이었다. 아침 일찍 부지
런히 집 밖으로 뛰쳐나가도 극장에선 영화를 볼 수 없었다는 얘기
다. 저녁 시간에도 융통성이 없기는 마찬가지였다. 심야영화라고 해
봐야 밤 9시 50분이 마지막 시간대였으니 말이다. 지금은 어떤가?
새벽 6시면 극장이 문을 열고 온종일 촘촘하게, 시간대별로 영화가
배정돼 있다. 극장 주변엔 다른 '볼거리'를 비롯해 '놀거리', '먹거리'
가 널려 있다.

주요 국가별 1인당 연 영화 관람 횟수 변화 추이

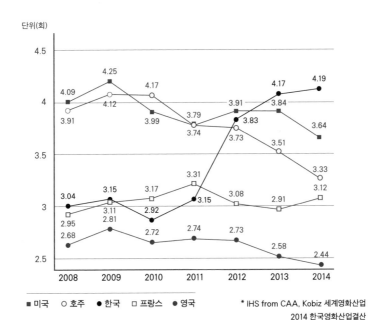

* IHS from CAA, Kobiz 세계영화산업
2014 한국영화산업결산

그러나 일각에서는 극장 관람의 인기가 언제 꺼질지 모르는 불꽃이라는 해석을 내놓고 있다. 다른 나라들의 예에 비춰볼 때 연 관람 횟수 4회 수준이면 '성숙기'에 접어들었기 때문에 내리막길만 남았다는 논리다. 사실 우리나라에서는 '잇it 플레이스'로 여겨지는 극장을 찾는 일이 일상의 문화로 자리 잡은 분위기라, 콘텐츠의 품질과 다양성만 뒷받침된다면 이러한 전성기는 당분간 지속될 것으로 보인다. 하지만 영화 콘텐츠를 소화할 수 있는 창구가 다양해질수록 선택의 여지가 많은 소비자는 더 까다롭고 냉정해질 수밖에 없다는 논리는 분명 일리가 있다. 실제로 세계에서 영화를 가장 많이 보는 나라였던 미국도 정점을 찍은 뒤에는 줄곧 하향세를 타고 있으니 말이다.

미국과 유럽의 대중적인 영화관을 가본 이들이라면 알겠지만 시설만 봐서는 감탄은커녕 한숨을 자아내는 경우가 많다. 영화관들이 노후된 공간에 투자를 활발하게 하지 못하고 있어서다. 그 이유는 영화 제작자이기도 한 김익상 서일대 교수가 말했듯이, 극장의 본질이 호텔과 같은 시설 임대업 성격에 가깝기 때문이다. 당일 매출이 없으면 손실을 입기 마련이고, 손님이 들지 않으면 시설에 투자하기를 꺼리게 되는 것이다.

이런 위기의식이 밑바탕에 깔려 있어서일까? 한국의 영화관들은 진화의 몸부림을 더더욱 멈추지 않고 있다. 이제 극장은 새벽 5시부터 브라질의 축구 경기나 뉴욕의 오페라, 콘서트를 실시간으로 커다란 스크린에서 즐길 수 있는 라이브 행사장, 맛깔스러운 음식에 샴페인을 홀짝거리며 공연을 만끽하는 파티장으로 변신하고 있다. 오늘의 영화관에는 '컬처플렉스'라는 새로운 명칭이 더 어울린다.

Case Study
콘텐츠를 움직이는 기술 리더십

극장은 각종 음향, 영상 등 기술의 발전과 그 역사를 같이해왔다. 20세기 초에 영화가 무서운 기세로 성장할 무렵에는 기술이 영화를 위해 발달하기도 했다. 그 움직임이 어찌나 맹렬했던지 음향산업과 그래픽의 역사를 바꿔놓을 정도였다. 예를 들어 스테레오 음향의 시대를 열고 오디오 역사에 지대한 영향을 끼친 웨스턴 일렉트릭Western Electric은 극장용 스피커를 만들던 회사였다. 5.1채널의 경우, 영화관에서는 홈시어터가 대중적으로 부각되기 훨씬 전인 20년 전에 도입됐다.

하지만 컴퓨터가 보급되고 관련 기술이 발전하면서 세상의 첨단 기술을 다 담아내기에는 영화의 기법이나 상영 인프라가 모두 역부족인 상황이 됐다. 특히 특수효과 분야의 경우, 1950년대 침체기를 겪던 할리우드 스튜디오에서 제작비 절감을 위해 투자를 의도적으로 줄이는 바람에 그 간극이 무척 커졌다. 이런 기조는 꽤 오래 지속되었는데, 1970년대 다시금 기술 경쟁의 물꼬를 튼 영화 〈스타워즈)를 제작하려던 때만 해도 감독이 원하는 특수효과를 구현하기 위해 손수 중고 기계상과 옛날 스튜디오 창고를 뒤져야만 했다고 한다.* 한 영화 잡지는 영화업계의 이러한 기술적 낙후 현상을 다음과 같이 평하기도 했다. "영화라는 매체는 오늘날 우리가 이용하는 테크놀로지들과 비교할 때 완전히 구식이다."**

하지만 그럴싸한 기술이 나왔다고 반드시 대중이 즉각적인 반응을 보인다고 예단할 수도 없다. 그래서인지 영화계 관계자들은 새로운 기술 도입에 몹시 보수적인 경우가 많다. 오죽하면 1980년대에 흑백영화에 적절한 색을 입혀 컬러영화로 바꿀 수 있는 기술이 처음 나왔을 때 할리우드에서 크게 격분했다는 웃지 못할 과거사가 전해지겠는가. 〈하이눈High Noon〉, 〈지상에서 영원으로From Here To Eternity〉 같은 고전으로 유명한 프레드 진네만 감독은 이러한 채색 작업을 가리켜 '문화적 1급 범죄'라고 외쳤고, 마틴 스코세이지 감독은 〈카사블랑카Casablanca〉 같은 고전에 색이 가해진다는 아이디어에 대해 '신성모독'이라고 분개했다.***

그런데 웬걸, 시장의 반응은 딴판이었다. 영화 〈멋진 인생It's a Wonderful Life〉의 경우, 1980년대 중반 흑백판이 1만여 벌 판매됐지만, 비슷한 시기에 컬러판은 5만 벌이 넘게 팔렸다. 결국 기술도 기술 나름이고, 대중 심리는 쉽게 종잡을 수 없다는 결론에 이른다. 대중의 속내는 뚜껑을 열어봐야 아는 것, 대중도 스스로의 마음을 미리 점칠 도리는 없는 게 아닐까?

---

* 부르크하르트 뢰베캄프, 앞의 책

** "Bigger than Life", 「American Film」, 1984. 부르크하르트 뢰베캄프, 『할리우드』에서 재인용

*** 재닛 와스코, 『정보화시대의 영화산업』, 나남출판, 2005

디지털 관람 환경에 대한 반응도 마찬가지였다. 디지털 스크린 시대가 본격적으로 도래하기 전에는 아날로그(필름) 옹호자들이 압도적으로 많았다. 대다수의 관객은 디지털이 주는 느낌에 대해 거부감을 드러냈는데, 테크놀로지에 상당히 민감하고 관심이 많은 한국의 관객들도 마찬가지였다.

그러나 CJ는 '디지털 시대는 반드시 온다'고 확신하고 조금씩 준비를 해나갔다. 2004년 CGV상암에서 한국영화 〈어깨동무〉로 국내 최초의 디지털 시사회를 열었고, 2005년 하반기에는 CGV용산 11개관에 디지털 영사기를 설치, 같은 해 12월 13일에 용산 전관에서 영화 〈태풍〉의 디지털 상영을 실시했다(전관 디지털 상영으로는 세계 최초의 사례다).

3D영화의 경우에도 마찬가지였다. 3D는 20세기 중반부터 존재했던 원리였지만 3D 안경을 쓰고 영화를 보면 눈이 아프고 힘들다는 이유로 극장에서는 그다지 선호되지 않았다. 그러나 CJ는 수요를 앞지르는 과감한 행보야말로 플랫폼 사업자의 숙명이라고 생각했고, 일찌감치 3D 환경 채비에 나섰다. 로열티를 지불하고 해외 기술을 들여오는 대신 자체 기술 개발을 택해 영사기 앞에서 돌아가면서 입체 효과를 내는 3D용 필터를 국내업체와 협업으로 개발했다. 2009년, 꾸준히 투자했던 노력이 결실을 맺었다. 전 세계 영화사에 획을 그은 디지털의 총아 〈아바타〉가 등장했기 때문이다. 디지털과 3D로 서서히 무장해나가고 있던 '준비된' 상영관들은 〈아바타〉라는 최적화된 콘텐츠를 만나면서 물 만난 고기처럼 파닥거렸다. 〈아바타〉는 무려 1360만 명이라는 어마어마한 관객을 동원했고, 국내 영화계에는 비로소 '3D 광풍'이 불어닥쳤다.

3D에 이어 눈을 돌린 영역은 4DX였다. 이는 3D의 입체 효과 외에도 물, 바람, 향기, 진동 등 오감을 자극하는 효과를 느낄 수 있는 상영 방식으로, '오감체험 상영관'이라고도 불린다. 테마파크에서 3~5분짜리 분량으로는 더러 상영되기도 했지만 90분이 넘는 영화를 이러한 방식으로 제작·상영하겠다고 나섰을 땐 그룹 내에서 걱정과 우려의 목소리가 컸다. 하지만 이재현 회장이 미래 혁신에 대한 확신으로 밀어붙였고, 2009년 1월, CGV상암에 4D 콘텐츠를 소화하는 4DX 상영관이 국내 최초로 들어서게 됐다.

　　첫 상영작은 액션판타지 작품인 〈잃어버린 세계를 찾아서 2 Journey 2〉였다. 다소 아쉬움이 남는 선택이었다. 당시 4DX 콘텐츠로는 드림웍스의 〈쿵푸 팬더Kung Fu Panda〉가 적격이라는 의견이 많았고, CGV에서도 야심 차게 개발 계약을 추진했다. 하지만 막판에 드림웍스의 기술 책임자가 4DX 개념을 이해하지 못해 무산됐다. 처음으로 제대로 조명받은 4DX 작품은 2009년 국내 개봉한 공포영화 〈블러디 발렌타인My Bloody Valentine〉. 공포물 중에서도 '하드코어'로 분류될 만큼 서늘하고 오싹한 영화라 오감 체험 효과가 극대화될 수 있는 작품이라고 기대했다. 예감은 적중했다. 〈블러디 발렌타인〉 4DX는 입소문을 타고 엄청난 인기를 끌었고 객석 점유율이 무려 91%를 넘어섰다.

　　그로부터 수년이 지난 지금, 관객들은 영화를 보는 방식이 다채롭다는 점을 자연스럽게 받아들이고 있다. 영화의 장르와 콘텐츠 제작 방식에 따라, 혹은 자신이 원하는 관람 분위기에 맞춰 영화관을 선택하는 이들이 꽤 많아진 것이다. 영상이나 음향 같은 영화적 장치의 효과가 두드러지는 작품의 경우에는 3D, 4DX, 사운드X 같은 특화 상영관이 인기를 끈다.

4DX 글로벌 관객 수

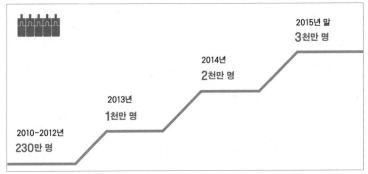

2015년 말
3천만 명

2014년
2천만 명

2013년
1천만 명

2010~2012년
230만 명

*CJ 4D 플렉스 자료 참고

4DX 수급 영화 편수

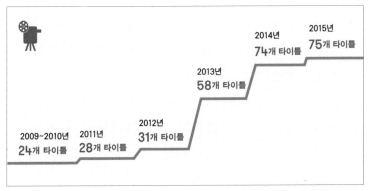

2015년
75개 타이틀

2014년
74개 타이틀

2013년
58개 타이틀

2012년
31개 타이틀

2011년
28개 타이틀

2009~2010년
24개 타이틀

*CJ 4D 플렉스 자료 참고

〈어벤져스: 에이지 오브 울트론〉, 〈쥬라기 월드〉, 〈매드맥스: 분노의 도로〉, 〈미션 임파서블: 로그네이션Mission Impossible: Rogue Nation〉 같은 영화들은 실제로 특화 상영관만이 지닌 아우라의 수혜를 톡톡히 누렸다. 〈쥬라기 월드〉의 사례를 들자면, 공룡 테마파크라는 소재의 특성상 더 생생하게 체험 가능한 관람 환경이 자연스럽게 관객의 발길을 이끌었다. CGV 객석 점유율 기준으로 살펴보면, 3D 버전

이 31.1%, IMAX 버전이 30.4%, 4DX 버전이 54.4%의 비중을 차지했다.[*]

심지어 이제는 단지 입맛에 맞는 상영관을 고르는 데에서 더 나아가 한 가지 영화를 여러 가지 극장 버전으로 챙겨 보는 '스크린족'까지 생겨나고 있다. 예컨대 〈어벤져스: 에이지 오브 울트론〉의 경우, 어벤져스 캐릭터들의 특징이 다양하게 잘 녹아 있는 일반 버전, 파워가 강조된 '헐크' 버전, 비행의 묘미가 살아 있는 '아이언맨' 버전 등 3가지 4DX 버전을 모두 관람하고도 만족하지 못하는, 그래서 마치 '극장을 보러' 다니는 듯한 마니아층까지 양산됐다. 여기저기 다니며 IMAX, 3D, 2D 버전까지 모두 섭렵하고 마는 식이다. 이런 현상은 단지 기술적으로 차별된 관람 환경이 흥미로워서라기보다는 최근의 작품들이 드디어 그러한 기술 인프라의 매력을 제대로 받쳐 주기 시작했다는 시각으로도 볼 수 있을 것이다. 다시 말해 앞서 나가고 있는 플랫폼의 특장점을 점점 더 살리는 방향으로 콘텐츠 역시 진화하고 있다는 증거가 아닐까.

CGV에서 미래의 극장을 보다

한국의 극장들이 이렇듯 관람 환경에서 빠르게 앞서나가다 보니 해외 여러 나라에서 벤치마킹 대상으로 삼고 있다. 수년 전, 미국 라스베이거스에서 개최된 세계적인 영화산업박람회 시네마콘Cinemacon에서 드림웍스 CEO 제프리 카젠버그는 이를 예견했다. "영화관의 미래를 알고 싶다면 한국에 가서 CGV가 무엇을 하고 있는지를 봐

---

* CGV 자체 자료

CNN 선정 세계 10대 영화관

1 Cine Thisio, 그리스 아테네

2 Alamo Drafthouse, 미국 텍사스

3 Raj Mandir Theatre, 인도 자이푸르

4 Kino International, 독일 베를린

5 **4DX, 대한민국 서울**

6 Uplink X, 일본 도쿄

7 Prasads, 인도 하이데라바드

8 **Cine de Chef, 대한민국 서울**

9 Secret Cinema, 전 세계

10 The Castro Theatre, 미국 샌프란시스코

야 할 것이다."*

　실제로 미국 CNN이 선정한 세계 10대 영화관** 중 CGV 4DX관이 5위에 올랐다.*** 나머지는 대부분 럭셔리 고객층을 대상으로 한 부티크 극장들이었다는 점을 감안할 때 한국 영화관이 기술 리더십을 인정받은 사례라고 볼 수 있다.

　CGV는 4DX에 이어 다면상영시스템 '스크린X'를 세계 최초로

---

* "제프리 카젠버그, 시상식서 'CGV는 최첨단 기술 활용 부단한 혁신 실천' 극찬", 「아주경제」, 2011년 3월 31일 자 인터넷판

** "10 of the World's Most Enjoyable Movie Theaters", CNN, 2014년 4월 21일 자

*** CGV 압구정의 부티크 상영관인 '시네 드 셰프'도 8위를 기록했다.

개발해 도전을 이어가고 있다. 정면에 보이는 하나의 스크린이 아니라 정면과 좌우 벽면까지 스크린으로 확대해 콘텐츠의 몰입감을 한층 높이는 방식이다. 2013년 10월 부산영화제에서는 스크린X 기술로 촬영된 김지운 감독의 영화 〈The X〉를 선보여 '경계를 넘어선 놀라움'이라는 호평을 얻기도 했다.

"예전에는 기술이란 기술은 다 사왔는데, 이제 4DX는 엄연히 우리 이니셜을 지니고 있는 고유 기술로 세계 시장에 내놓고 있습니다."
— CGV 컬처플렉스 기획팀 성인제 부장

CJ는 자체적으로 개발한 첨단 기술을 상징적인 무기로 삼아 선진적인 상영 문화를 다른 나라에도 전수하고 있다. 영화라는 한류 콘텐츠만이 아니라 CGV라는 영화관 브랜드를 내세운 '복합기지'를 해외 곳곳에 세워 소프트웨어와 하드웨어 경쟁력을 모두 장착한 문화기업으로의 시너지를 창출하겠다는 전략이다. 극장시장에서 오는 2020년까지 12개국에 진출해 현재 20%대(2014년 기준 매출관 관람객 기준)인 글로벌 비중을 80%대로 끌어올리겠다는 야심찬 목표를 세워두고 있다. 지역으로 보자면 아무래도 어느새 영화에서도 핵심 시장으로 성큼 올라선 중국이 가장 적극적인 공략 대상이다. 극장의 미래에 대해서는 엇갈린 전망이 나오지만, 중국은 하루에 15개씩 스크린이 증가하고 있는(2014년 기준) 엄청난 성장 시장이기 때문이다. CJ CGV는 이미 중국에 4DX 상영관을 비롯해 다면 상영 시스템 스크린X, 반구 형태의 특별관 스피어X, 초대형 디지털 상영관 스타리움 등 CGV 기술력이 응집된 다양한 특별관을 운영하고 있다.

영화관은 3D와 4D가 매혹적으로 융합된 환경, 또는 아예 경계선을 넘은 미지의 영역으로 새롭게 진화하고 있다. 조용히 제2의 아바타의 탄생을 기다리면서 말이다.

다양성 영화를 위한 전용 공간에
애정을 쏟아야 하는 이유

영화관이라는 공간에 매력을 더해주는 요소들이 아무리 중요하다 하더라도, 그에 우선하는 '본질'은 역시 콘텐츠 자체의 경쟁력일 것이다. 『엔터테인먼트 마케팅 혁명』이라는, 이 분야의 마케팅 지침서를 쓴 앨 리버먼과 패트리샤 에스게이트가 강조했듯이 대중의 걸음을 지속적으로 재촉하기 위해서는 '보고 싶고, 봐야만 하고, 볼 수밖에 없는' 영화와 '가고 싶고, 가야만 하고, 가서 볼 수밖에 없는' 관람 환경이 동시에, 사이 좋게 뒷받침되어야만 한다.

이러한 전제에서 볼 때, 콘텐츠의 다양성이라는 주제를 짚고 넘어가지 않을 수 없다. 좀처럼 접하기 힘든 각국의 '다양성 영화', 즉 제작비가 적게 투입되는 독립영화, 예술영화, 다큐멘터리 같은 각양각색의 작품들을 볼 수 있는 환경은 콘텐츠 경쟁력이라는 차원에서 상당히 중요한 요소다. 한국 영화계의 메이저 플레이어라면 누구도 상업화 위주의 흐름에 대한 비판에서 자유롭지 않지만 '작은 영화'들의 상생을 보다 적극적으로 모색하는 CJ의 최근 행보는 그래도 반갑게 다가온다.

'아트하우스'의 가능성

대중적인 인기는 덜 누리지만 예술성, 작품성이 높은 다양성 영화를 사랑하는 이들이라면 아마도 '무비꼴라쥬'라는 브랜드를 익히 알고 있을 것이다. CGV에서 지난 10년 동안 운영해온 예술영화, 다큐멘터리 등 '비非상업영화'로 분류되는 중저예산 작품들을 위한 전용관이다. 대개 수익성이 높지 않아 관객 2만 명이 들면 흥행했다고 여겨지는 다양성 영화들을 위한 터전인 셈이다.

CGV에서는 무비꼴라쥬를 상영관 너머로 확대시키는 노력을 펴 왔다. 한 달에 한 번은 다양성 영화를 전국 40여 개가량의 일반관까지 확대 상영하는 '아트하우스 Day'를 비롯해, 평론가, 감독 등 전문가들이 관객들과 함께하는 대담인 '시네마톡', 영화는 물론 영화와 연계된 다양한 문화·예술 강연 프로그램인 '아트하우스 클래스', 저명한 영화 평론가의 시네마톡을 전국 CGV 아트하우스에 생중계하는 '라이브톡', 그리고 미술·음악·문학 등 타 예술 장르를 주제로 영화를 해설하는 '아트톡' 등 보다 많은 관객과 소통하기 위한 다양한 프로그램을 진행하고 있다. 또 부산국제영화제, 서울독립영화제 등 국내 대표 영화제에 CGV 무비꼴라쥬 상을 수여함으로써 재능 있는 감독과 작품을 발굴해왔다.[*]

'몰라서 못 본다'는 의견이 상당수일 정도로 최근 다양성 영화에 대한 대중의 관심은 부쩍 늘어나고 있는 추세다. 특히 2014년은 〈한공주〉, 〈그랜드 부다페스트 호텔The Grand Budapest Hotel〉, 〈그녀Her〉 등

---

[*] 2012년 CGV무비꼴라쥬 상을 받은 〈지슬〉은 와이드 개봉의 수혜작이 되면서 14만 명 이상의 관객을 불러모았고, 2013년에 부산국제영화제를 통해 같은 상을 받은 〈한공주〉는 2014년 마라케시국제영화제와 로테르담국제영화제, 도빌아시아영화제에서 상을 휩쓰는 쾌거를 거뒀다.

작품성과 흥행성을 동시에 낚아챈 아트버스터와 다큐버스터가 유난히 돋보인 한 해였다. 그 정점을 찍은 것은 CGV 아트하우스에서 공동 배급한 〈님아 그 강을 건너지 마오〉였다. 노부부의 애잔한 사랑을 다룬 이 영화는 480만 명이라는, 한국 독립영화사에서 최고 흥행 성적을 기록했다.

주목할 만한 점은 CGV에서 실시한 설문 조사에서 다양성 영화를 관람했다고 밝힌 7명 중 1명은 자신이 본 영화가 다양성 영화인지도 몰랐다고 답했다는 것이다.[*] 그리고 보다 적극적인 영화 홍보와 상영 정보들을 접할 수 있는 기회를 바란다는 의견이 많았다.

CGV 무비꼴라쥬는 2014년 11월 'CGV 아트하우스'로 브랜드명을 바꾸었다. 다양성 영화를 더 많은 대중의 품에 안기겠다는 목표와 함께 '무비꼴라쥬'라는 이름이 다소 어렵고, 쉽게 다가가기 어렵다는 지적을 반영한 결정이었다. CGV압구정과 명동역 씨네라이브러리는 부분적인 리뉴얼 작업을 거쳤고, 이에 따라 예술영화 감상에 최적화된 스크린과 음향 장비를 설치해 한층 업그레이드된 인디·예술영화 전용관이 생겼다.[**] 특히 CGV명동역 씨네라이브러리는 영화 서적 1만여 권을 소장한 국내 최초 영화 전문 도서관 'CGV 씨네라이브러리'까지 갖춰 일반 상영관과 예술영화관, 그리고 영화 도서가 공존하는 복합 문화 공간으로 재탄생했다.

---

[*] "2014년 뒤흔든 '아트버스터', 다양성 영화 몰라서 못 볼까?", 「헤럴드 POP」, 2014년 12월 31일 자

[**] 3개의 아트하우스 관이 들어선 압구정점에는 국내 멀티플렉스 최초로 1년 365일 한국독립영화만 상영하는 '한국독립영화전용관'이, 명동역점에는 영화인들을 위한 무료 문화 공간인 '씨네라이브러리'가 만들어졌다.

CGV 아트하우스 브랜드 아이덴티티(BI)

CGV 아트하우스의 BI는 영화 제작 현장의 '슬레이트'와 극장의 '파사드'를 접목한 형태를 주요 모티프로 삼았다. 작품적 가치가 높은 영화를 최적의 환경에서 상영한다는 지향점을 담고 있다.

저예산 영화를 둘러싼 경제 논리

이쯤에서 몇 가지 의문이 생기는 게 자연스러울 것이다. 저예산의 다양성 영화들을 위주로 영화사업을 꾸릴 수는 없을까? 돈도 적게 들고 작품성과 흥행성을 겸비한 아트버스터들로 꾸리면 옹골진 수익 구조를 갖출 수 있지 않을까? 그러나 안타깝게도 아트버스터는 어쩌다 출현하는 희귀종이라는 시각이 아직까지는 우세하다. 리스크를 회피하려고 적은 예산에 덜 알려진 스타를 쓰는 방침보다는 '잘 만든 대작 한 편'에 도전하는 블록버스터 전략이 영화사들의 손익계산서와 브랜드 인지도에 더 유리하다는 것이다.[*]

그렇다면 할리우드가 됐든 한국 시장이 됐든, 저예산 다양성 영화가 존속하고 있는 이유는 무엇일까? 물론 영화를 무척이나 사랑하는 독립영화 제작사들도 있고, 예술영화를 지향하는 감독들도 있으니 작품이야 계속 만들어진다지만 '상영'이라는 문제는 경제 논리의 지배를 받지 않는가. 대형 영화사들이 주로 소수만이 호응하는 다양성 영화들도 포용하는, 그리고 포용해야 하는 이유들을 힘주어

---

[*] 실제로 파라마운트는 2004년 초반에 평범한 배우들이 등장하는 B급 영화를 많이 제작했는데, 수익률이 30% 이상 떨어지면서 방침을 급선회했다. 애니타 엘버스, 앞의 책

설명하는, 애니타 엘버스 하버드대 교수의 주장에 귀 기울일 필요가 있다. 다채로운 저예산 영화를 꾸준한 공급하게 되면 왕성한 활동 이미지를 갖게 돼 영업과 마케팅에서 유리한 고지를 점할 수 있고, 영화계에서 보다 폭넓고 밀접한 투자 네트워크를 구축할 수 있으며, 작품성 뛰어난 다양성 영화들로 인해 배우, 감독, 평론가들과 우호적인 관계를 맺을 수 있다는 장점 등이 그 논거들이다.

하지만 매 작품마다 혈전을 펼쳐야 하는 영화 생태계 입장에서는 아마도 다음의 장점이 가장 강력한 논거로 꼽힐 듯하다. 이왕이면 보다 안정성이 보장되고, 보다 경쟁력 있는 대작을 만들기 위한 '작은 실험'의 계기가 될 수 있다는 점이 그것이다. 그 과정에서 작품 자체의 매력도를 큰 위험을 무릅쓰지 않고 테스트해볼 수 있는 건 물론이고, 무명 또는 덜 알려진 배우나 감독, 시나리오 작가에게도 기회를 제공함으로써 서로가 '윈윈'할 수 있다는 이점이 있다. 또한 다양성 영화는 정치, 사회, 문화의 경계를 넘나드는 다양한 이슈들을 끄집어내고 많은 대중이 곱씹을 수 있게 한다.

사회적 가치와 경제적 효익을 동시에 창출할 수 있다는 점에서, 약자를 위한 고민과 진정성 있는 태도를 품은 다양성 영화를 위한 플랫폼이야말로 수년째 기업들의 화두로 자리 잡고 있는 CSV(공유가치창출)를 위한 훌륭한 수단이 되지 않을까.

글로벌 문화판도 바꾸는 차이나머니

"떠오르는 나라들의 문화가 떠오르고 있다. 미국식 엔터테인먼트와 유럽 문화에 맞서, 새로운 콘텐츠의 세계적 유통이 영향력을 행사하기 시작했다."

　　　　　　　　　　　　　　　　　　　　　　　　　—프레데릭 마르텔

지구인이라면 거의 누구나 들어봤을 법한 초대형 베스트셀러 『해리 포터Harry Potter』의 저자 조앤 K. 롤링의 모국은 '셰익스피어의 나라' 영국이다. 소년 마법사의 성장기 통과의례를 풍부한 상상력으로 요리해낸 이 7권짜리 판타지 소설은 67개 언어로 번역되면서 4억 5000만 부가 넘는 경이적인 판매고를 올렸다.* 또 영화 〈해리 포터〉 시리즈는 2001년부터 2011년까지 장장 10년에 걸친 장기 흥행으로 8조 원(77억 달러)이 넘는 수익을 거둬들였다.

영화의 성공을 바탕으로 캐릭터 상품, 비디오게임 등 사업 범위

---

* "창조산업 핵심은 지재권…英 수출의 10% 차지하죠", 「한국경제」, 2013년 3월 11일 자 인터넷판

가 확장된 덕에 해리 포터는 디즈니의 미키마우스 부럽지 않은 인기를 누리게 됐다. 모든 영역을 다 합치면 해리 포터로 인한 매출은 무려 300조 원이 넘는다는 분석이 있는데, 이는 한국에서 10년간 쌓아올린 반도체 수출액 230조 원보다 많다. 세기의 스토리텔러 롤링은 영국인들에게 "인도와도 바꿀 수 없다"라고 할 정도로 국민적 사랑을 담뿍 받았던 셰익스피어 못지않은 보물이 됐다.

중요한 건 해리 포터 표 현금지급기가 지금까지 계속 가동되고 있다는 사실이다. 미국 올랜도, 일본 오사카에 이어 런던에도 해리 포터 테마파크가 세워지면서 세계적인 관광 상품으로 위세를 떨치고 있기 때문이다. 그런데 이쯤에서 의문점이 든다. 테마파크를 비롯해 해리 포터라는 21세기 최고의 캐릭터를 전방위적 문화콘텐츠로 만들어낸 주체는 엄연히 미국의 워너브라더스와 유니버설 스튜디오. 그렇다면 해리 포터의 진짜 소속은 어디일까? 어떤 칼럼 제목에서 던진 질문처럼 영화 〈해리 포터〉의 국적은 영국일까, 미국일까?[*]

많은 이들이 "그거야 당연히 영국영화 아냐?" 하고 반사적으로 대답할지도 모르겠다. 물론 작품을 빚어낸 창작 혼을 보자면 그렇다. 게다가 우리가 잘 알고 있듯이 작가는 물론, 영화의 배경도 영국이고, 출연 배우들도 죄다 영국 국적이다. 그러나 실제로 이 영화로 누가 돈을 벌어들이느냐를 따져보면 고개를 갸우뚱하게 된다. 영화 〈해리 포터〉 시리즈와 그로 인한 온갖 부가 사업의 이익은, 바로 투자와 배급을 담당한 미국의 메이저 스튜디오 워너브라더스의 몫이기 때문이다.

---

[*] "해리 포터는 영국영화일까, 미국영화일까?", 「이데일리」, 2014년 4월 22일 자

비단 〈해리 포터〉 시리즈만이 아니라 〈007〉 시리즈에서 〈킹스맨〉
에 이르기까지 영국의 크리에이터들이 명성을 날려온 예는 셀 수 없
을 정도로 많다. 그런데 정작 창조적 산물의 '알맹이'는 굴지의 미국
기업들이 가져가는 게 현실이다. 이런 광경에 아쉬움을 에둘러 표
현하는 영국인들도 더러 있다. 2014년 미국 아카데미상 후보작 명
단에 런던 근교에서 촬영한 〈그래비티Gravity〉, 비디오 아티스트 출신
의 영국 감독 스티브 맥퀸의 〈노예 12년12 Years a Slave〉이 오르자 한
언론에서는 삐딱한 반응을 내보였다. "영화 시상식이 올림픽 단상
처럼 국기가 게양되는 행사가 아니라 다행이군요."* 마치 몸값 높은
영국 '용병'들이 귀화해 타국의 대표팀 유니폼을 입고 올림픽 경기
를 뛰는 상황을 방불케 한다는 심정을 담은 자조적인 목소리였다.

'G2 파워', 문화산업에서도 이어질까? – 미국에 맞짱 뜨려는 중국

물론 어느 나라도 감히 영국의 사례가 비관적이라고 말할 수는 없
을 것이다. 그저 '용병국' 취급을 받기에는 영국이 크리에이티브 강
국으로서 보유한 브랜드 가치가 워낙 클뿐더러 그 덕분에 콘텐츠
수출국으로서 올리는 수입, 관광산업으로 누리는 소비·고용효과 등
경제적 이득이 상당하기 때문이다.

현실적으로는 제2의 미국은커녕 제2의 영국처럼 되기도 결코 쉽
지 않은 일이다. 탁월한 브랜드 가치와 풍부한 창조계급 인력, 영어
권 문화라는 강점을 토대로 할리우드와의 강력한 파트너십으로 전
세계 시장을 공략할 수 있는 거의 유일한 나라가 영국 아니던가.

---

* 닉 로딕, 「런던 이브닝 스탠다드」

중국 콘텐츠 시장 규모와 전망 추이(2009~2018)

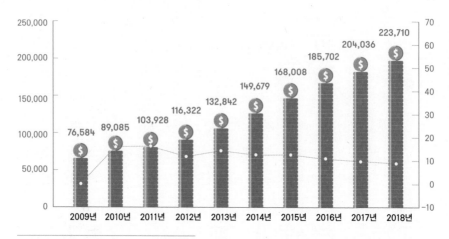

시장 규모 (백만 달러) ····○···· 성장률 (%)

* PwC(2014), ICv2(2013, 2014), Barnes report(2013, 2014), Box Office Mojo(2014), Digital Vector(2013), EPM(2013, 2014) 자료

문화콘텐츠산업 세계 시장 규모

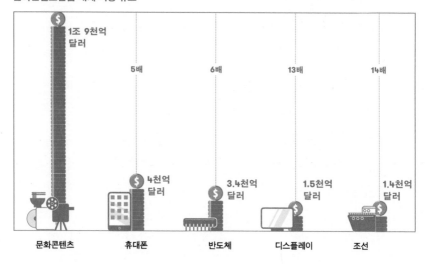

시장 규모 (백만 달러) ····○···· 성장률 (%)

*IMF, PwC, HIS, Gartner, NPD, 2014년 기준

많은 나라들이 좀처럼 극복하지 못하는 문화할인을 별로 적용받지 않은 채 말이다.

하지만 이 같은 글로벌 문화산업 구도에서도 '나는 좀 달라'를 외치며 맞짱을 뜨겠다고 나선 도전자가 있다. 쉽게 짐작할 수 있듯 바로 중국이다. 현재 중국은 시장 규모로는 이미 엄연한 '문화대국'이다. 중국의 대중문화 콘텐츠 시장은 무서운 속도로 성장하고 있을 뿐더러 규모도 엄청나다. 2015년 기준으로 영화시장에서는 세계 2위 자리를 꿰찼으며, 이런 기세에 힘입어 2009년 765억 달러대였던 중국 콘텐츠 시장 규모는 5년 만에 두 배 수준으로 커졌다.

더구나 중국 정부는 해마다 20%씩 성장 규모를 키워 2020년에는 세계 최대의 문화산업 기지가 되겠다는 야심을 불태우고 있다. 휴대폰 시장보다 규모가 큰 문화콘텐츠 시장에서[*] 소비와 생산 모두에서 미국과 어깨를 나란히 하는 G2로 군림하겠다는 시나리오를 염두에 두고 있는 것이다.

물론 '문화대국＝문화강국'은 아니다. 더군다나 문화산업에서 미국에 대적할 만한 힘과 내공을 갖추는 일이 그리 쉽게, 단시일 내에 가능할 리도 없다(심지어 미국의 파워는 더 세지고 있기도 하다). 문화산업은 막강한 하드웨어와 소프트 파워가 조화롭게 어우러진 '스마트 파워'라는 고도의 내공이 필요한 영역이기 때문이다.[**] 그래서 아무리 대단한 중국이라지만 문화시장에서까지 G2를 운운하기에는 시기상조라는 지적이 많다.

---

[*] 세계 문화콘텐츠 시장 규모는 2조 2000억 달러로 같은 해 1조 5000억 달러를 기록한 휴대폰 시장을 뛰어넘는다. 왼쪽 '문화콘텐츠산업 세계 시장 규모' 그래프 참고

[**] 프레데릭 마르텔, 『메인스트림』, 문학과지성사, 2012

창과 방패를 동시에 내세운 중국의 영리한 전략

중국은 온갖 승부수를 꾀해본 뒤 콘텐츠 역량이라는 게 하루아침에 급성장할 수 없다는 점을 확연하게 깨달았다. 그래서 '창'과 '방패'를 동시에 활용하면서 엄청난 공을 들이고 있다.

우선, 막강한 자본력을 휘두르며 국적 불문의 다양한 콘텐츠를 섭렵하고 있다. 영화 분야에서는 아무래도 할리우드 블록버스터에 대한 선호도가 굉장히 강한데, 최근에는 풍부한 자본력을 바탕으로 대규모 투자를 감행하면서 수익까지 공유하고 있다. 이로 인해 전 세계적으로 엄청난 흥행을 기록한 외국영화 중에 중국 투자를 받은 할리우드 블록버스터가 늘어나고 있다.* 영화 흥행도 잘 되는데, 투자까지 통 크게 하니 '자국색'이 유달리 강한 중국의 입김이 세지는 건 당연한 수순이다. 심지어 할리우드 블록버스터일지라도 자국 배우를 출연시키거나 중국 현지 로케이션을 포함하는 등 '중국적 요소'를 넣은 별도의 버전을 따로 만들어 상영한다. 〈아이언맨 3Iron Man 3〉에 중국 여배우 판빙빙이 잠깐이지만 등장하고 〈트랜스포머: 사라진 시대〉에는 베이징과 텐진 등지에서 촬영된 중국판이 상영됐던 사례처럼 말이다.

방송과 예능 분야에서는 한국 콘텐츠에 대한 투자가 적극적이다. 〈대장금〉 이래 메가히트작이 부재했던 한국 드라마가 〈별에서 온 그대〉(2013)를 계기로 다시금 큰 관심을 받고 있고, 〈런닝맨〉 같은 예능 프로그램이 폭발적인 인기를 누리고 있는 데 따른 효과다. 2014년 한국 콘텐츠 기업에 투자한 중국 자본 규모는 전년 대비 2.7배 증가

---

* 박희성, "차이나 머니와 할리우드", 「한국영화」 62호

한 것으로 집계됐다.* 중국의 야망은 여기에 그치지 않는다. 아예 방송, 예능 프로그램의 지적재산권까지 사들여 자국의 콘텐츠로 만들거나 '용병' 방식으로 우리의 인력을 고용해 품질도 훌륭하고 자신들의 입맛에 맞는 콘텐츠를 자체 제작하는 경우가 점점 증가하고 있는 추세다.

투자에만 적극적인 것이 아니다. 다른 한편으로는 강력한 방어 태세를 갖추고 있다. 시장에 동력을 제공하는 동시에 자국 문화 영토를 보호하기 위한 중국 정부 차원의 비호는 꽤나 노골적이다. 2012년 외화 수입 쿼터를 강하게 설정한 이래(연간 34편에서 20편으로 하향 조정) 이를 강력히 고수하고 있으며, 2014년 하반기에는 문화콘텐츠 사전심의 규정을 인터넷 사이트에도 가동시켜 한류 드라마·예능 등 해외 프로그램들이 실시간으로 편리하게 방영되는 기회를 막는 영리한 방어기제를 동원하고 있다. 중국 소비자들이 한류 콘텐츠를 즐기는 주요 창구인 인터넷에서 해외 콘텐츠를 방영할 때에는 반드시 상영 허가증을 취득해야 한다. 그러지 않으면 2014년 4월 1일부터 인터넷상 방영이 불가능하도록 했다. 그 이후로 수출 가격에 타격을 입는 등 K드라마가 역풍을 맞게 된 건 당연지사.**

문화대기업들의 무한경쟁, K콘텐츠의 자리는?

소비대국 중국은 분명 황금시장이다. 아시아 지역 중산층 인구는 5억 명 수준이지만 중국의 성장과 더불어 가파른 증가세를 타면서 2030

---

* 고경석, "한중방송협업 어디까지 왔나", 「한국영화」 62호

** "한류 드라마 급제동 타개책은?", 「아주경제」, 2014년 10월 19일 자

년까지 30억 명으로 늘어날 전망이다.* 화교가 많은 'VIP(Vietnam, Indonesia, Philippines)'로 일컬어지는 동남아시아 3국의 성장세도 무시할 수 없다. 당연히 아시아 대중문화 시장은 13억 인구와 거대 자본으로 최대 콘텐츠 소비국이자 생산국으로 자리매김하고 있는 중국을 중심으로 폭발적으로 커질 것이다. 할리우드조차도 중국의 눈치를 보지 않을 수 없는 이유다.

이러한 상황에서 실제로 제2의 알리바바와 샤오미를 꿈꾸는 기업들이 속속 등장하고 있다. 중국 최고 갑부인 왕젠린 회장이 이끄는 공룡 기업 완다는 2012년 경영난에 처해 있던 미국 2위의 멀티플렉스 업체 AMC를 인수하며 단숨에 세계 최대 극장 체인 사업자로 도약했다. 그리고 불과 1년 뒤에는 8조 8000억 원이라는 엄청난 자금을 투입해 항구 도시 칭다오에 투자·배급·상영 네트워크는 물론 테마파크까지 거느린 중국판 할리우드를 만들어내겠다는 마스터플랜을 공개했다. 이른바 '찰리우드'라는 시네마 제국의 건설이다.

중국 최대 민영 영화 배급사인 보나는 해외 배급, 극장 투자, 영화 광고 등으로 영역을 확장하고 있으며, 드라마 업계 1위 기업인 화책미디어는 영화, 뉴미디어, 광고, 매니지먼트, 게임 등 문화콘텐츠 산업 전반으로 사업 역량을 확대해나가고 있다. 또 2014년 CJ게임즈에 6000억 원을 투자해 화제가 되기도 했던 텐센트는 라이엇게임스, 에픽게임스, 액티비전 블리자드 등 미국 대형 게임사들을 인수하거나 지분 확보를 꾀하고 있다.

이러한 행보들의 공통분모는 글로벌 미디어 기업을 지향하는 신

---

* "브루킹스 연구소, 신흥국 정권들, 높아진 정치적 기대에 부응 못해 저항 불러" 「경향신문」 2013년 7월 2일 자

전 세계 엔터테인먼트 & 미디어 시장 성장률(2014~2018)

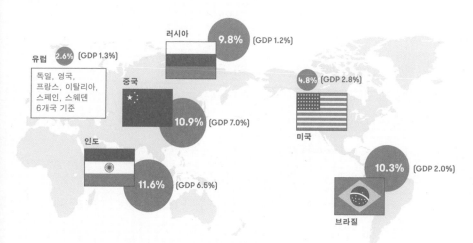

러시아 **9.8%** (GDP 1.2%)

유럽 **2.6%** (GDP 1.3%)
독일, 영국,
프랑스, 이탈리아,
스페인, 스웨덴
6개국 기준

중국
10.9% (GDP 7.0%)

인도
11.6% (GDP 6.5%)

4.8% (GDP 2.8%)
미국

10.3% (GDP 2.0%)
브라질

*PwC Global Media Outlook 2014~2018, IMF, 한국콘텐츠진흥원 자료

글로벌 미디어 기업 매출 비교

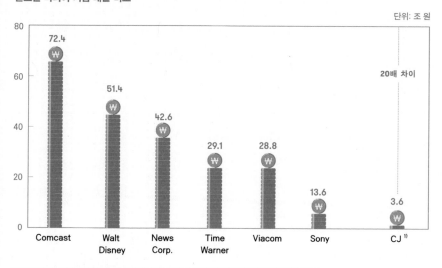

단위: 조 원

20배 차이

	72.4	51.4	42.6	29.1	28.8	13.6	3.6
	Comcast	Walt Disney	News Corp.	Time Warner	Viacom	Sony	CJ [1)

*2014년 각사 연차 보고서, 환율 1095.04원 기준
1) CJ는 2014년 E&M, CGV, 헬로비전 매출 합산

흥 중국 기업들이 콘텐츠뿐 아니라 이를 퍼뜨릴 수 있는 플랫폼 흡수에도 적극적이라는 것이다. 할리우드에 못지않은 덩치와 힘을 키워 자국 콘텐츠로 승부하겠다는 속뜻을 엿볼 수 있는 대목이다. 이처럼 중국 정부의 강력한 지원하에 위협적인 신흥 강자로 떠오르고 있는 중국과 막강 파워를 자랑하는 미국 사이에서 한국 대중문화 산업이 설 자리는 과연 어디일지, 어떤 전략을 펼쳐야 K콘텐츠의 부가가치를 계속 높여나가면서 '고래 싸움에 치인 새우' 신세가 되지 않을 수 있을지 고민되는 시점이 아닐 수 없다.

요즘 K콘텐츠의 인기는 전례 없이 뜨겁다. 그래서 콘텐츠 수출도 활발하다. 2014년 한 해 동안 중국에 수입된 한국 판권 프로그램이 총 12개였는데, 이는 전체 외국 판권 비중의 48%를 차지한다. 콘텐츠 자체를 그대로 파는 것만이 아니라 현지 정서에 맞는 콘텐츠로 거듭날 수 있도록 프로그램 형식을 판매하는 포맷 수출도 활발하게 이뤄지고 있다. 그렇지만 단순한 프로그램이나 포맷 수출로는 한계가 있다. 일단 콘텐츠 가격이 많은 것을 말해준다. 일례로 '별그대'를 수입한 중국 업체가 무려 1500억 원가량의 광고 수입을 올린 데 반해 SBS는 겨우 8억 원을 버는 데 그쳤다.*

우리도 현지 제작에 참여하는 방식으로 진출 방식을 다양화하고 있으나 이러한 비즈니스 모델만으로는 장기적인 대안을 마련할 수 없다는 게 중론이다. 중국 당국의 규제도 있지만 기업들이나 제작사들 역시 한국의 콘텐츠 노하우를 '내 것'으로 체화시키고 나면 예전만큼 러브콜을 강하게 보내지 않을 것이고, 자체 제작에 나설 게

---

* 고경석, "한중방송협업 어디까지 왔나", 「한국영화」 62호

뻔하다. 자칫 '레시피'만 빼앗길 수도 있다는 얘기다.

이러다가는 아시아권에서도 문화 자본을 둘러싼 역학 구도가 '용병 체제'로 흘러가지 말란 법은 없다. 한국은 콘텐츠와 인력의 글로벌 경쟁력이라는 차원에서 아직 갈 길이 멀다. 몇몇 인기 프로그램 수출과 일부 창작자들의 해외 진출에 만족하며 자본과 시스템의 주도권을 갖춰나가지 못한다면 그야말로 '재주는 곰이 부리고 돈은 왕서방이 번다'는 말을 현실로 느껴야 할 수도 있다.

골리앗들 사이를 파고드는 CJ의 실크로드

중국 기업들의 적극적인 팽창 전략과 영악한 견제. 갈수록 맹위를 떨치고 있는 할리우드. 하지만 승산이 없는 싸움이 아니라는 게 CJ의 생각이다. 어차피 비즈니스 전장에 영원한 동지도, 영원한 적도 없는 법. 잃을 게 두려워 전진하지 못할 게 아니라 현지 기업들과의 장기적인 파트너십으로 동반 성장을 추구하는 협업 체제를 모색하겠다는 전략이다.

CJ는 '문화기업'이라는 명패를 내건 1990년대 중반부터 글로벌 시장을 염두에 두고 남다르게 공을 들여왔다. 드림웍스 투자 시기부터 이미 '아시아 배급권'을 따냈고, 2000년대 중반부터는 해외 시장 공략에 본격적으로 나섰다. 중국, 일본은 물론이고 시장이 무르익지 않은 인도네시아, 베트남, 필리핀 등 동남아시아 시장에도 진출했다. '시장 규모는 우리가 키우면 된다'는 담대한 생각으로 선점 효과를 노린 것이다.

장기적인 안목의 투자이지만 리스크가 워낙 큰 만큼 CJ 입장에서도 조심스럽기는 했다. 그래서 단계적 진화를 꾀했다. 처음에는 단순한 수출 위주의 접근 방식을 취했지만 점차 배급에도 직접 뛰어들었다. 리스크를 짊어지더라도 현지 시장에 발을 담그자고 생각했다. 그리고 이제는 현지 시장에 맞춤화된 콘텐츠와 작품으로 영화사업을 전개하는 '글로컬라이제이션' 전략을 펴면서 제작에도 적극 참여하고 있다. 〈설국열차〉처럼 유니크하지만 할리우드식 화법이 담긴 '범글로벌 콘텐츠'와 로컬 정서에 맞는 현지 제작을 통한 '글로컬라이제이션 콘텐츠'라는 이원화 구도를 짠 것이다.

아시아 맹주가 되지 않으면 미래가 없다, CJ의 투트랙 전략

글로벌 시장을 겨냥한 CJ의 콘텐츠 전략은 '투트랙two-track'이다. 〈설국열차〉 같은 구미권까지 전략적 반경에 넣은 대작에 투자하고 제작하는 '범글로벌' 전략이 하나의 큰 줄기라면, 다른 하나는 한류의 장점을 활용해 '글로컬 콘텐츠' 전략으로 중국을 필두로 한 아시아 시장을 공략하는 것이다. 문화산업을 일으킬 때부터 할리우드와 공존할 수 있는 '아시아 맹주'를 목표로 삼은 이유는 시장을 개척해나가는 기업의 진취적인 면모뿐만 아니라 방송이든 영화든 내수 시장으로는 어림도 없는 한국 기업들의 태생적 한계로 인한 숙명에서 비롯됐다. 예컨대 한국 영화시장이 '관객 수로는 르네상스를 누리고 있다지만 우리나라 콘텐츠 기업들의 수익율을 보면 대부분 한 자릿수이거나 마이너스일 정도로 현저히 낮다. 이에 반해 글로벌 미디어 기업들은 매출 규모도 입이 벌어질 정도로 큰 데다 두 자릿수 이익률을 누리고 있는 경우를 흔히 볼 수 있다.

격차는 어디에서 올까? 제작비와 마케팅비가 치솟고 있기 때문이라고도 하지만 자세히 들여다보면 그렇지만은 않다. 한국 영화관 매출이 지난 10여 년간 9배나 증가했지만 편당 제작비는 2배 정도밖에 늘어나지 않았다(1996년 10억 원 → 2014년 20.1억 원*). 탄탄한 시나리오와 스타성 있는 배우, 블록버스터급 영상미를 곁들이려면 수백억 원의 제작비는 우스울 정도로 빠르게 소진되기 마련이다. 할리우드에서는 기본이 수천억 원대인 작품이 허다하다. 문제는 이렇게 수백억 원을 들인 내수용 영화는 잘해봐야 본전도 뽑기 힘들다는 것이다. 내수의 굴레를 벗어나 해외 시장에서 수익을 올릴 수 있는 작품이 아니라면 할리우드조차도 그만한 자금은 엄두 내지 못한다. 결국 오늘날 영화산업의 승부는 '글로벌 콘텐츠냐, 아니냐'의 여부에서 갈린다.

'글로컬 콘텐츠' 전략은 파릇파릇한 새싹 같은 성과들을 내놓고 있다. 일례로 2011년 하반기부터 직배를 시작한 베트남에서는 한국영화 점유율이 거의 2배 이상 증가했다. 지역 업자에게 판권을 넘겨 배급할 때와는 차원이 다른 결과였다. 2013년 9월에 배급한 〈더 웹툰: 예고살인〉은 28만 달러(약 3억 원) 이상의 성적을 거두며 베트남에서 개봉한 역대 한국영화 중 박스오피스 1위를 기록했다. 〈마이가 결정할게 2〉라는 합작영화도 큰 성공을 거뒀다. 베트남 영화시장의 규모가 아직 크지는 않지만 CJ 직배 성과만을 보자면 3년 만에 600% 성장했다. 또 베트남 국영방송 VTV와의 첫 합작 드라마 〈오늘부터 청춘〉은 동 시간대 시청률 1위를 기록했다.**

* "2014년 한국영화산업 결산", 영화진흥위원회

** 드라마뿐 아니라 '영화도' 재미있다는 인식이 자리를 잡아가고 있어 전망이 밝다. 다만 시장이 무르익기를 기다리는 인내심이 필요하다. 동남아시아 시장은 아직까지는 관객을 끌어들일 수 있는 산업 인프라 자체가 부족하고 콘텐츠를 소화할 수 있는 디지털 기반도 미비하기 때문이다.

글로컬 콘텐츠 전략은 황금 시장인 중국에서는 두말할 것도 없는 최적의 해답으로 보인다. 현지의 기호와 정서에 맞는 작품을 만든다는 장점 이외에도 해외 콘텐츠에 방어적인 태도가 명확한 중국에는 합작 형태의 콘텐츠가 최선이기 때문이다.

특히 중국 시장은 영화 인력이나 품질 면에서는 아직 상당히 뒤처져 있다. 제조업처럼 페달만 세게 밟는다고 해서 수년 사이에 승부를 보기는 어렵다는 영화산업의 속성을 감안할 때 아직은 갈 길이 멀어 보인다. 이 점이 한국에는 오히려 기회로 작용할 수 있다.

"중국의 영화산업은 아주 빠른 속도로 성장하고 있지만 인력은 턱없이 부족한 형편이죠. 이웃 나라의 좋은 인력에 관심을 가질 수밖에 없습니다."
— CJ E&M 영화사업 부문 중국투자배급팀 이기연 팀장

CJ는 틈새와 가능성을 꿰뚫어 보고 '인재'와 '시스템'이라는 핵심 자원을 활용하는 전략을 저돌적으로 펼쳤다. 공동제작의 형태로 그들이 가지지 못한 우리만의 장점을 제공하는 구도를 그려나간 것이다. 이처럼 한중 합작으로 제작을 하게 되면 중국 정부에서 규제하는 외화 수입 쿼터의 틀에서 벗어날 수 있다. 할리우드가 〈아이언맨 3〉, 〈트랜스포머 4〉에 중국의 투자를 받고 공동제작 형태를 취한 것도 이런 이유에서다.

사실 CJ는 처음에는 '철저한 현지화'를 위해 중국 감독을 끌어들이려고 했다. 장이머우, 천카이거 같은 중국의 거장이나 재능 있는 젊은 감독들과 제휴를 맺는 방식을 염두에 둔 것인데, 실제로 추진을 해보기도 했지만 현지의 시스템과 도통 손발이 맞지 않았다. 중

국 제작사들은 영화의 판권이나 정산 시스템을 자신들이 다 가져 갈 테니 '당신들은 투자만 하라'는 태도를 보였다. 한국 투자사에는 절대로 휘둘리지 않겠다는 일종의 '텃세'가 강했다. 대응책으로 방향을 살짝 틀었다. '현지 감독이 안 된다면 우리가 직접 하자!' 바로 이런 생각에서 기획되어 '대박'을 터뜨린 작품이 오기환 감독의 〈이별계약〉이다.

〈이별계약〉과 〈20세여 다시 한 번〉, 중국의 심장을 파고든 공동제작 모범 사례

2013년 6월 중국 시장에서 개봉한 〈이별계약〉. 그 뒤로 5주 동안 2억 위안, 한국 돈으로 환산하면 370억 원이라는 놀라운 성적을 올렸다. 이는 그때까지 소소하게 시도됐던 다양한 한중 합작영화 사상 최대 금액이다. 어떻게 중국 관객들의 심장을 관통한 것일까?

흥미롭게도 〈이별계약〉은 '신파' 감성이 물씬 나는 멜로 영화다.* 어째서 한국에서는 '한물간' 신파를 골랐을까? 이는 현지 트렌드를 따라가는 데 급급했던 결정이 아니라 철저한 사전 조사를 바탕으로 한 역발상이었다.

"중국 영화판에는 신기하게도 신파가 존재하지 않았어요. 심지어 슬픈 멜로물조차도 잘 볼 수 없었죠. 그런데 한국 드라마 콘텐츠는 엄청난 강세를 보이기 때문에 시도할 만한 가치가 있다고 생각했어요. 한국 로맨틱코미디는 감동도 있고, 유머도 있는데 중국에서는 그런 류의 영화가 없었거든요. 통속적으로 눈물 콧물 쏙 빼는 신파 멜로를 해볼 만하다는 결론이 났지요."

---

* 〈이별계약〉을 연출한 오기환 감독이 10년도 더 전에 만들었던 이영애 주연의 〈선물〉(2001)이 원작이다.

CJ E&M에서 중국투자배급 업무를 담당하고 있는 박은 과장의 설명이다.

내용도 원작 그대로 가져가지 않았다. 젊은 중국 여성들을 타깃으로 하기엔 초점이 명확하지 않다는 판단에 스토리 전체를 싹 바꾸기로 하고, 세 명의 현지인 시나리오 작가를 기용했다. 이 작가들이 단계별로 작업을 진행하는 과정에서 무려 10여 가지의 스토리가 탄생하고 죽기를 반복했다. 결국 감독을 포함한 모든 스태프들이 저마다 한두 숟가락씩 아이디어를 보태는 식의 '협업'이 자연스럽게 이뤄지면서 현재의 스토리가 완성됐다.

영화를 전개하는 방식도 현지의 리듬에 맞췄다. 영화 중반까지는 로맨틱코미디의 경쾌함을 유지하다가 뒷부분에서는 완전히 최루성 멜로로 변하는 식으로 '강약'을 확실히 줬다. 중국 관객들은 원작의 '잔잔한 드라마'식 전개만으로는 지루해할 공산이 컸기 때문이다. 이러한 변주 작업 덕분에 중국에서 〈이별계약〉은 한국영화가 아니라 웰메이드 중국영화로 여겨졌다. 글로컬라이제이션 전략이 제대로 들어맞은 셈이다.

〈이별계약〉은 한국 영화계 중장년 감독들이 제2의 도약기를 맞이하는 데 발판이 됐다는 점에서도 CJ를 비롯해 'K필름'의 만리장성 넘기 여정에 의미 깊은 이정표를 세웠다. 앞서 안병기 감독의 〈필선〉, 허진호 감독의 〈위험한 관계〉 등 현지화 전략을 세운 프로젝트들이 소기의 성과를 거둔 데 이어 〈이별계약〉이 확실한 흥행의 족적을 새기자 다소 미지근하던 공동제작에 대한 태도가 확연히 바뀌었다.*

---

* "중장년 감독들, 중국으로 중국으로…", 「동아일보」, 2014년 5월 22일 자

제작을 둘러싼 조건이 훨씬 개선됐다는 사실도 고무적이다. 원래 중국 영화시장은 한국과 달리 제작사들이 가져가는 수익의 몫이 따로 없다. 그런데 〈평안도〉*의 경우는 현지의 공동제작사를 설득해 기획·개발 단계에서 받는 운영비 대신 제작 지분을 받는 데 성공했다. 순조로운 변화가 아닐 수 없다.

또 다른 공동제작의 결실인 〈20세여 다시 한 번〉은 '글로컬 콘텐츠'의 위력을 여실히 보여준 성공 사례다.

이 영화는 2014년 초 한국에서 흥행몰이를 한 〈수상한 그녀〉의 리메이크작으로 알려져 있지만 엄격하게 말하자면 리메이크작이 아니라 '이란성 쌍둥이'라고 할 수 있다. 투자 단계에서부터 한중 동시 제작을 결정하고 원재료인 씨앗은 같지만 현지 문화에 맞게 각각 다른 토양과 요리법을 토대로 만들어낸 '원소스 멀티 테러토리 One Source-Multi Territory' 작품이기 때문이다. 철저한 현지화를 위해 각본, 인력, 심지어 세부 장르에도 의미 있는 변화를 줬다.

우선 감독부터 배우까지 현지 최고의 인력을 대거 끌어들였다. 〈최면대사〉라는 히트작으로 큰 주목을 받고 있는 인기 감독 천정다오가 메가폰을 잡았고, 각색 작업도 현지 작가와 함께 진행했다. 이 영화의 주연은 중국을 대표하는 배우 양즈사, 구이야레이가 맡았는데, 천정다오 감독은 현지 관객들이 중심인물 간에 얽히고설킨 멜로 라인에 재미를 느낀다는 점에 착안해 한국 버전과는 조금 다르게, 3대에 걸친 남성들이 한 여자를 좇는다는 점을 코믹 요소로 내세웠다. 판타지와 코믹을 섞었다는 점에서는 동일했지만 결과

---

* 〈접속〉의 장윤현 감독이 연출을 맡은 서스펜스·스릴러·재난 영화

적으로 한국 버전이 '휴먼 코미디'라면 중국 버전은 멜로를 강조한 '판타지 로맨틱 코미디'로 만들어진 셈이다.

또 세부 내용에 있어서도 〈수상한 그녀〉에서는 할머니가 젊은 처녀로 몸이 바뀐 뒤 신체의 변화를 찜질방에서 스트레칭을 하면서 실감하는데, 〈20세여 다시 한 번〉에서는 중국 전역에서 볼 수 있는 '광장춤(지역 공원 등 광장에서 중·노년 여성들이 운동 겸 여가로 추는 군무)'을 함께 추는 과정에서 신체의 변화를 실감하고 기뻐하는 것으로 각색했다. 영화 삽입곡으로는 중화권은 물론 한국에서도 유명한 등려군의 명곡들을 활용해 중국 전 세대 관객들의 향수와 감성을 자극했다.

결과는 〈이별계약〉을 뛰어넘는 대성공이었다. 2015년 2월에 개봉한 이 영화는 1159만 명의 관객을 동원하면서 역대 중국 로맨틱 코미디 중 9위의 성적을 거뒀고, 한화로 638억 원이라는 수익을 건져 올렸다. '원소스 멀티 테러토리' 작품이라는 수식어에 걸맞게 〈수상한 그녀〉의 영토 확장은 지금도 계속되고 있다. 2015년 연말 베트남 버전이 개봉됐으며 일본, 태국 등에서도 현지화 작업이 한창 진행 중이다.

"콘텐츠 현지화도 그렇지만 〈수상한 그녀〉의 국내 마케팅 경험을 바탕으로 〈20세여 다시 한 번〉 개봉 전에 중국 마케팅 스태프와 워크숍을 진행하고 프로모션을 기획하는 등 다양한 시도를 한 효과가 있었던 것 같아요. 공동제작 콘텐츠의 새로운 지평을 마련했다는 생각에 저희도 고무돼 있습니다."

— CJ E&M 영화사업 부문 마케팅1팀 강은경 팀장

CJ E&M의 글로벌 매출 비중은 현재 20% 수준인데, 2020년경에는 글로벌과 국내 비중을 7대 3 정도로 바라보고 있다. 매출의 대부분이 해외사업에서 발생하는 진정한 글로벌 회사를 만들려면 먼저 중국이 '약속의 땅'이 되어야만 한다. 한중 합작영화나 드라마는 이러한 과정에서 확실한 무기가 될 수 있으며, 실제로 공동제작은 진화하고 있다. 처음에는 주로 한국 스태프가 중국 프로젝트에 참여하는 '공동제작 1.0'의 수준이었다면, 점차 국내 히트작을 변형하고 가공하는 방식으로 현지화 콘텐츠가 꾸준히 기획되면서 '공동제작 2.0' 단계에 들어섰다. 이제 CJ의 행보처럼 서로의 장점을 접목시키며 현지 시장에 맞춘 오리지널 콘텐츠를 만들어내는 '공동제작 3.0 단계'로 나아가고 있다. 잠재력이 무궁무진하다고 보는 시각도 있고, 일시적이라고 보는 시각도 있지만 현재 기상도는 우호적이다.

'소프트 파워'라는 개념을 처음 내놓은 조지프 나이는 "문화는 강요가 아니라 매혹"이라고 했다. 잘 버무려진 문화콘텐츠는 주머니에서 돈을 꺼내게 할 뿐만 아니라 그것을 향유하는 이들의 영혼마저 훔칠 수 있는 상품이다. 그리고 매혹은 엄청난 부가가치를 선사한다. 그것이 여전히 영향력의 중심에 서 있는 미국, 자국색과 보편성이 어우러진 참신한 콘텐츠를 앞세워 호시탐탐 기회를 노리고 있는 신흥국들이 포진한 가운데, 중국발 '황색경보'가 요란하게 울리고 있는 문화산업의 전장에서, 겉보기에는 국적도 경계도 없는 싸움이 치열하게 벌어지고 있는 이유일 것이다. 하지만 매혹의 부가가치를 온전히 누릴 수 있게 하는 원천의 핵심에는 콘텐츠 경쟁력뿐만 아니라 플랫폼과 문화 자본이 자리하고 있다는 점을 기억해야 할 것이다.

시청자가 아니라
슈퍼팬이다

메이드 인 tvN

기업은 종종 가장 큰 사랑을 준 소비자에게
더 많은 사랑을 보냄으로써 번창할 수 있다.
「하버드비즈니스리뷰(HBR) 코리아」

금요일 밤의 열기

월화수목'응팔'일. 2015년 겨울을 1980년대 정서로 물들인 tvN 드라마 〈응답하라 1988(응팔)〉이 방송되는 매주 금요일을 손꼽아 기다리면서 네티즌들 사이에 빈번히 회자됐던 단어다. 케이블 드라마의 신기원을 열었던 〈응답하라 1997(응칠)〉, 〈응답하라 1994(응사)〉에 이은 세 번째 응답하라 시리즈인 이 드라마는 '전작만 하랴' 싶은 의구심을 뚫고 5회 만에 시청률 10%를 넘어서면서 '응팔앓이'를 몰고 왔다. 서울 도봉구 쌍문동의 한 골목에 사는 다섯 가족의 이야기. 전작들처럼 젊은 주인공들의 로맨스보다는 가족·이웃과의 유쾌하고 따스한 우애에 더 초점을 맞춘 '응팔'은 삼연타석 홈런이라는 기록을 달성한 데서 더 나아가 '국민 드라마'라고까지 불리면서 하나의 TV 드라마가 빚어낼 수 있는 최상급의 찬사로 모자람이 없는 칭호를 얻어냈다.

'응팔 신드롬' 덕에 〈청춘〉, 〈소녀〉, 〈걱정 말아요 그대〉, 〈혜화동〉 같은 20년도 훨씬 더 된 옛 노래들이 거리에 울려퍼지고 음원 차트를 점령하는 현상이 벌어졌다. 또 경제적으로는 결코 풍요롭지 않았지만 이웃끼리 반찬을 나눠먹고 옆집 숟가락 개수까지 알았던 그리운 시절에의 향수를 불러일으키면서, 온정이 메마른 이 시대의 슬픈 자화상에 비춰볼 때 '응팔은 판타지 아닌 판타지 드라마'라는 웃지 못할 우스갯소리가 나오기도 했다. '응사'나 '응칠'이 과거로 돌아가 그 시대 유행했던 패션, 음악 등이 인기를 얻는 복고 열풍을 일으키기는 했어도 50, 60대까지 공감하진 못했던 데 반해, 잊고 살았던 '정'이라는 애잔하고 소중한 정서를 불러낸 '응팔'은 전 세대를 아우르는 힘을 뿜어내면서 금요일 저녁의 귀가 본능을 자극했다.

그런데, 금요일 밤의 열기는 '응팔'이 끝나도 사그라들지 않았다. 뒤이어 9시 45분에 방영된 예능 프로그램 〈삼시세끼-어촌 편 2〉, 그리고 드라마 중반 이후로는 tvN의 해외 여행 버라이어티 〈꽃보다 청춘-아이슬란드 편〉 때문이었다. 탄탄한 브랜드 파워를 지닌 예능 프로그램들이 버티고 있기에 대다수 시청자들은 드라마가 끝나도 '채널 고정'의 호흡을 이어갔다. 2014년 가을부터 시작된 '삼시세끼' 시리즈는 워낙 고정 팬층을 탄탄히 확보하고 있는 예능 프로그램이다. 한적한 강원도 산골에서 전형적인 '도시남'들이 텃밭 작물들로 손수 요리해 끼니를 해결하고 서툰 솜씨로 손님까지 대접하는 일상을 다룬 예능 프로그램 〈삼시세끼-정선 편〉이 예고됐을 때만 해도 '심심하지 않을까' 하는 우려의 시선이 꽤 있었다. 그러나 이 소박한 예능은 놀랍게도 10%에 가까운 시청률을 거머쥐었고 이어 배우 차승원, 유해진이 외딴 만재도에서 '한 끼 때우기'를 하는 '어촌 편'으로 계속되면서 어느새 '믿고 보는' 시청률 보증 수표로서 삼시세끼라는 브랜드를 자리 잡게 했다. 강도 높은 몰입을 필요로 하는 드라마는 그냥 지나치더라도 '느림의 미학'을 부담 없이 즐길 수 있는 〈삼시세끼〉만큼은 꼭 챙겨 보는 이들이 많았다. 드라마가 자아내는 '짠한' 감정을 '유기농 자급자족 버라이어티'를 표방하는 '힐링 예능'으로 달랜다는 해석이 나올 만큼, 연속 방영되는 드라마 – 예능 프로그램의 앙상블은 빼어났다.

이쯤 되자 방송가에서 'tvN이 금요일 밤을 접수해버렸다'라는 말이 심심찮게 나왔다. 사실 이런 현상은 처음이 아니었다. 조금만 기억을 되돌려보자. 월화수목'미생'일. 1년 앞선 2014년 가을에서 겨울까지 꽤나 흡사한 풍경이 펼쳐지지 않았던가. 윤태호 작가의 인기 웹툰을 바탕으로 한 tvN의 20부작 금토극 〈미생〉은 화제성과 작품성, 시청률이라는 세 마리 토끼를 모조리 잡았다. 평생에 걸쳐 배운 거라곤 바둑뿐이었지만 프로기사 입문의 문턱에서 좌절하는 아픔을 겪고 세상 밖으로 뛰쳐나온 한 청년. 변변한 '스펙'도 없이 새로운 세계에 도전장을 낸 주인공 장그래의 무역 회사 취업기와 직장 생활을 담은 이 드라마는, '88만원 세대'의 설움과 월급쟁이들의 애환을 지극히 현실적으로 그려내 신드롬에 가까운 열띤 호응을 이끌어냈다.

2014년 10월 중순, 첫 방송을 코앞에 둔 시점에만 해도 이 드라마는 그야말로 '미생未生'* 신세였다. 드라마 방영 전 이미 90만 부 이상 팔려나간 원작 만화의 무게 때문인지 '웹툰을 원작으로 한 드라마치고 제대로 된 작품이 별로 없다'는 의구심 섞인 시선을 한 몸에 안고 비교적 조용히 기지개를 켠 것이다.

---

* 집이나 대마 등이 살아 있지는 않지만 완전히 죽지도 않아 '완생'할 여지를 남기고 있는 돌을 의미하는 바둑 용어. 현실 세계에서 성공을 지향하며 열심히 달려가는 이들을 은유적으로 일컫는다.

첫 회 시청률 1.7%.* 케이블 드라마 기준으로 준수한 출발이라 할 정도의 성적이었다. 그런데 그날 밤부터 SNS는 〈미생〉 이야기로 도배되기 시작했다. "원작에 충실하면서도 캐릭터에 입체감을 불어넣어 극적인 긴장감을 살려냈다", "기대를 뛰어넘은 수작" 등등 찬사가 빗발친 것이다. 결국 이 드라마는 잘 알려졌다시피 수많은 샐러리맨들로 하여금 '불금'도 마다하고 자발적으로 귀가하게 하고, 스마트폰, 태블릿 PC 같은 디지털 기기를 동원해서라도 어떻게든 시청하도록 만들 정도로 선풍적인 인기를 끌었다. 시청률도 이에 화답해 7회째에 5% 돌파, 20회는 8.4%(최고 시청률 10.3%)를 기록했다. 〈미생〉에 뒤이어 방송을 탄 〈삼시세끼〉로 인해 '불금'에 달아오른 열기가 계속됐음은 두말할 것 없고 말이다.

또 2013년 연말로 가볼까? 그 즈음에는 '응답하라' 시리즈와 '꽃보다' 시리즈의 야무진 조합이 있었다. '응사'가 전편보다 더 거세게 인기몰이를 하며 금요일 저녁을 후끈 달아오르게 했고, 곧바로 '꽃보다' 시리즈의 여배우 버전 〈꽃보다 누나〉가 이어지면서 화려하게 밤을 수놓았다. 각각의 프로그램들이 지상파를 위협할 정도의 빼어난 브랜드 파워를 장착하며 '불금 콘텐츠 군단'을 이루자 일부 언론에서는 '메이드 인 tvN'의 시대가 열렸다고 평했다.

'관심'을 잡아라

3년 연속 '연말 쌍끌이 인기'를 구가한 tvN의 맹활약은 지상파 TV 시청률이 전반적으로 저공비행을 보이는 추세와 맞물리며 더욱 돋

---

* 이하 시청률은 모두 유료 플랫폼 기준. 닐슨코리아

보였다. 비단 금요일 밤에만 특정된 현상도 아니었다. 언젠가부터 일부 주말 드라마와 예능 프로그램들을 제외하면 간신히 두 자릿수 시청률에만 도달해도 준準히트작으로 여겨질 만큼 요즘 지상파 방송의 체면은 말이 아니다. 반면 tvN을 비롯해 종편의 강자인 JTBC 같은 일부 비지상파 방송들은 드라마, 예능, 시사 등 영역을 가리지 않고 킬러 콘텐츠를 전방위적으로 양산해내고 있다. 그런데 이런 킬러 콘텐츠는 단지 시청률로 결정되지 않는다.

여가를 즐기는 방식이 다채로워진 데다 다양한 모바일 기기와 서비스로 언제 어디서든 원하는 콘텐츠를 볼 수 있는 이른바 'N스크린' 시대, TV 앞에 턱 괴고 앉아 있는 '본방사수족'이 줄어드는 건 당연한 현상이다. 광고주들조차도 지상파든 케이블이든 시청률만을 잣대로 삼는 시대는 끝나가고 있다고 미디어 전문가들은 입을 모은다.

핵심은 '관심attention'이다. 미디어 환경의 변화로 인한 채널 과잉과 콘텐츠의 홍수 속에서는 애정 어린 관심을 지속적으로 이끌어내기가 점점 힘들어지고 있는 것이 현실이다. 이러한 배경에서는 자극적인 단발성 화제가 아니라 대중문화 트렌드를 창출하고 때로는 진지한 이슈를 만들어낼 정도의 뜨거운 관심을 이끌어내는 콘텐츠, 다시 말해 '의미 있게' 회자되는 콘텐츠야말로 진정한 승자로 인정받는다. 〈미생〉은 전체 드라마 시청률 1위 자리에 오르지는 못했고, 두 자릿수 시청률도 찍지 못했지만 화제성과 관심도, 몰입도를 아우르는 종합적인 콘텐츠 파워에서 압도적인 우위를 점했다. 회를 거듭할수록 몰입도는 더 높아져갔다. 그리고 그 파급 효과는 드라마의 주문형 비디오(VOD)가 날개 돋친 듯 팔리고, 원작만화가 누적판매

부수 200만 부를 돌파하고, 조연 배우들까지 재조명을 받으며 당당히 CF에 등장하는 등의 선순환적 부가가치로 나타났다. 〈슈퍼스타 K 2〉 최종회를 제치고 6년 만에 케이블 방송 역대 최고 시청률(20회, 19.6%)을 찍은 '응팔'은 2015년 모든 방송 프로그램을 통틀어 가장 막강한 콘텐츠 파워를 자랑했다.* 드라마 OST 앨범으로 음원 수익을 쓸어담고 VOD 매출로 주당 5억 원씩을 벌어들이고 중간광고 단가가 처음으로 지상파 광고료를 넘어서는 등 각종 기록을 쏟아냈음은 물론이다.

물론 지상파의 위력은 여전히 세다. 장수 콘텐츠도, 인기 콘텐츠도, 양질의 콘텐츠도 분명 존재한다. 그럼에도 지상파 방송의 위기론이 빈번히 거론되는 것은 바로 '관심 경제attention economy'에서 월등하게 앞서 나가는 콘텐츠를 예전만큼 활발히 내놓지 못하기 때문일 것이다. 심지어 네티즌들은 〈미생〉을 놓고 '만약 지상파 드라마였다면 어땠을까'라는 가정 아래 주인공 장그래가 사장의 숨겨진 아들로 밝혀지면서 자신을 괴롭힌 상사에게 통쾌한 복수를 펼치는 전형적인 신데렐라 스토리, 맥락 없는 러브 라인과 복잡한 다각 관계가 형성되며 '기승전애(愛)' 구도로 흐르는 막장 스토리 등 재치만점의 가상 시나리오들을 쏟아내기까지 했다. 지상파 방송이 이처럼 자존심을 구겼던 적이 있었던가.

이러한 변화는 불과 3~4년 전만 해도 상상하기 힘들었다. tvN 내부에서조차도 지상파의 위상은 '요원한 꿈'이라고 여긴 이들이 대다

---

* 화제성(뉴스 구독 순위), 관심·관여도(직접 검색 순위), 몰입도(SNS 등 소셜미디어 버즈 순위) 등을 종합적으로 반영해 CJ E&M과 닐슨코리아가 발표하는 통합지수인 콘텐츠파워지수(CPI) 순위 집계에서 〈응답하라 1988〉이 2015년 통합 1위를 차지했다. .

수였으니 말이다. tvN은 1995년 시작된 한국 케이블 시장의 짧은 역사에서도 상당히 젊은 브랜드다. CJ는 1997년 음악 전문 채널 엠넷Mnet으로 처음 방송사업에 뛰어들며 영화에서 영상미디어산업 전반으로 성장의 비전을 확장시켰지만 본격적인 엔터테인먼트 채널 tvN을 탄생시킨 건 2006년, 불과 10년 전이다.

당시 케이블 방송은 등장한 지 10년이나 지났지만, 해외 유명 프로그램을 재방송하거나 질 낮은 프로그램들을 양산하는 데 머물러 시청률이 점차 둔화되고 있었다. CJ그룹은 엠넷 외에도 이미 여러 방송 채널*을 갖고 있었는데, 시장을 바꾸기 위해서는 한층 차별화된 방송 콘텐츠가 필요하다는 의견이 나왔다.

tvN은 '트렌드를 이끄는 2049 세대**를 겨냥하는 제4의 지상파로 키운다'는 캐치프라이즈를 내세우며 야심 차게 개국했다. 지상파를 따라 하겠다는 것은 아니었다. 지상파에 못지않게 강력하면서도 'tvN만이 할 수 있는' 참신한 콘텐츠를 만들어내는 것이 중요하다고 봤다.

반응이 없었던 것은 아니다. 〈범죄의 재구성〉, 〈스캔들〉처럼 화제몰이에 꽤 성공한 프로그램들도 있었다. 하지만 케이블이라는 플랫폼의 한계 속에서 우선 '튀는 데' 목표를 두다 보니 프로그램이 자극적인 기조로 흘렀다. 그러다 보니 시청률은 그런대로 나오더라도

---

* CJ는 2000년에 푸드 채널 '채널F'를 개국한 데 이어, 2002년에 영화 채널 '홈CGV'를 개국, 음악, 영화, 요리 등 다양한 문화 장르를 보유한 복수방송채널사업자(MPP)의 발판을 마련했다. 지금은 영화, 푸드스타일, 바둑, 게임, 어린이, 패션스타일, 남성 등 각기 명확한 타깃 시청층을 보유한 총 18개의 전문 채널들을 운영하고 있다.

** 오늘날 광고주 입장에서 가장 이상적인 시선들, 즉 주목을 이끌어낼 수 있는 수용자층은 전반적으로 50세 미만의 성인들로 여겨진다. 필립 M. 나폴리, 『수용자 진화』, 나남, 2013

호감도가 떨어졌고, 완만하긴 해도 성장세를 타던 광고 매출도 어느 순간 정체돼버렸다. 혼자서 은밀히 시청할 생각은 있지만 가족이나 친구와 함께 즐기기에는 왠지 꺼려지는 자극적인 콘텐츠가 상당수 포진하고 있었기 때문이다. 채널의 정체성에 대해 깊이 고민해보지 않을 수 없었다.

단지 새로움만이 답일까? 사랑받지 못하는 새로움이 의미가 있을까? 공감과 지지를 이끌어내지 못하는 새로움은 오히려 독소가 될 수도 있다는 결론이 내려졌다. 그렇다고 지상파 방송과 또렷이 차별되는 '다름의 미학'을 포기할 수는 없었다. tvN의 정체성에 대한 고민은 다음과 같이 매듭지어졌다.

"그저 새롭기만 해서는 안 된다.
'사랑할 수밖에 없는 새로움'을 추구하자."

시청자가 아니라
슈퍼팬이다

슈퍼팬super fan, 즉 충성도 높고 열정적이기까지 한 단골 고객들을 다수 두고 있다는 건 스쳐 지나가는 시선이 아니라 애정 어린 관심을 꾸준히 받는다는 얘기다. 세계적인 브랜드 전문가 케빈 로버츠가 즐겨 쓰는 표현을 인용하자면 상대방의 심장을 관통하는 '러브마크 love mark'*를 소비자들의 가슴 깊이 새긴다는 말이나 마찬가지다.

그런데 이 러브마크란 게 참 어려운 낙인이다. 사랑받고 싶은 이에게 사랑받기가 얼마나 드문지는 인류의 경험으로 밝혀지지 않았던가. 더군다나 '초짜' 브랜드에겐 더더욱 힘든 일이다. 좋아하는 브랜드의 케첩을 클릭 한 번으로 구매하는 소비 행위와는 달리 누군가의 소중한 시간을 오롯이 바쳐야 하는 '시간 점유율'을 다투는 미디어의 영역에서는 더욱 그러하다. 설상가상으로, 의도성을 갖고 제 발로 찾아가는 영화 관람과는 달리, 언제든지 채널을 돌릴 수 있

---

* 오직 소비자의 사랑과 충성을 이끌어내는 브랜드만이 경쟁력을 가진다는 개념. 세계적인 광고 에이전시 사치앤사치의 월드와이드 CEO 케빈 로버츠가 정립했다.

는 환경에서 여기저기서 손짓하는 다양한 콘텐츠 사이를 비집고 들어가 진하게 러브마크를 남기는 것은 거의 짝사랑에 성공할 확률과 같은 수준이라 짐작할 수 있다. 게다가 당시 tvN은 가구 시청률 0.2~0.3%로도 희비가 엇갈리는 '별 볼일 없는' 존재였다.

상대의 마음을 얻으려면 때로 진지하고 대담한 고백이 필요하지만, 앞뒤 가리지 않고 무작정 돌진하는 것은 무리수일 수 있다. tvN은 정체성의 근간부터 확실히 다져야 했다. tvN이 갈망하는 대상, 다시 말해 2049 시청자들이 진정으로 관심을 기울이고 애정을 쏟을 만한 참신한 콘텐츠의 공통분모는 무엇일까? tvN의 프로그램들은 그들의 눈을 사로잡을 소재를 다루고 있는가? 이에 대한 '답'이 '노No'라면 어째서 그런가? 이렇듯 스스로 질문을 이어가면서 tvN은 2008년 대대적인 채널 아이덴티티 재정비 작업에 돌입했다.

2049, 그들의 심장 속에 들어앉다

가장 먼저 착수한 일은 짝사랑의 상대인 2049 타깃 시청자층에 맞춰 '하지 말아야 할 것(Don'ts)'과 '해야 할 것(Do's)'을 추리는 정리 작업이었다. 지금까지 다뤄온 tvN 콘텐츠의 성격을 분류해보면 '재미'와 '자극'이라는 기준점을 떠올릴 수 있었다. 그런데 사랑받기 위해서는 재미있되Interesting, 지나치게 자극적이지는 않아야Not too Provocative 했다. 이 기준에 따라 안정적인 시청률을 기록하고 있더라도 '지루하거나 지나치게 자극적인' 프로그램들을 과감히 솎아내버렸다. 그렇게 해서 〈엑소시스트〉, 〈범죄의 재구성〉, 〈스캔들〉 등의 프로그램들이 전격 폐지됐다.

'버림'이라는 용단을 내린 다음에는 '해야 할 것'의 교집합에 해당하는 '재미있되, 지나치게 자극적이지는 않은' 틀에서 특히 2030 트렌드세터들의 마음을 사로잡을 만한 키워드들을 다시 뽑아냈다. 흥미진진한Exciting, 기술과 트렌드를 주도하는Leading, 가장 참신한 Cutting-edge, 공감할 수 있는Empathetic의 4가지 키워드가 도출됐다.

tvN의 Do's & Don'ts

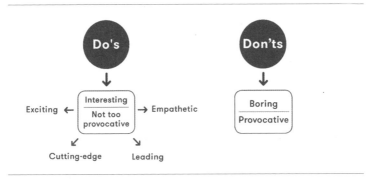

"우리가 원하는 방향으로 tvN의 정체성을 제대로 확립하려면 모든 조건을 다 만족시킬 수는 없더라도 적어도 네 가지 중 세 가지는 지켜야 한다고 생각했습니다. 콘텐츠 기획, 제작은 물론이고 마케팅, 영업에도 똑같이 적용 가능한 요소들이었지요." 2008년 tvN에 합류해 전략적 전환을 이끈 이덕재 CJ E&M 방송콘텐츠 부문장의 설명이다. 뚜렷한 정체성과 확실한 타깃층을 내세워 슈퍼팬들을 만들어내고 프리미엄 채널로 자리매김한 미국 HBO의 사례도 이러한 믿음에 보탬이 됐다.

프리미엄 케이블 시대를 연 HBO

"TV가 아닙니다. HBO입니다(It's not TV. It's HBO)!" CNN, 타임, 워너브라더스 등 미디어 엔터테인먼트 분야에서 걸출한 브랜드들을 거느린 타임워너 그룹의 자회사인 HBO는 케이블 TV 업계의 프리미엄 채널이다. 뉴욕을 배경으로 한 여성 4인의 자유로운 성 담론과 연애 스토리로 센세이션을 일으켰던 〈섹스 앤 더 시티Sex and the City〉를 위시해 미국 드라마 역사상 최고의 걸작으로 꼽히는 〈소프라노스 The Sopranos〉, 죽음을 주제로 한 블랙코미디 〈식스 피트 언더Six Feet Under〉로 이어진 드라마 시리즈들은 1990년대 중반부터 2000년대 중반까지 HBO의 가장 화려했던 전성기를 이끈 3대 '슈퍼 콘텐츠'였다. 이른바 '3S' 중에서도 전 세계를 초토화시키다시피 할 정도로 폭넓은 인기를 끌었던 〈섹스 앤 더 시티〉가 5년에 걸친 대장정의 막을 내린 2004년, HBO는 에미상 시상식에서 무려 124개 후보를 배출하고 32개 상을 휩쓸면서 브랜드 위상을 한껏 뽐냈다.*

이 같은 성공 뒤에는 복합 미디어 그룹의 탄탄한 자금력도 있었지만, 대중문화 트렌드를 앞서가는 리더들을 주 시청자층으로 겨냥해 재미와 완성도를 겸비한 프로그램에 집중한다는 '전략'이 버티고 있었다. '정말 다른가? 중요한 것을 다루고 있는가? 인간의 경험을 깊이 있게 담아내고 있는가?'『창조형 리더는 원칙을 배반한다』에서는 HBO의 콘텐츠가 통념을 뒤집으면서 21세기 초반 대중문화를 논하는 사람들의 대화 내용을 바꿔놓을 정도로 강렬한 파장을 가져온 데는 이처럼

---

* 윌리엄 C. 테일러·폴리 라바르,『창조형 리더는 원칙을 배반한다』, 뜨인돌, 2008

확고한 목표와 비전이 뒷받침됐기 때문이라고 분석했다. 덕분에 HBO는 미국에서 TV를 소유한 가구의 4분의 1만이 가입해 있지만 시청자의 충성도가 가장 높은 편에 속하는 채널로 자리 잡았다(일례로 〈섹스 앤 더 시티〉는 영화 버전을 탄생시킬 만큼 열혈 슈퍼팬들을 키워냈다). 그리고 이러한 강력한 팬덤을 기반으로 했기에 HBO는 공중파 채널에서도 꿈꾸기 힘든 '우리는 광고가 아니라 프로그램을 판다'는 말을 당차게 실천할 수 있었다.*

---

tvN다운 프로그램의 시작은 다큐드라마 〈막돼먹은 영애씨〉였다. 뚱뚱하고 시집을 못 가 구박받지만 밉상은 아닌 평범한 노처녀. 통상적인 드라마 여주인공 이미지에는 맞지 않는 주인공 영애씨의 직장 생활과 연애담은 '완전 내 얘기 같다'는 반응을 이끌어내며 20, 30대 여성 시청자들의 열렬한 지지를 받았다. '트렌디'하다고 자부하는 여성들 중에는 '영애씨 하는 날'은 일찍 들어가 챙겨보고 다음 날 친구나 동료와 방송 내용에 대해 담소를 나누는 열혈 팬들이 생겨났다. 그렇게 '막영애'라는 브랜드가 구축되기 시작했다.

2009년에는 코미디에 극화된 스토리를 입힌 〈롤러코스터-남녀탐구생활〉이 '탐구 열풍', '롤코 열풍'을 일으켰다. 생활 속 소재를 다뤄 억지스럽지 않고 참신하다는 호평을 얻어냈고, 다큐멘터리 톤이나 기계음을 연상시키는 서혜정 성우의 무미건조한 내레이션이 프로그램에 의외의 색깔을 입히는 매력적인 요소로 가세했다.

---

* 실제로 HBO는 일반적으로 프로그램 중간에 나오는 광고 대신 촬영 비하인드 영상이나 자사의 다른 드라마 광고를 내보내고, 시청자로부터 직접 징수하는 수신료를 주 수익원으로 하고 있다.

이러한 성공작들은 미디어 콘텐츠가 나아가야 할 방향을 예측할 수 있는 혜안을 제공했다는 점에서도 의미가 있다. 〈롤러코스터〉는 융합형 콘텐츠의 모범 사례를 제시했고, 〈막돼먹은 영애씨〉는 기존 다큐드라마의 틀을 깬 '창조적 파괴'의 사례다. 대개 다큐드라마는 역사물, 환경물 등 꽤 무거운 주제나 사건을 다루는데, 〈막돼먹은 영애씨〉의 경우에는 사실감을 강조하는 다큐멘터리 형식을 취하면서도 코믹 요소들을 적재적소에 가미하며 기존 다큐드라마의 형식을 창의적으로 무너뜨렸다. 다큐멘터리의 전유물인 6mm 카메라를 이용한 관찰 촬영 기법으로 '디테일'을 살리면서도 언뜻 어울릴 것 같지 않은 코미디가 참신하게 조합되어 시너지를 낸 것이다.[*]

경계 타파를 지원하다: 그들이 CJ E&M으로 모여든 이유

창조적 파괴는 인재의 틀을 없애는 과감함으로 이어졌다. CJ는 tvN이라는 채널이 시청자들의 사랑을 얻으려면 그들이 선호하는 콘텐츠를 제공하는 출중한 크리에이터들이 자유롭게 노닐 수 있는 탄력 있는 플랫폼이 돼야 한다고 믿었다. 영화는 보다 거대하고 정교한 시스템과 규모로 이뤄지는 창작물이지만 방송은 상대적으로 소규모 크리에이터 사단의 응집력이 더욱 빛을 발하는 영역이다. 스타 PD와 작가들을 활용하는 방식에 있어서도 CJ는 인재와 콘텐츠의 '궁합'만 맞는다면 예능이든, 드라마든 영역의 경계를 굳이 두지 않는 '경계 타파'를 지원했다. 지상파 방송을 떠나온 스타 크리에이터들에 대한 예우 차원이기도 했지만 개개인의 창의성을 최대한 발현

---

* 송해룡, 『미디어 2.0과 콘텐츠 생태계 패러다임』, 성균관대학교 출판부, 2009

하도록 할 수만 있다면 굳이 그들을 어떤 고정된 틀에 가둘 필요가 없다는 자연스러운 생각의 결과였다. 크리에이터들의 입장에서도 스타 제작자로서 누리는 물질적 보상 같은 대우뿐만 아니라 자유의지로 새로운 시도를 해볼 수 있다는 이점이 매력적으로 느껴졌을 것이다. CJ가 2011년 3월 그룹 내에 흩어져 있던 미디어 계열사들을 합쳐 CJ E&M이라는 종합 콘텐츠 기업으로 발돋움하면서 그런 매력은 더 증폭됐다.

"tvN이 아니라 CJ E&M이 구상하는 큰 그림을 보고 이직했습니다. 방송, 영화, 공연, 음악, 게임 등 콘텐츠의 모든 사업 영역을 아우른다는 점이 특히 매력적이었죠."

— CJ E&M 미디어 tvN 본부 이명한 본부장

이명한 본부장은 〈남자의 자격〉, 〈1박2일〉 등 KBS의 간판 주말 예능을 총괄했던 스타 PD 출신이다. 그는 실제로 노동의 유연성이 보다 잘 뒷받침돼 얼마든지 새로운 도전을 해볼 수 있는 CJ E&M의 제작 환경이 KBS를 떠나게 만든 매력 요소였다고 했다. 이후 KBS에서 이 본부장과 짝을 이루며 '환상의 4인조'로 불렸던 나머지 멤버들, 나영석 PD, 신원호 PD, 이우정 작가가 줄줄이 CJ E&M에 합류했다.* 2014년 초에는 〈1박2일〉의 원년 멤버였던 신효정 PD도 CJ E&M으로 이적했다.

---

* 엄밀하게 말하면 방송 작가들은 대부분 프리랜서 방식으로 활동하기 때문에 이우정 작가 역시 CJ E&M 소속은 아니지만 〈해피선데이〉 멤버들과의 강력한 창조적 파트너십에 힘입어 tvN 작품을 많이 작업해왔다.

"CJ의 조직 문화는 확실히 새로운 시도에 대해 관대했습니다. 소재 선택의 자율성, 두 달 정도의 방영 뒤에는 아이디어 수집을 위한 짬을 두고 시즌제처럼 운영할 수 있는 편성의 유연성, 또 잘 안 되면 조기에 과감히 접을 수도 있는 자유로운 환경이 CJ E&M의 큰 장점입니다."

— CJ E&M 미디어기획제작1국 나영석 PD

KBS에서 〈남자의 자격〉이라는 히트작을 터뜨리며 예능 PD로 커리어를 알차게 채워온 신원호 PD의 드라마 도전기는 그러한 조직 문화의 발현체라고 볼 수 있다. 케이블 드라마 역사상 공전의 히트작이 된 '응답하라' 시리즈는 신 PD가 KBS에 계속 머물렀더라면 세상의 빛을 보기 힘들었을 콘텐츠다. 이우정 작가의 경우도 마찬가지다. 예능 전문 작가였던 그녀가 2012년 〈응답하라 1997〉로 드라마 영역에 진출한 건 당시 꽤 흥미로운 '사건'이었다. PD도 작가도 드라마에는 모두 초보였지만 tvN은 과감하게 그들을 등용했다. 각종 요리 예능이 범람하는 와중에도 요리 전문가 백종원과 '요리 불능' 네 남자의 끼니 해결 프로젝트라는 신선한 아이디어를 내세운 〈집밥 백선생〉으로 괄목할 만한 인기를 일궈낸 고민구 PD도 2014년 초 KBS에서 CJ E&M으로 이적한 인물이다.

'응칠' 신화를 빚어낸 유연함

〈응답하라 1997〉은 원래 주 1회 방영되는 4회짜리 파일럿 프로그램으로 기획됐다. 그런데 이 분량이 너무 적다고 생각한 제작진이 8회짜리 구성안을 짜왔고, 한 회에 2개의 에피소드를 담는 '깜찍한 꼼수'로 결국 16부작으로 방송하게 됐다.

이러한 유연함은 신선한 시너지를 냈다. 〈응답하라 1997〉은 빠른 호흡으로 예능물을 만들던 경험이 반영돼 웃음을 유발하는 포인트들이 적재적소에서 빛을 발했고, 매회 '반전 엔딩'이 자리해 끝까지 시선을 떼지 못하게 하는 작품이었다. 긴장감과 궁금증의 끈을 놓지 못하게 하는 예능식 편집을 도입한 것이 주효했다. 제작진은 한 인터뷰에서 "치밀하게 플롯을 짜서 화장실도 못 가게 할 만큼 재미있는 드라마로 만들려는 의도를 갖고 있었다"라고 설명했다.*

누구나 변신에 성공하는 건 아니지만 누군가의 변신은 크고 작은 혁신을 낳기도 한다. 그렇기에 매번 성공으로 이어지지는 않을지라도 부단히 새로운 시도를 권장하고 칭찬하는 개방적인 리더십과 유연한 조직 문화가 중요한 것이다. tvN이 〈미생〉이 끝나자 바로 〈미생물〉이라는 패러디 드라마를 2회 연속 방영했던 것 역시 그처럼 실험적인 문화의 산물이다. '작은 실험'의 무대일지언정 지상파 스타 PD 출신이 아니라 신예 그룹에 속하는 백승룡 PD**에게 그러한 도전의 장을 마련해준 시도 역시 의미 있고 영리한 행보였다. 우선 백 PD로 하여금 자신이 평소 가장 좋아하는 장르인 패러디 드라마를 큰 부담 없이 다뤄볼 수 있게 했다. 동시에 tvN으로서는 최초로 시도한 패러디성 예능 드라마를 통해 비록 호오는 분명했지만 독특한 개성

---

* "스페셜 리포트: CJ E&M 응답하라 1997", 「DBR」, 2012년 12월, 118호

** 그 역시 tvN 버라이어티쇼 〈SNL코리아〉 PD로 활약하다가 〈잉여공주〉로 본격적인 드라마 연출의 첫 단추를 끼웠다.

이 어린 콘텐츠를 원하는 수요를 확인하면서 확실한 팬층을 확보했다. 더 큰 팬덤을 창출하지 못했던 이유도 분석할 수 있었다.

그 밖에 개그맨 안용진, 개그우먼 강유미가 〈SNL코리아〉를 통해 예능 작가로 데뷔하고, 방송 작가 유병재가 SNL코리아의 '극한 직업-매니저 편'과 〈오늘부터 출근〉에서 '작그맨'이라 불리기도 하는 모습은, 탄력적으로 인재를 활용한(동시에 인재에게 기회를 주기도 하는) 사례들이다. 능력만 있다면 마음껏 역량을 펼칠 수 있도록 패스트 트랙fast track을 보장, 지원해주는 CJ그룹의 유연한 조직 문화가 함께 일하는 이들에게도 똑같이 적용된 것이다.

도전에 대한 관대함이 경쟁의 결여나 부족을 의미하지는 않는다. 오히려 모두가 균등함의 혜택을 누리는 조직에 비해 경쟁은 훨씬 더 치열할 수 있다. 다만 개개인이나 부서끼리의 경쟁이라기보다는 오롯이 콘텐츠 자체의 경쟁력에 초점을 맞추는 것이 다르다. 기존의 영역 다툼이나 부서 간 이기주의 같은 혁신의 장애 요소들을 어느 정도 떨궈내면서 가장 창의성 넘치는 콘텐츠가 흐름을 이끌게 되는 것이다. 그리고 이런 과정에서 많은 경계들이 허물어지는 자연스러운 크로스오버가 이루어지고 재능이 다원화되기 마련이다.

'나보다 똑똑한 우리', 집단창작 문화를 일궈나가다

여기서 '자연스럽다'는 요소를 간과해서는 안 될 것 같다. 획기적인 혁신을 꾀한다는 명목으로 인위적인 경계 타파를 강요하거나 지나치게 자유방임적인 분위기로 흘러가다 보면 맛도 개성도 없는, 소위 '짬짜면'이 나올 가능성도 배제할 수 없기 때문이다. 창의적인 미디어 콘텐츠 제작의 관건은 개개인이 잘할 수 있고 동시에 하고 싶어 하는 것을 할 수 있도록 개방적인 분위기를 조성하되, 거기에서 잉태된 아이디어를 중심으로 자연스럽게 집단지성이 발휘되도록 하는 것이다.

"한 명의 천재가 내놓는 번뜩이는 아이디어보다 작은 아이디어라도 계속 자라나게 하는 창조적인 조직을 키우는 것이 중요하다."[*] 픽사의 CEO 에드 캣멀의 말처럼, 기업 차원의 창의성은 극소수의 천재들만으로는 장기간 이어갈 수 없다. 실력 있는 크리에이터들이 다수여야 함은 물론이지만, 더 중요한 건 그들이 함께 뛰놀 수 있어야 한다는 것이다. tvN에서는 좋은 아이디어만 있다면 장르를 넘나들 뿐 아니라 다 같이 그 아이디어를 검증하고 도전하는 문화를 조성하려고 애써왔다. 그런 까닭에 tvN의 초창기부터 오랫동안 함께했던 송창의 전 본부장은 뛰어난 콘텐츠 크리에이터의 조건을 다음과 같이 꼽았다. 1) 기존의 벽을 과감히 깨고 자기만의 콘텐츠를 빚어낼 수 있는 창의적인 역량을 갖추고, 2) '또라이'로 비춰질 만큼 열정적으로 일을 대하면서, 3) '관계'라는 개념에 대한 통찰을 지녀야 한다.

이중 마지막 조건이 바로 집단창작의 시너지와 맞닿아 있다. '사람들'을 중시하는 환경이라면 자연히 양질의 프로그램이 탄생할 것이고, 이는 시청률로 이어지며, 이를 바탕으로 창작자들의 시너지에 더 적극적으로 투자할 것이라는 논리를 품고 있는 중요한 메시지이기도 하다.

소수의 능력자는 분명히 존재한다. 이들은 콘텐츠를 다루는 조

----

* 빌 캐포더글리·린 잭슨, 『픽사웨이』, 쌤앤파커스, 2010

직, 즉 '사람'이 핵심 원천인 문화산업 분야에서는 엄청나게 중요한 자원이다. 그러나 대부분의 경우, 개인의 재능에는 한계가 있다. 역량 있는 스타 크리에이터는 그 존재만으로도 브랜드 파워를 발산하므로 프로젝트에 깊이와 안정감을 제공하지만, 매번 콘텐츠 자체의 경쟁력을 배가시키는 데는 어려움을 겪기 마련이다. 고도로 융·복합화가 이뤄지고 있는 현 시대에는 더욱 그렇다. 더욱이 조직 차원에서는 출중한 재능을 지닌 인재가 다른 조직으로 이동하는 경우의 수를 항상 염두에 둬야 하는데, 그런 상황을 언제나 넋 놓고 바라보고만 있을 수는 없다. 그러므로 집단 차원의 창조적 시너지를 창출해내는 가운데 새로운 인재를 계속해서 키워내고, 그들을 다른 스타 크리에이터로 안정적으로 데뷔까지 시킬 수 있는 문화와 시스템을 구축하는 것이 절대적으로 중요하다.

'꽃보다' 시리즈나 '삼시세끼' 시리즈에서는 재능의 시너지를 모색하고 인적 자원의 양성을 도모하려는 면모가 묻어난다. '나영석'이라는 탁월한 브랜드가 확실히 버티고 있지만, 그와 후배들이 창작의 짐과 대중의 스포트라이트를 함께 나눌 수 있는 협업 체제를 다져나가는 행보가 그러하다. 실제로 나영석 PD는 두 개 팀을 꾸려나가고 있는데, 〈꽃보다 청춘〉은 신효정 PD와, 〈삼시세끼〉 프로젝트는 박혜연 PD와 공동제작 형태로 진행한다.

"재능 있는 후배들과 함께 일하며 성장하고 있다는 점이 tvN에 와서 가장 즐겁다고 느끼는 부분이에요. 젊은 친구들의 욕망과 열정을 제대로 키우고 싶다는 생각을 하고 있습니다."

― CJ E&M 미디어기획제작1국 나영석 PD

'협업 속의 분업' 시스템을 만들어나가면서 공생을 지향하는 마인드는 콘텐츠의 결을 살리는 실질적인 효과도 창출해내고 있다. 갈등을 빚어내는 활동적인 게임이나 짓궂은 미션 같은 장치가 부재해 언뜻 심심해 보이는 〈삼시세끼〉가 2014년 10월 첫 방영된 이래 성공가도를 달려온 데는 디테일의 힘(편집과 자막, 배경음악 등)이 큰 역할을 했는데, 나 PD의 전작들에 비해 한층 더 섬세해진 편집에는 공동 PD들의 손길이 녹아 있다. 센스가 돋보이는 자막은 조연출의 공이다(나 PD는 젊은 조연출자들이 확실히 센스가 뛰어나다며, 자신은 자막에 일절 손대지 않는다고 했다). 브랜딩에 성공한 프로그램의 든든한 보호막 아래 선후배 크리에이터들이 거리낌없이 소통하면서 얻은 영감을 바탕으로 다양한 실험을 해볼 수 있는 실속 있는 기회가 tvN의 제작 현장에서 펼쳐지고 있다.

제약을 기회로, tvN 브랜딩 스토리

어느덧 tvN은 시청자를 짝사랑하던 처지에서 '믿고 보는 채널'이라는 수식어가 따라붙는 사랑받는 브랜드가 됐다. 지상파 방송에서 새 프로그램을 내놓을 때 시청자 반응보다도 tvN을 가장 의식한다는 말이 방송가에서 정설처럼 나돈다고 한다.* 이러한 신뢰와 호감을 누리게 된 원동력으로는 '강력한 브랜딩'이 꼽힌다. 사실 브랜딩은 누구나 열심히 하는 마케팅 전략이다. 케이블, 종편 등 비지상파 TV의 약진이 계속되면서 너도나도 로고니 슬로건이니 부대 행사니 하는 각종 도구들을 동원해 브랜드 마케팅 활동에 더욱 적극적으로 나서고 있다.

그렇지만 채널이 많아졌다고 해서, 브랜드 마케팅이 활발해졌다고 해서 시청자의 마음이 움직이지는 않는다. 그들은 여전히 신뢰하는 채널만 찾는다. 원래 TV산업은 속성상 브랜딩 작업이 까다로운 분야

---

* "지상파 위협하는 '메이드인 tvN' 무엇이 다른가", 「서울신문」, 2014년 11월 12일 자

다.* 로고나 슬로건만으로는 별 감성을 유발하지 못하는 미디어 콘텐츠의 속성 때문이다. 워낙 많은 프로그램들이 뜨고 지고 하기 때문에 채널의 일관된 이미지와 개성을 보여주기 어려운 것이다.

결국 TV산업에서의 브랜딩은 킬러 콘텐츠로 일컬어지는 브랜드화된 프로그램들branded programs, 그것도 수명이 어느 정도 보장된 '지속 가능한' 콘텐츠가 여럿 나와줘야만 가능하다는 결론이 나온다. '에어 조던' 같은 히트 상품 없이 나이키라는 브랜드가 성공할 수 없었듯이, 프로그램의 브랜딩이 선행돼야 채널의 브랜딩도 전개될 수 있다는 얘기다. 예전만 못하다고는 해도 지상파 채널들이 여전히 향유하는 무시 못 할 브랜드 이미지도 그처럼 경쟁력과 생명력을 겸비한 콘텐츠로 점철된 유구한 역사를 바탕으로 한 자산이다. '예능은 MBC'라는 이미지가 여전히 유효한 데는 멀게는 〈토요일 토요일은 즐거워〉, 〈일요일 일요일 밤에〉 같은 쇼 프로그램부터, 가깝게는 김영희 PD의 〈나는 가수다〉, 김태호 PD의 〈무한도전〉이라는 독창적인 개별 프로그램 브랜드들이 가진 지분이 상당한 것이다.

하지만 상대적으로 단시일 내에 시청자의 마음속을 파고든 파란의 주인공들도 있다. tvN과 JTBC가 그 대표 주자들이다. 이제 드라마와 여행·야외 버라이어티 예능은 tvN이라는 인식이 은근히 자리를 굳혀가고 있다(JTBC에는 뉴스의 아이콘이 된 손석희 앵커가 이끄는 〈뉴스룸〉, 토크 예능 〈비정상회담〉, 〈썰전〉이 포진하고 있다).

방송계를 주름잡아온 스타 크리에이터들을 내세웠다고는 하지

---

* 캐서린 존슨, 『브랜딩 텔레비전』, 커뮤니케이션북스, 2014

만 제약이 없었던 건 아니다. 아니, 무척이나 많은 제약에 둘러싸여 있었다. 난다 긴다 하는 이들도 케이블 방송에 처음 오면 시청률 표를 받아들고는 충격과 후회에 휩싸이는 일이 다반사였을 만큼, 브랜드 파워가 없는 플랫폼이라는 태생에서 비롯된 제약들이 여러모로 앞을 가로막고 있었다. 이러한 제약의 환경에서 기회를 포착해 킬러 콘텐츠를 기획하고 채널의 브랜드화라는 대업까지 이뤄냈다는 점에서 tvN을 눈여겨볼 필요가 있다. 제약을 기회로 삼았다는 표현은 상투적으로 들릴 수 있지만, 철옹성 같던 지상파의 벽에 파열을 일으킨 '메이드인 tvN'이라는 단어가 대두되기까지의 과정을 가장 집약적으로 나타내준다.

타깃 시청자층의 제약을 기회 삼아 슈퍼팬을 얻다

tvN이 주 타깃으로 삼는 2049 연령대는 대다수 케이블 방송이 겨냥하는 시청자층이다. 그런데 불특정 다수라는 유혹이 워낙 크다 보니 원래 노선에서 일탈해 이것저것 다 잡으려다 정작 목표로 했던 고객까지 놓치는 실수를 흔히들 저지른다. 반면 tvN은 정체성을 확실히 다잡기 시작한 2000년 후반부터 타깃층을 더 좁혔다. 가장 넓게 잡은 연령층은 2049였지만 실제로는 2030에 초점을 맞추고 철저히 집중했다. 그러다 보니 오히려 소재의 제약에서 자유로울 수 있는 이점을 안게 됐다. 지상파 방송처럼 남녀노소가 공감할 수 있는 보편적인 종합선물세트를 마련하지 않아도 된다는 사실이 선택의 폭이 넓어지는 효과로 나타난 것이다. 지나치게 자극적으로만 흐르지 않는다면 그들이 좋아하는 건 뭐든 소재로 삼을 수 있었고, 복잡하게 꼬인 러브 라인, 백마 탄 왕자와 신데렐라가 단골 메뉴처럼 등장하는 지상파의 틀에 박힌 흥행 공식도 따를 필요가 없었다 (흔히 지상파 방송이 안고 있는 고충으로 심의 등으로 인한 제약이 거론되지만, '막장' 스토리가 빈번히 등장하는 현실에서는 도대체 무엇이 '보편적'이고, 무엇이 '자극적'인 내용인지 그 기준선이 애매모호해 보인다. 게다가, 적어도 tvN의 경우에는, 오히려 자극적인 소재나 내용이 담긴 최신 콘텐츠를 찾아보기 어렵다.). 그러다 보니 2030 감성의 '취향 저격'에 성공하는 빈도가 차츰 높아졌다.

"사실 실제 연령은 상관없었어요. 50, 60대도 얼마든지 2030 시청자가 즐기는 걸 공유할 수 있는 거잖아요. 우리가 구애하는 타깃 시청자들의 감각에 완전히 맞춰진 콘텐츠로 현실성과 진정성을 갖고 다가가는 게 더 중요했죠. 2030층의 마음을 사로잡은 우리만의 색깔을 다른 시청자 그룹들도 사랑해준다면 그건 다행스럽고 고마운 '덤'이라는 생각이었습니다." —CJ E&M 미디어콘텐츠 부문 이덕재 상무

이러한 슈퍼팬 만들기 전략은 다분히 소수의 '컬트 고객'만을 염두에 둔 접근 방식이라고 생각될지도 모른다. 하지만 HBO도 처음에는 18세~34세의 고학력 남성을 목표 시청자로 삼았다는 사실에 주목할 필요가 있다.[*] 슈퍼팬 전략의 핵심은 수요 창출을 위한 깊은 혜안을 위해서는 오히려 극단적일 수도 있는 사용자층을 찾아야 한다는 것이다. 대중적 소비자에만 집중하면 새롭고 놀라운 사실을 습득하기보다는 이미 알고 있는 것을 재확인하는 수준에 그칠 확

---

* 캐서린 존슨, 앞의 책

률이 높다는 이유에서다.* 특히 SNS 시대에서는 열혈 팬 집단의 관심을 받는 킬러 콘텐츠가 입소문으로 확산되고 거기에 가속도가 무섭게 붙는 '스노볼snow ball 효과'가 나타나기 쉽고, 그 결과 대중적인 히트 상품으로 등극할 수 있다. 〈막돼먹은 영애씨〉, 〈나인〉, 〈응답하라 1997〉 같은 드라마에서 확보한 슈퍼팬들은 응답하라 시리즈, 〈미생〉에서는 더 폭발적인 지지를 보냈고, 이에 힘입어 tvN은 대단히 빠른 속도로 보다 넓은 층의 가슴까지 힘 있게 노크했다. 실제로 〈미생〉은 초반에는 tvN의 2030 슈퍼팬들 사이에서 반향을 일으켰지만 마지막에는 전 세대에 걸쳐 고루 사랑받았다. 금토극과 달리 소수 팬들의 마음은 사로잡아도 '메인스트림'으로는 대접받지 못했던 tvN 월화극의 새 지평을 연 〈치즈인더트랩〉 역시 tvN에 신뢰와 애정을 품은 슈퍼팬층의 폭이 이미 꽤 넓어졌다는 점을 보여준 하나의 예라고 할 수 있다. '로맨스릴러'라는 참신한 장르로 2016년 초반부를 장식한 이 드라마는 원작인 웹툰의 팬층 대다수를 반영하는 1020 세대뿐만 아니라 3040 남녀들의 이목까지 끌면서, 비록 논란도 낳기는 했지만 시청률과 관심을 동시에 움켜쥐었다.

예산과 캐스팅의 제약 속에서 숨은 보석을 발굴하다

최근에는 대작들도 더러 나오지만 케이블 방송의 예산은 아무래도 지상파에 비해서는 한정되어 있다. 게다가 이른바 '특급'으로 분류되는 연예인들은 케이블 출연을 꺼려 한다. 인적 자원의 활용에 있어서 제약을 받을 수밖에 없다는 말이다. 특급이나 A급을 기용한다

---

* "Idea Watch: 단골 고객을 더 큰 고객으로", 「HBR 코리아」 2014년 3월 호

해도 프리미엄을 더 얹어줘야 하므로 주연 캐스팅에 대한 비용이 더 들어간다. 당연히 다수의 스타들을 한데 불러모으기가 어렵다. 이런 제약 속에서 tvN은 애매한 배우를 쓰기보다는 아예 재능 있는 새 얼굴, 또는 잠재된 역량을 지닌 중고 신인들을 찾는 데 열을 올렸고, 그 과정에서 숨은 보석들을 발굴해냈다. 신원호 PD의 말을 빌리자면 '또 재야?' 하는 진부한 시선보다는 '쟤네 뭐지?' 하는 호기심 어린 반응이 나을 것 같았다는 판단이었다.[*]

판단은 옳았다. '응답하라' 시리즈에서 남자 주인공을 맡았던 서인국과 정우, 박보검, 류준열은 일약 스타덤에 올랐고, 가수 출신이었던 정은지와 혜리, 그리고 데뷔 초기의 기대치에 비해 이렇다 할 대표작이 없었던 고아라는 브라운관 스타로 거듭났다. 조연급들의 도약은 더욱 눈부시다. 김성균, 손호준, 유연석, 바로, 도희, 라미란, 안재홍 등 조연급 출연자들이 주연급 못지않은 인기를 얻으면서 성장해나갔다. 이에 앞서 '막영애'의 히로인 김현숙은 드라마는 물론 동명의 뮤지컬에서 활약하고 있고, 〈나인〉, 〈로맨스가 필요해〉의 이진욱은 여심을 훔치며 훈남으로 떠올랐다. 〈미생〉과 '응답하라' 시리즈의 경우, 주·조연을 가리지 않고 거의 모든 출연자들이 저마다 지명도를 대폭 올리고 상당수가 CF에 등장할 정도로 인기를 끄는 보기 드문 현상도 벌어졌다.

물론 나영석 PD 같은 스타 연출자와의 인연으로 캐스팅이 성사된 사례들도 있다. 그러나 이런 경우에서조차도 지상파에서 많이 소비돼온 이미지가 아닌 새로운 캐릭터로 각광받는 차별점이 분명히

[*] "스페셜 리포트: CJ E&M 응답하라 1997", 「DBR」, 2012년 118호

드러났다. '꽃보다' 시리즈로 '할배 4인조'가 황혼기에, 그것도 젊은 층으로부터 인기를 얻고, 〈삼시세끼〉로 이서진과 옥택연, 차승원과 유해진, 손호준이 새롭게 주목받게 된 것이 그 예다. 최지우는 〈삼시세끼〉 출연을 계기로 '꽃할배' 시리즈에 가세해 제2의 전성기를 맞이한 데 이어 tvN 드라마 〈두 번째 스무살〉로 배우로서까지 '부활'을 알렸다. 이렇게 인재의 등용문 혹은 재등용문 역할을 하게 된 tvN 프로그램은 더 이상 캐스팅에 큰 제약을 받지 않게 됐지만, 이제는 흙 속에 묻힌 진주를 찾아낸다는 설렘 때문이라도 시청자의 시선은 색다른 인재를 향하고 있다. 심지어는 '아무개를 캐스팅해 달라'는 청원까지 적극적으로 쏟아내는 형국이지만, 괜한 트집이나 공연한 참견이 아니라 슈퍼팬으로서 애정을 갖고 능동적으로 참여하는 시청자들의 요구이니 귀 기울이지 않을 이유가 없다.*

편성의 제약으로 금요일 밤의 틈새를 창출하다

요즘 TV 세상의 판도를 보노라면 지상파든 케이블이든 금요일 밤을 공략하는 콘텐츠 전쟁에 돌입한 모양새다. 이런 현상이 도드라지기 시작한 건 2015년 초. 〈삼시세끼〉가 공중파를 위협할 정도의 막강한 시청률을 자랑하는 가운데 KBS에서 〈스파이〉, 〈프로듀서〉 등 드라마를 금토에 내보내는 강수를 두기도 했고, MBC는 꾸준한 인기를 얻고 있는 예능 프로그램 〈나 혼자 산다〉를 승부수로 던졌다.

그러나 원래 금요일은 방송사의 핵심 프로그램이 빠져 있는 다소 '한가한' 요일이었다. 월화극, 수목극이 지배하는 드라마 세계에서는

---

* 급작스럽게 하차한 한류 스타 장근석의 대타로 〈삼시세끼-어촌편〉에 합류한 손호준이 바로 그와 같은 대중의 러브콜로 캐스팅된 경우다.

지금은 폐지된 〈사랑과 전쟁〉을 제외하면 이렇다 할 파워 콘텐츠가 없었고, 예능도 킬러 콘텐츠는 토, 일에 집중하는 체제가 오랫동안 유지돼왔다. '불금 문화'가 자리 잡은 금요일은 아무래도 다른 날에 비해 주목도가 떨어지고 그만큼 시청률이 덜 나온다는 고정관념이 자리 잡고 있었기 때문이다.

tvN은 이 금요일을 틈새로 보고 나 PD의 〈꽃보다 할배 1〉을 편성했다(2013년 7월 5일~10월 4일). 그리고 이 프로그램이 성공하자 '응답하라' 시리즈의 2편인 '응사'를 드라마로는 이례적인 금요일 저녁 시간대에 내보냈다('응칠'은 화요일에 방영됐다). '응사'의 경우, X세대까지 포용하는 시대상을 배경으로 한, 미니시리즈와 전통적인 주말극의 중간 성격을 지녔다는 이유에서 '토일'이 아니라 '금토'를 묶는 새로운 주말극으로 자리매김할 수 있다고 기대했다. 이런 '룰브레이커'다운 노림수는 잘 알려졌다시피 대성공이었는데, 특히 tvN이 타깃으로 하는 시청자 중에서도 젊은 싱글족의 지지를 듬뿍 받았다. 주중에 시달린 탓에 금요일에는 집으로 직행하는 칼퇴족이나 초식남, 건어물녀 같은 혼자 사는 싱글 남녀들이 친구로 삼을 만한 '불금 선물세트'가 된 것이다. 이로써 시청률 사각지대였던 금요일 밤이 블루오션으로 떠오르면서 광고 재원이 몰리는 현상까지 발생했고, 급기야는 지상파 방송까지 몰려와 킬러 콘텐츠를 앞다퉈 내놓는 금야 전쟁이 벌어지게 됐다.* 이제 CJ E&M 프로그램들 사이에서조차 불금 경쟁에는 매몰찰 정도의 냉정한 논리가 적용된다. 수년간 금요일을 점령해온 〈슈퍼스타K〉 같은 터줏대감조차도 〈언프리티 랩스

---

* "금요일 밤 '칼퇴' 싱글족을 잡아라", 「서울신문」, 2014년 12월 1일 자

타 2〉 같은 알짜 인기 프로그램에 밀려 2015년 하반기부터는 목요일로 편성됐을 정도다.

소수점에도 목숨 거는 시청률의 제약으로 사전 마케팅의 신화를 만들다

쌍방향 소통이 중요한 미디어 2.0 시대에 시청자는 '참여자'라고도 불릴 만큼 프로그램에 깊이 관여한다. 채널 선택권이 풍부할 뿐만 아니라 목소리까지 커진 시청자들의 취향을 맞추는 쪽으로 무게 중심이 기울면서 마케팅 감각이 상당히 중요해졌다. 더구나 간판 프로그램을 제외하면 화제성이나 몰입도를 떠나 아직도 시청률의 소수점 단위도 소중한 케이블 방송의 입장에서는 마케팅에 사활을 거는 것이 당연하다.

보통 지상파 방송에서는 제작 PD가 타 부서 인력과 맞닥뜨릴 일이 거의 없다. 콘텐츠를 만드는 진영과 판매하고 홍보하는 진영이 분리된 형식을 오랫동안 고수해왔다. 하지만 tvN에서는 회의 때마다 편성, 제작, 마케팅, 기획, 영업 등 다양한 부서 사람들이 한자리에 모여 의논한다. '타깃 시청자들이 이런 걸 좋아하니 이러저러한 콘셉트의 영상을 넣어달라', '주인공이 이런 스타일의 트렌치코트를 입으면 좋겠다', 'OST는 이런 분위기가 요즘 대세다' 이렇게 아주 구체적인 정보와 의견이 오가며 역량이 모아진다.

마케팅 방식도 확연히 달랐다. 지상파의 마케팅 방식은 예고 스폿, 자막 광고, 언론 홍보 등이 대부분이었다. 지상파 매체 파워를 극복하고 다각도로 콘텐츠를 알리려고 애쓰다 보니 tvN은 디지털 마케팅, SNS, 바이럴 마케팅 등 기존에 시도되지 않았던 콘텐츠 마케팅의 물꼬를 트고 채널의 강점으로 삼게 됐다. 프로그램 제작뿐

〈응답하라 1988〉 제작 과정에서 유관 부서가 엮어낸 시너지

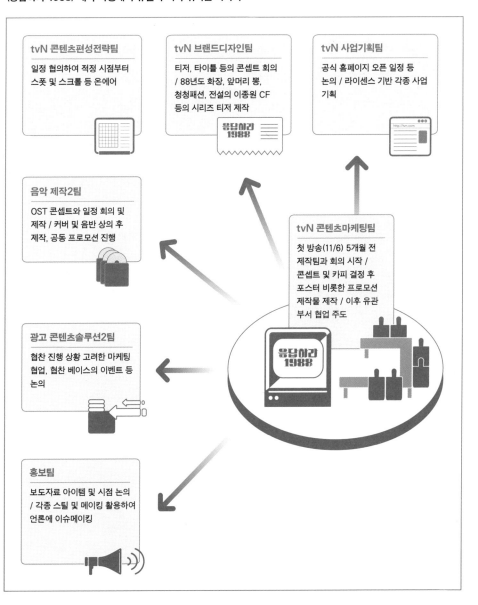

tvN 콘텐츠편성전략팀

일정 협의하여 적정 시점부터 스폿 및 스크롤 등 온에어

tvN 브랜드디자인팀

티저, 타이틀 등의 콘셉트 회의 / 88년도 화장, 앞머리 뽕, 청청패션, 전설의 이종원 CF 등의 시리즈 티저 제작

tvN 사업기획팀

공식 홈페이지 오픈 일정 등 논의 / 라이센스 기반 각종 사업 기획

음악 제작2팀

OST 콘셉트와 일정 회의 및 제작 / 커버 및 음반 상의 후 제작, 공동 프로모션 진행

tvN 콘텐츠마케팅팀

첫 방송(11/6) 5개월 전 제작팀과 회의 시작 / 콘셉트 및 카피 결정 후 포스터 비롯한 프로모션 제작물 제작 / 이후 유관 부서 협업 주도

광고 콘텐츠솔루션2팀

협찬 진행 상황 고려한 마케팅 협업, 협찬 베이스의 이벤트 등 논의

홍보팀

보도자료 아이템 및 시점 논의 / 각종 스틸 및 메이킹 활용하여 언론에 이슈메이킹

아니라 홍보 방식 역시 타깃에 맞춰 고민한 결과였다. 콘텐츠 마케터와 함께 콘셉트를 잡고 프로그램 안에 녹이기도 하고, 제작된 영상을 받아 바이럴 마케팅 영상을 만들기도 했으며, 때에 따라서는 출연진을 활용해 바이럴 마케팅을 전개하기도 했다. 이러한 제작과 마케팅의 시너지가 총체적으로 잘 발휘된 사례가 '응답하라' 시리즈다.

'내 끝사랑은 가족입니다'라는 슬로건을 내걸고 진행한 '응팔'의 마케팅은 지난 시리즈의 성공으로 이미 높아질 대로 높아진 시청자들의 기대감을 충족하기 위해 그 어느 때보다도 심혈을 기울였다. '가족'과 '80년대'를 키워드로 1980년대 쌍문동 골목길의 정취를 최대한 되살리는 복고 마케팅을 진행했다. 기존 브랜드의 로열티를 유지하고 팬들을 잡기 위해 '돌아온 응답언니!' 공식 페이스북과 트위터도 다시 운영했다. 방송을 시작하자마자 페이스북의 '좋아요'는 40만을 돌파했고, 트위터 팔로워는 15만을 넘어서며 초반 기세를 올리는 데 한몫했다.

'응팔앓이'라는 신조어를 만들어낼 만큼 프로그램이 성공적으로 안착한 이후에도 지속적인 이슈화를 위해 전방위적인 마케팅을 폈다. '응칠'의 계정(팔로워 2만)을 '응답하라' 시리즈로 통합하고 담당 마케터가 관리하면서 시청자 충성도를 높였는데, 이로 인해 공식 트위터 팔로워가 9만 2천 명에 이르렀다. 주요 매체와 포털 커버리지를 합한 기사 건수는 4만 건이 넘었다.

"지상파는 한 번의 물량 공세로도 어지간한 마케팅 효과를 낼 수 있지요. 케이블의 경우에는 사전 마케팅이 무척 중요합니다. 사전 인지도를 0.5~1%만 올려도 훨씬 더 쉽게 시작할 수 있습니다. 수익

기반을 마련해 프로그램의 완성도도 높일 수 있지요." CJ E&M 방송콘텐츠 마케팅팀에서 tvN 마케팅을 담당하는 김재인 팀장의 설명이다.

〈미생〉, 사전 마케팅의 새 장을 열다

제작 과정과 발맞춰 일찌감치 치밀하고 적극적으로 진행된 〈미생〉의 사전 마케팅은 엄청난 효과를 거뒀다. 〈미생〉 20회 분량의 시놉시스가 나온 것은 방영 10개월 전인 2013년 말. 〈미생〉 팀은 지체하지 않고 2014년 초부터 촬영 협찬을 타진하러 여기저기로 발품을 팔았다. 처음 찾아간 곳은 산업통상자원부. 정부 기관이다 보니 선뜻 투자하기를 꺼려했지만 결국 우호적인 답변을 이끌어냈다. 그렇게 해서 코트라KOTRA, 무역보험공사, 무역협회를 소개받았고, 세 곳 모두를 취재할 수 있었다. 반면, 회사 내부 풍경을 위한 배경 기업이 된 대우인터내셔널이나, 촬영장으로 쓴 대우센터(대우그룹의 모체인 현 서울스퀘어 빌딩), 로비에 자주 등장한 KT&G 빌딩은 수차례 요청을 한 뒤에야 겨우 섭외할 수 있었다.

"의외로 벽이 높았어요. 그래도 굴하지 않고 거듭 찾아가 기업 이미지와 수익을 동시에 올릴 수 있다는 점을 열심히 홍보했죠. 대우인터내셔널에는 '입사 지원자가 늘어날 거다', 서울스퀘어빌딩에는 '공실률이 낮아질 거다' 하는 식으로요. 일찍부터 공을 들인 데다 원작의 힘도 있어 결국에는 허락을 받아냈는데, 실제로도 서로가 '윈윈'하는 결과를 만끽했어요. 이렇게 관련 기업들을 협찬사로 끌어들이고 대본까지 준비돼 있어서 주인공도 섭외하기 전에 PPL 스폰서인 더블에이(A4복 사용지)나 동서식품(인스턴트 커피 맥심)과 쉽게 계약을 맺을 수 있었던 것 같습니다."

— CJ E&M 드라마 1CP 이재문 PD

이렇게 해서 〈미생〉은 제작비의 20%를 충당할 정도로 기록적인 PPL 수입을 올렸고, 단순 노출이 아니라 드라마의 일부로 녹아들 수 있도록 연관성 높은 제품들을 차근차근 마련해나간 덕분에 욕을 먹기는커녕 '진정성 있는 PPL'이라는 찬사까지 얻어냈다.

계열사 간의 시너지를 톡톡히 이끌어낸 프로모션 활동 역시 사전 준비가 빛을 발한 경우다. 숙취 해소 음료인 '헛개수'의 패키지에 드라마 캐릭터를 넣어달라고 부탁하기 위해 〈미생〉 팀은 CJ헬스케어를 찾아가 직접 프리젠테이션을 했다. 방송 6개월 전부터 작업을 벌이고 3개월 전에야 승인을 받아 300만 병을 만들어 전국 마트, 편의점에 깔았는데, 이후 헛개수 매출이 2배 이상 신장했다.

취향의 시대, '완생'은 없다

제약으로 둘러싸인 환경에서, 최소한의 핵심 재료만을 갖고 맛을 낼 때에도 창의적이고 기발한 아이디어가 얼마든지 나올 수 있다. 그 점을 증명했기에 tvN은 트렌드를 창출해내는 브랜드로 인정받고 있다. 영화에서도 프랜차이즈 무비가 진정한 브랜드 파워와 콘텐츠 역량을 말해주듯이 TV에서도 마찬가지로 시리즈물이야말로 브랜드의 존재감을 드러내는 증표다. 슈퍼팬들을 거느린 tvN의 킬러 콘텐츠들은 '시즌제'를 거리낌없이 말하고 실천할 수 있을 정도로 브랜드 파워를 갖췄다. 되레 '빨리 만들어 달라'는 열화와 같은 요청까지 받고 있다. 〈삼시세끼〉의 스핀오프spin-off 버전으로 채널 역사상 최고 시청률을 찍은 〈삼시세끼-어촌 편〉이나 '응답하라' 시리즈의 후속편 〈응답하라 1988〉 등 tvN이 낳은 스타 프로그램 차기작들은 이미 그런 살뜰한 관심을 누렸다. 속편들의 첫 방 시청률이 이를 증명해준다('응팔'의 경우에는 본방 시청 전 알아두면 좋을 이슈들을 정리한 '시청 지도서', 그러니까 '0회'조차도 3%대 시청률을 기록하는 동시에

온갖 검색어를 낳았다. 이는 '응사' 1회 시청률보다 높은 수치였다). 〈미생 2〉,
〈시그널 2〉 등 웰메이드 히트 작품들의 속편도 벌써 관심 대상 목
록에 올라 있음은 물론이다.

　그런데, 미약한 존재에서 팬덤을 갖춘 브랜드로 변모하면서 압박
을 가하던 제약들이 점점 사라진다면 어떻게 될까? 날개를 더 활짝
펴고 탄탄대로를 달릴 수 있을까, 아니면 제약이 주는 긴장감을 잃
으면서 오히려 창의적인 면모가 약해지게 될까? 결론부터 말하자
면, 변화무쌍한 콘텐츠 생태계에서 '완생'은 없다. 그 아무리 강력한
브랜드일지라도 무한히 군림할 수 있는 채널은 없다는 얘기다. 더군
다나 미디어 업계는 다른 업계에 비해 반응 속도와 인기의 부침이
유독 심한 영역이다. 미디어 콘텐츠 사업자들은 극장용 블록버스터
와 같은 독보적인 콘텐츠를 만들어내는 영화사업자와는 또 다른 입
장에 놓여 있다. 누구도 헤게모니를 쉽게 장담하지 못할 정도로 변
수와 경쟁자가 들끓는다.

　플랫폼이나 편성, 타깃 시청률이 별 의미가 없어지는 '탈TV 시
대'에는 더욱 그렇지 않을까 싶다. 미래의 콘텐츠 세계를 주도할
1534 연령층은 TV를 이탈하고 있고, 그저 '콘텐츠'를 따라갈 뿐이
다. 이미 한국인 10명당 3명이 TV가 아닌 N스크린으로 방송을 보
고 있다는 방송통신위원회의 자체 조사 결과도 나왔다.[*] 게다가 미
래의 경쟁은 국지전 형태를 취하지도 않을 것 같다. 웹으로 점점 더
연결성이 높아지고 문화 장벽이 낮아지는 세상에서는 글로벌 혈투
가 될 게 분명하다.

---

[*] "국민 10명 중 7명은 스마트폰 보유… 스마트기기 이용으로 TV 시청시간 줄었다", 「아시아투데
이」, 2015년 2월 12일 자 인터넷판

그뿐이 아니다. 이제는 콘텐츠를 다루는 기업이 따로 있지도 않다. 최근 전 세계적으로 가장 '핫한' 미드 시리즈로 꼽히는 〈하우스 오브 카드House of Cards〉를 제작한 기업은 케이블 채널의 자존심 HBO도 아니고 ABC, FOX 같은 미디어 콘텐츠의 전통 강자들도 아닌 온라인 DVD 렌탈업체 넷플릭스NETFLIX다(2016년 1월, 한국 시장에도 진출했다). 매머드급 인터넷 서점 아마존도 영화와 TV 시리즈를 만들면서 콘텐츠 유통만이 아니라 제작에도 나서고 있다. 막강한 플랫폼과 열혈 슈퍼팬들을 갖고 있는 애플이 어떤 형태든 미디어 콘텐츠를 만들지 말라는 법도 없다. 한국에서도 일찍이 통신사들이 모바일 드라마 제작에 열을 올렸던 적이 있고, 최근에는 네이버, 다음 같은 포털 사이트, 심지어 지상파에서도 웹드라마를 만들고 있다. 이 모든 움직임은 콘텐츠를 통해 플랫폼을 단단히 만들고 브랜드 파워를 수성하려는 의도다.

플랫폼의 승자가 누가 되든 사랑받는 콘텐츠는 살아남는다. 문제는 다수의 관심을 사로잡는 스타 콘텐츠가 점점 줄어드는 추세라는 점이다. 관심의 갈래가 사방팔방으로 흐르고, 이러한 '파편화' 현상을 기꺼이 충족시키는 온갖 콘텐츠가 지구 어디에선가 계속 솟아나는 모양새이기 때문이다. 플랫폼과 콘텐츠의 홍수 속에서 소비자들은 더 까다로워지고 피로감을 느낀다. 사사키 도시나오 같은 미디어 전문가는 이러한 다원화 경향으로 '매스'는 소멸하고, '소중少衆·분중分衆'의 시대가 도래했다고 주장하기도 했다.[*] 비슷한 맥락에서 나영석 PD는 메가 콘텐츠의 시대는 가고 '취향의 시대'가 열렸다고

---

[*] "관심 경제의 시대, 대중문화는 우리의 뇌세포를 어떻게 깨우는가?", 「스타일조선」, 2015년 2월 호

말했다.

애초에 대형 자본에 의해 완성도 있게 기획된 콘텐츠든, 극히 드문 예지만 '롱테일 법칙'을 적용받아 미미한 존재감이나마 꿋꿋이 연명해오던 콘텐츠가 어떤 계기로 하룻밤 사이에 스타 콘텐츠로 거듭나든, 이제 콘텐츠의 운명은 순전히 시청자들의 취향과 선택에 달려 있다. 그러므로 콘텐츠의 순도 높은 창의성과 신뢰와 호감을 이끌어낼 수 있는 영리한 브랜드 마케팅 실력은 절대적으로 중요하다. 경쟁자들을 제치고 돋보이기는 쉽지 않지만 일단 경계를 사뿐히 넘어선다면 그만큼 콘텐츠 파급력이 무한대로 커질 수 있는 게 미래 시장의 섭리이니 말이다.

이 같은 배경에서 CJ는 스스로를 플랫폼에 국한되지 않는 '콘텐츠 허브'로 성장시킨다는 구상을 갖고 있다. TV, 모바일, PC, 그리고 글로벌 무대까지 한꺼번에 염두에 두고 프로그램을 만들 수 있는 경쟁력 있는 시스템과 문화를 구축하되, 다양한 크리에이터들이 최대한 역량을 펼칠 수 있도록 적당한 긴장감과 속도를 불어넣고 안전장치까지 제공하는, '크리에이터들의 크리에이터' 역할을 하겠다는 포부다. 탈TV, 탈국경에 맞춰진 글로벌 콘텐츠 비즈니스를 전략적 비전으로 삼고 있는 것이다. 나영석 사단의 참신한 웹 예능 〈신서유기〉(2015)는 그 좋은 시작점이 될 듯하다. 날것의 재미를 추구한 20개 에피소드를 국내 포털사이트 네이버와 중국 포털 QQ닷컴에서 웹 영상으로 공개한 이 예능 콘텐츠는 양쪽 포털을 합쳐 무려 1억 뷰view를 찍었다. 그동안 온라인 콘텐츠에 대해서는 '화제를 불러일으킬지언정 실질적인 수익은 되지 않는다'는 시각이 지배적이었지만 〈신서유기〉의 성공으로 인해 TV처럼 큰 광고 수익이 없이도 손익분기점을 맞출 가능성이 실제 사례로 제시된 것이다.

물론 아직도 갈 길은 멀다. 변화의 물살이 어디로 방향을 틀지 한 치 앞을 내다보기 힘들고 어디에서 라이벌이 불쑥 출현할지 알 수 없는 미디어업계의 무한 경쟁 구도에서 글로벌 콘텐츠 허브라는 비전을 이뤄내려면 결국 '창의성'과 '혁신'에 기댈 수밖에 없을 것이다. 연체동물처럼 유연하게 변화에 대처하고, 작은 아이디어라도 계속 자라나게 하는 창의적인 조직을 키우지 않으면 살아남지 못할 가능성이 몹시도 크다. 거듭 말하지만 오늘날의 미디어 수용자들은 그 어느 때보다도 똑똑하고, 냉정하며, 변덕스럽다.

이러한 관점에서 볼 때 CJ를 비롯한 콘텐츠 기업들은 경계를 넘나드는 다학제적multi-disciplinary 사고로 유명한 디자인 컨설팅 업체 IDEO의 수장, 팀 브라운의 조언을 새겨들을 필요가 있을 것이다.

"어떤 경우에라도 예측 가능한 계획은 지루함을 낳고, 지루함은 재능이 뛰어난 사람들의 이탈로 이어지게 마련이다."

우리는
라이프스타일을 판다

홈쇼핑 틀 깨기

진정한 차별화란 새로운 생각의 틀이다.

문영미(『디퍼런트』의 저자, 하버드 경영대학원 교수)

Background Story

TV의 또 다른 얼굴

20세기 중반에 등장한 TV는 우리 삶을 뒤바꾼 혁신이었다.[*] 시청자 들에게는 정보와 오락의 매체로, 기업들에게는 효과적인 광고 수단으로 무섭게 우리의 일상을 점령했다. 그러나 TV가 우리의 소비 방식까지 바꿔놓으리라고는 누구도 쉽게 예상하지 못했다. TV를 통해 '물건'을 사고팔 수 있다는 깨달음의 계기는 참으로 우연히 찾아왔다.

1977년 재정 문제로 허덕이던 미국 플로리다의 한 지방 라디오 방송국(WWQT). 광고료 대신 현물로 받은 100여 개의 전기 깡통 따개를 '처분'해보기로 결정한 이 방송국의 사장은 망설이는 라디오 토크쇼 진행자를 애써 설득해 '상품 소개'를 전파에 실어내는 데 성공했다. "여러분, 여기 멋진 깡통 따개가 있으니 구입하려면 연락주십시오!" 놀랍게도 이 멘트에 힘입어 개당 9.95달러였던 깡통 따개들은 한 시간도 되지 않아 완판됐고, 진행자는 개당 1달러의 쏠쏠한 수고

---

[*] 유럽의 여러 나라와 미국에서 1930년대에 TV 실험 방송을 시작했지만, 본격적인 TV 보급은 1950년대에 접어들어 이루어졌다. "텔레비전 방송의 역사", 『두산백과』 인터넷판

비를 챙겼다.[*]

당시 방송국 사장이었던 로웰 버드 팩슨Lowell Bud Paxon은 이 작은 사건을 추억으로만 간직하지 않았다. 그는, 보이지 않는 방송인 라디오에서 통한다면 TV 스크린에서는 그 효과가 훨씬 더 강력할 것이라고 확신했다. 그 무렵 미국에서는 케이블 TV의 시대가 펼쳐지고 있었다. 팩슨은 1982년, 동업자와 함께 '쇼핑'을 전문으로 하는 지역 케이블 방송국을 설립했다. 이름하여 '홈쇼핑클럽Home Shopping Club'.^{**} 최초의 TV 쇼핑 전문 채널이 탄생한 순간이었다.

1985년 7월, 처음으로 전국적으로 방송된 케이블 TV 홈쇼핑 방송을 진행한 인물은 8년 전 깡통 따개 방송의 진행자였던 밥 서코스타Bob Circosta. 이번 품목은 14K 목걸이였다. "여러분, 지금 전화 주시면 14K 목걸이를 보내드리는데, 배송이 무료입니다!"

첫 반응은 그리 신통치 않았다. 다섯 시간이나 방송을 탔지만 주문 금액은 겨우 352달러. 하지만 다음 날 '속달'로 배송된 목걸이를 손에 쥔 주문자들은 상당한 만족감을 표시했고, '홈쇼핑'이라는 단어처럼 실제로 집에서 편안히 앉아서 물건을 구매할 수 있는 이 새로운 쇼핑 방식은 이내 '대세'로 자리 잡았다. HSN은 10년 만에 연매출 1조 원대(1994년 당시 11억 달러 규모) 기업으로 성장했다.

1995년, 우리나라에도 TV 홈쇼핑의 시대가 열렸다. 집에서 편안히 쇼핑을 즐길 수 있게 됐으니 소비자에게는 '쇼핑의 신세계'가 열

---

* 김창현, 『홈쇼핑 리포트』, 편집회사사람들, 1998

** 1985년 전국 단위의 케이블 방송으로 확대되면서 '홈쇼핑네트워크Home Shopping Network (HSN)'로 이름을 바꿨다. 쉬이 짐작하겠지만 오늘날 보통명사처럼 쓰이는 '홈쇼핑'이라는 용어가 여기에서 유래했다. 「Wikipedia」

린 것이나 마찬가지였다. 공급자 입장에서는, 가히 '유통의 혁명'이라 할 만했다. 상품을 진열할 매장을 따로 마련하지 않고도 제품 광고는 물론 즉석에서 판매까지 가능한 일석이조의 수단, 게다가 잘만 하면 짧은 시간 내에 다수의 소비자에게 다가갈 수 있으니, 유통 업계에서 눈독을 들인 건 당연했다. 케이블 TV 시장이 얼마나 그럴듯한 규모로 클 수 있을지가 관건이었는데, 초반에 극심한 성장통을 앓았던 다른 케이블 채널들과 달리 TV 홈쇼핑은 상대적으로 가속 페달을 밟으며 앞서 나갔다. 1995년에 1세대 TV 홈쇼핑 전문 채널로 유일하게 '개국'을 허가받았던 39쇼핑과 LG그룹 계열의 LG홈쇼핑은 창립 1년여 만에 적자에서 벗어났다.

1990년대 말, TV 홈쇼핑의 '나홀로' 성장

TV 홈쇼핑은 1990년대 후반 한국의 소비 문화에 큰 변화를 일으켰다. 리모컨만 들고 있으면 절로 쇼핑이 되는 방식은 신선하고도 편리하게 느껴졌다. 바쁜 생활에 둘러싸인 일반 소비자들은 물론이고 굳이 발품을 팔지 않고도 매력적인 상품에 접근하기를 원하는 '귀차니즘족', 자녀 양육 때문에 외출하기 힘든 주부, 거동이 불편한 노년층에 이르기까지 많은 이들이 TV 홈쇼핑의 등장을 두 팔 벌려 환영했다.

당시의 TV 홈쇼핑을 둘러싼 환경도 여러모로 산업의 성장을 도왔다. 공급자 측에서는 비싼 임대료를 내지 않고 '무점포'로 다수에게 다가갈 수 있다는 점이, 소비자 측에서는 교통 체증과 주차난을 감수하지 않고도 다양한 상품들을 상대적으로 저렴한 가격에 살 수 있다는 점이 막강한 이점으로 다가왔다. 신용카드의 확대와 택배 시스템의 발달도 편리성을 배가시키는 요소들이었다. 케이블 가입자 수까지 점차 늘어나면서 TV 홈쇼핑은 '안방 시장'이란 용어를 만들어낼 정도로 무럭무럭 커나갔다. IMF 위기에도 TV 홈쇼핑의 아성은 끄떡없었다. 똑똑한 씀씀이를 추구하는 '가치 소비' 바람이 부는 바람에 가격의 합리성을 내세운 홈쇼핑이 오히려 선호되었기 때문이다.

2등의 고민

1990년대 중반 영화·방송 사업에 진출했던 CJ그룹(당시 제일제당)은 새 밀레니엄의 시작을 상징하는 2000년 초에 또 다른 도전을 강행했다. 2000년 3월, 39쇼핑을 인수하면서 TV 홈쇼핑 사업에 진출한 것이다.* 이듬해인 2001년에는 2차로 홈쇼핑 방송 진출 허가를 받은 현대홈쇼핑, 우리홈쇼핑(2007년 '롯데홈쇼핑'으로 변경), 농수산TV(2010년 'NS홈쇼핑'으로 변경)가 대열에 가세했다.

현대와 롯데 등 백화점을 기반으로 한 홈쇼핑 업체들이 등장과 함께 두각을 나타냈다. 유통 노하우와 브랜드 파워를 적극 활용해 업계를 선도해나갔다. 비슷한 상품이라도 왠지 '백화점 물건'처럼 보이는 후광 효과가 분명히 존재했다.

전통적인 유통 강자들 속에서** CJ는 '이단아'나 다름없었다. 식품산업이나 영화산업에서처럼 잘하든 못하든 시장의 개척자로서 흐

---

* CJ는 1996년에 기존 식품 위주의 사업 구조를 재편해 1) 식품·식품 서비스, 2) 바이오·생명공학, 3) 미디어·엔터테인먼트, 4) 신유통·물류 등 4대 사업군 포트폴리오를 구축했다. TV 홈쇼핑은 '신유통' 분야의 핵심 축이었다.

** 당시 홈쇼핑 1인자였던 LG홈쇼핑(2005년 계열 분리 작업으로 'GS홈쇼핑'으로 상호 변경)도 그룹 내에 유통 인프라를 두고 있었다.

름을 주도해나가던 것과는 상황이 달랐다. 사자들이 무리 지어 다니는 초원에 밀림 속에서 뛰어다니던 고독한 호랑이가 조심스레 발걸음을 내디딘 모양새랄까. 39쇼핑 인수를 단행한 지 2년여 만인 2002년, 사명을 바꾸고 새롭게 태어난 CJ홈쇼핑은 그럭저럭 2인자 자리를 지키고는 있었지만 고민이 깊었다. 확실한 경쟁우위를 확보하기 위해서는 강력한 차별화 전략이 필요했다. 업계를 둘러싼 상황도 빠르게 변화하고 있었다. 2003년 이후 신용카드 거품 붕괴와 가계 구매력 저하 등으로 소비 심리가 위축되고 케이블 시청 가구 수의 증가세마저 둔화되자 거침없이 질주하던 홈쇼핑 업계도 만만찮은 타격을 입은 것이다.[*]

관점을 달리해보면 어떨까? CJ는 TV 홈쇼핑을 유통업자가 아닌 식품과 미디어 콘텐츠를 다뤄온 기업의 시각에서 바라보기로 했다. 기존 유통 강호들에게 TV 홈쇼핑은 또 다른 판매 채널이었지만, CJ에게는 방송과 유통의 결합으로 빚어진 '하이브리드 콘텐츠'였다. 오랫동안 식품사업을 하며 마케팅 트렌드를 누구보다 빠르게 읽어온 경험, 대중의 취향을 다양한 문화콘텐츠로 엮어온 경험을 한데 녹일 수 있지 않을까? 경쟁자들이 탄탄한 유통 네트워크와 브랜드를 주무기로 내세운다면, CJ에게는 라이프스타일의 흐름을 재빨리 파악해 상품화할 수 있는 노하우라는, 뚜렷이 차별되는 자산이 있었다.

"상품이 아니라 트렌드와 라이프스타일을 팔자."

---

[*] 박성진, 『한국의 TV 홈쇼핑』, 커뮤니케이션북스, 2009

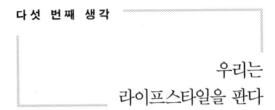

우리는 라이프스타일을 판다

CJ홈쇼핑은 '트렌디 라이프스타일 쇼퍼 위드 밸류Trendy Lifestyle Shopper with Value'라는 비전을 내걸었다. 지금 이 순간 사람들이 원하는 삶의 방식을 파악하고 그 라이프스타일을 풍부한 재미와 정보를 담은 가치 있는 콘텐츠로 제시한다는 것이 요지였다.

"가령 '오토캠핑'이 화두라고 치죠. G마켓, 옥션, SK 11번가에서 텐트만 판다면, CJ는 달랑 텐트만 파는 게 아니라 오토캠핑을 주제로 그런 라이프스타일에 필요한 모든 걸 구성해보는 식으로 접근했어요. 캠핑용품이 아니라 오토캠핑이라는 라이프스타일 자체를 판매한다는 시각에서 다가갔던 것이죠."

— (전)CJ오쇼핑 경영전략실 서장원 상무

CJ의 쇼호스트는 텐트의 튼튼함을 반복적으로 외치는 대신 텐트를 치고 가족들과 바베큐를 해먹는 모습, 의자에 앉아 편안하게 쉬는 모습 등 사람들이 실제로 어떻게 오토캠핑을 즐기는지를 보여주었다. 다분히 '감성 가치'를 중시한 접근이었다. 상품의 기능이나 가격보다는 일상에서 느끼는 소소한 재미가 부각되자 고객들은 긍정적인 반응을 보였다. 노골적인 상품 홍보 없이도 사람들의 시선을 충분히 사로잡을 수 있다는 자신감이 생겼다.

'홈쇼핑은 TV 리모컨 싸움이다.' 광고가 나오는 사이 채널을 이리저리 바꾸는 '재핑타임zapping time'에 승부를 걸어야 하는 TV 홈쇼핑의 '숙명'을 가리키는 표현이다. 당시에는 '낚시성' 구매를 유도하는 행위가 아니면 물건을 팔 수 없다는 인식이 업계 전반에 깔려 있었다.* 하지만, 감성 가치를 충분히 담아낸 매력적인 콘텐츠를 만들어낼 수만 있다면 굳이 소비자들을 '낚을' 필요가 없지 않을까?

홈쇼핑에 엔터테인먼트를 입히다

'감성 충만한 미디어 콘텐츠로 재핑의 굴레를 벗어난다.' 이는 미디어 구루 출신으로 원조 기업 HSN을 제치고 홈쇼핑의 제왕이 된 QVC의 배리 딜러조차도 생각지 못했던 '끼 있는' 시도였다. 그런데 감성을 제대로 전달하려면 전달 방식에 있어서도 차별화를 꾀할 필요가 있었다. 노란 서류 봉투에서 맥북에어를 꺼내 들어 가장 얇은 노트북이라는 강점을 부각시킨 스티브 잡스의 일화를 들먹이지 않더라도 홈쇼핑에서 프리젠테이션 스킬은 무척이나 중요하다.

일부러 기다렸다가 챙겨 보는 프로그램, 즉 예능 버라이어티 쇼

---

* 알 만한 사람은 아는 상식이지만, 홈쇼핑의 채널 번호는 가장 시청률이 높은 지상파 채널의 사이사이에 배치돼 있다. 국내 홈쇼핑 출범 초기에는 고정된 채널을 배정받았지만 이후에는 지역의 중계 유선 사업자들과 채널 배정에 관한 협상이 가능해졌다.

나 토크쇼, 드라마 등에서 배울 점들이 많았다. 가장 먼저 간판으로 내세울 만한 출연자를 열심히 물색했다. 홈쇼핑의 주인공은 언제나 '상품'이지만 방송의 재미와 설득력을 더하기 위해서는 화제성과 실력을 겸비한 주인공 캐릭터가 따로 필요했다.

고르고 골라 낙점한 인물은 왕년의 스타 방송인 왕영은. 또랑또랑한 목소리와 알기 쉬운 설명으로 유명한 방송인이었지만 결혼 후 육아에 주력하면서 자연스레 방송에서 멀어진 터였다. 왕영은 씨는 그렇게, 똘똘한 방송인 출신의 살림 잘하는 주부라는 '캐릭터'를 입었다.

2007년 9월, 〈왕영은의 톡톡 다이어리〉가 브라운관에 등장했다. 상품 판매 방송이 아니라 주부들을 대상으로 한 '토크쇼'로 콘셉트를 잡았다. 왕영은 씨가 상품에 대해 알기 쉽게 설명해주면 전문 쇼호스트가 질문을 던지면서 얘기를 주거니 받거니 하는 식으로 소비자들에게 상품 정보를 꼼꼼하게 제공했다. 방송 시간도 토요일 아침 8시 20분으로 고정했다.

상품은 프리미엄 주방 브랜드. 그러나 방송에서는 상품 정보 말고도 주부들이 솔깃해할 각종 라이프스타일 콘텐츠가 풍부하게 제공됐다. 이러저러한 상품들로 어떻게 살림을 더 잘할 수 있는지, 다시 말해 '살림 9단' 노하우를 가르쳐주는 '쇼'라고 할 수 있었다. 기존에는 10분을 넘지 않던 상품 소개를 30분에 걸쳐 진행했는데도 재미있다는 반응이 쏟아졌다.

일반 홈쇼핑에서는 보기 힘든 고가의 제품들을 주로 소개하다 보니 처음에는 판매에 대한 걱정이 많았다. 그런데 수십만 원대의 그릇과 냄비 세트 5~6천 개가 1시간 만에 팔려나갔다. 치밀한 구성과 연출, 명확한 캐릭터가 단순한 홈쇼핑 프로그램이 아니라 어엿한 방송 콘텐츠로서의 매력을 뿜어내면서 상품을 대놓고 부각시키지 않고도 판매 효과를 높인 것이다. 우연히 왕영은 씨의 얼굴을 발견하고 이 프로그램을 보는 이들이 많아지는 바람에 재핑 수치가 오히려 높게 나타나는 긍정적인 부작용까지 나타났다.

"사실 미국의 홈쇼핑은 쇼호스트를 잘 안 잡아줍니다. 그런데 우리는 진행자(쇼호스트), 게스트가 모두 카메라를 바라보면서 고객에게 얘기하듯이 진행했어요. 시청자들이 일대일로 재미있게 설명을 듣는 느낌을 받도록 방송을 구성한 것이죠. 때로는 출연자들끼리 서로 진지하면서도 경쾌하게 수다 겸 토론을 나누면서 센스 있는 생활 팁을 제공합니다. 이런 점이 바로 쇼퍼테인먼트의 방향이라고 할 수 있겠지요."

— CJ오쇼핑 방송콘텐츠 담당 임호섭 부장

이어서 만든 〈김승현의 이런쇼〉는 특정 형식이 없는 게 특색이라고 할 수 있는 국내 홈쇼핑 사상 최초의 버라이어티 토크쇼였다. 상품을 무대에 배치해놓고 쇼호스트가 이를 중간중간 판매하기도 하지만 그보다는 MC인 김승현 씨가 펼치는 실생활과 관련된 토크가 주를 이룬 프로그램이었다. 고정된 타이틀을 가진 기획 프로그램들이 특정 시간대에 지속적으로 방영되면서 단골 팬들이 생겨났다.

쇼퍼테인먼트, '뉴노멀'이 되다

CJ는 다양한 프로그램에 엔터테인먼트 요소를 확산시켜나갔다. 한 시간에 1~2개의 상품 정보를 최대한 상세하게 전달하되 패션 팁, 요리

강습, 최신 트렌드 등 '유익한 재미'를 담은 요소들을 특화된 코너의 형태로 추가하는 식이었다. 제품 정보에 대해 3~4분 동안 집중적으로 알려주는 인포머셜informatial형태나 상품 소개 위주에 약간의 기교를 덧댄 기존의 대다수 쇼들과 달리 정보와 재미와 배움을 선사하는 이런 방송 프로그램들은 '한국형 쇼퍼테인먼트'라 불리기 시작했다.

〈왕영은의 톡톡 다이어리〉나 2009년 시작되어 쇼퍼테인먼트계의 베스트셀러가 된 〈셀렙샵〉* 같은 간판 프로그램들의 성공으로 쇼퍼테인먼트는 매년 비약적인 성장을 거듭했고, 어느새 다른 채널들이 뒤따라 속속 시도하는 홈쇼핑 방송의 새로운 표준, '뉴노멀new normal'이 됐다. 쇼퍼테인먼트형 프로그램들은 업계 전반의 방송 수준을 끌어올리는 '상향 평준화'를 이뤄냈고, 해마다 가파른 성장세를 보이며 2014년 2610억 원의 취급고**를 기록했다. 이러한 괄목할 만한 성장세를 배경으로 '쇼퍼테인먼트'라는 용어가 2011년 인터넷 포털 사이트 네이버의 오픈국어 사전에 등재됐다.***

---

* 매주 토요일 오전 11시 30분에 방송되는 이 프로그램은 국내에서 쉽게 찾아볼 수 없는 해외 유명 브랜드를 전 세계의 패션 핫플레이스를 가보지 않고도 TV 앞에 앉아서 쇼핑할 수 있게 해주자는 콘셉트로 기획됐다. '셀렙(셀레브리티)'들의 스타일리스트로 유명한 정윤기 씨를 상품 기획자이자 진행자로 투입해 론칭 첫해 34억 원의 매출을 올렸고, 3년째인 2012년에는 700억 원의 매출을 기록하면서 20배 이상의 성장을 일궈냈다.

** 홈쇼핑에서 취급고는 판매한 제품 가격의 총합, 매출액은 홈쇼핑 업체가 벌어들인 금액(이익)을 말한다.

*** 다음과 같이 등재되어 있다. '쇼퍼테인먼트shopper-tainment: 단순히 상품을 판매하던 기존 홈쇼핑 구성에 더해 생활의 팁까지 전수하거나 각종 생활 정보와 함께 어울리는 상품을 소개하는 '쇼핑과 엔터테인먼트'를 합친 말이다.'

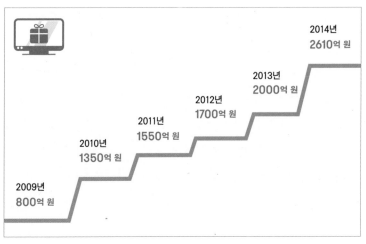

쇼퍼테인먼트형 프로그램 성장 추이

2009년
800억 원

2010년
1350억 원

2011년
1550억 원

2012년
1700억 원

2013년
2000억 원

2014년
2610억 원

*CJ오쇼핑 자료, 취급고 기준

쇼퍼테인먼트의 진화, 쇼핑으로부터의 탈출

2013년 8월 26일, 홈쇼핑 업계를 놀라게 한 작은 사건이 벌어졌다. 상품을 전혀 판매하지 않는 〈O Fashion, F/W 프리론칭쇼〉가 방송에 등장한 것이다. 톱 스타일리스트 한혜연 씨가 진행을 맡고, 배우 한고은과 디자이너 장민영이 게스트로 출연해 최신 트렌드를 짚어주며 '패션 토크'를 벌이고 패션쇼까지 펼친, 쇼핑을 배제한 순수한 패션 방송이었다. 방송이 진행된 오후 시간대(3시 40분~4시 40분)는 주부 고객들이 선호하는 패션과 언더웨어, 이·미용품이 주로 편성되는, 평균 2억 원 이상 주문을 올리는 시간대다. 황금 시간대는 아닐지라도 고정적으로 매출을 올리는 시간대를 상품 판매 방송이 아닌 패션쇼로 꾸몄다는 것은 쇼핑의 틀에 갇히지 않고 즐거움에 집중했다는 점에서 쇼퍼테인먼트의 진화라 할 만했다. 시청자들도 화답했다. 〈프리론칭쇼〉의 시청률은 동일 시간의 타 홈쇼핑 방송 대비 최대 9배를 기록했다.

2014년 선보인 〈FNL SHOWFriday Night Lingerie SHOW〉는 아예 스튜디오에서 탈출했다. 제목에서 유추할 수 있듯, 기획 단계에서부터 tvN의 심야 버라이어티 쇼 〈SNL 코리아〉를 대놓고 벤치마킹한 이 프로그램은, 홈쇼핑 방송에 오락적 요소를 군데군데 가미하는 수준이 아니라 '솔직발칙한 불금 란제리 쇼'라는 콘셉트의 매력적인 콘텐츠로 다가갔다. 홈쇼핑으로는 이례적으로 스튜디오를 벗어나 생방송으로, 호텔 수영장에서 남녀 모델들이 등장해 신나는 풀사이드 파티를 벌이며 색다른 쇼를 만들어냈다. 이에 시청자들은 "예능 프로그램보다 재미있다"는 등의 호평을 쏟아냈다.[*]

글로벌 홈쇼핑 양대 산맥이 된 미디어 기업

현재 세계 1위 TV 홈쇼핑 업체는 미국의 QVC, 2위는 CJ오쇼핑이다.[**] 1986년 설립된 QVC는 홈쇼핑의 원조 기업인 HSN에 1년 뒤늦게 출발한 후발 주자였지만 1990년대 중반부터 1인자로 치고 올라섰다. 역전극을 이끌었던 인물은 미디어 업계의 거물 배리 딜러Barry Diller다. 그는 우연히 친구를 따라 QVC 생방송 스튜디오를 방문했다가 역동적인 판매 현장에서 유통의 미래를 엿보았고, 이 회사에 주저 없

---

[*] "토크·다큐 버무린 '쇼퍼테인먼트'", 「한국경제」, 2014년 7월 11일 자

[**] 2014년 매출액 기준

이 2500만 달러를 투자하며 1992년 CEO로 취임했다.[*] 방송을 잘 아는 배리 딜러가 채택한 사업 전략의 핵심은 상세한 상품 설명을 곁들인 정보 지향적이면서도 편안한 방송 방식, 그리고 유명 브랜드 제품부터 중소기업의 독특한 아이디어 상품까지 망라하는 폭넓은 제품군이었다. 이는 주로 한정 수량의 저가 상품들을 대폭 할인해 판매하면서 '마감 임박'을 외치는 압박 방식을 구사한 HSN과 뚜렷하게 차별된 전략이었고, 곧 경쟁우위로 굳어졌다. QVC와 CJ오쇼핑, 두 기업 모두 '미디어 DNA'를 지닌 업계 후발 주자로서, 차별화된 판매 방식으로 업계 판세를 바꿨다는 공통점을 갖고 있다.[**]

CJ오쇼핑은 2004년 4월, 중국에서 합작 법인 형식인 동방CJ를 출범시키며 글로벌 진출에 나섰다. CJ와 함께 동방CJ를 출범시킨 파트너는 국영방송 CCTV의 뒤를 잇는 중국 내 2위 민영 방송국 상하이미디어그룹(SMG). TV, 라디오, 신문, 잡지 등 각종 미디어는 물론이고 스포츠 구단까지 소유한 대기업이다. TV 홈쇼핑 비즈니스의 성장 가능성을 조심스레 엿보고 있던 SMG는 CJ에게 먼저 손을 내밀었다.[***] SMG도 제조업에 강점을 둔 다른 한국 기업과는 달리 '문화 한류'의 첨병이라는 점을 높이 샀다.[****]

동방CJ가 "중국 동방CJ를 거치지 않으면 상하이에서 물건을 팔 수 없다"[*****]는 표현이 탄생할 정도로 성공을 거둔 데는 역시 '쇼퍼테인먼트'

* 김창현, 앞의 책
** CJ오쇼핑은 2012년부터 매출액 기준 국내 1위를 유지해오고 있다.
*** SMG와 CJ의 지분 비중이 51대 49의 구도로, 전문 경영인은 CJ가 맡는 조건이었다.
**** "Case Study: CJ오쇼핑의 글로벌 전략", 「DBR」, 2015년 1월, 162호
***** 조정래, 『정글만리 3』, 해냄, 2013

의 힘이 컸다. CJ가 중국에 진출할 당시, 중국 TV 홈쇼핑 업계에는 인포머셜 등 재미보다는 상품 광고와 정보에 치중한 방송 프로그램이 주를 이루고 있었다. 동방CJ가 K팝을 중간중간에 넣거나 tvN의 '꽃보다' 시리즈를 활용한 동영상을 보여주는 등 엔터테인먼트 요소를 적극 활용하자, '뭔가 다르다'는 반응이 쏟아졌다. 미디어 기업다운 콘텐츠 제작·운영 역량이 유통을 기반으로 진출한 국내 기업들이나 현지 업체들과 차별되는 경쟁력으로 작용한 것이다.

PB에 가치를 담다

『욕망을 기획하라』라는 책에서 홈쇼핑 상품 기획자인 저자가 마케팅의 대가 필립 코틀러 교수의 이론을 빌려 강조했듯이, 한국의 홈쇼핑은 미국의 인포머셜처럼 제품의 기능을 나열하는 '마케팅 1.0'의 시대가 지나가고 도래한, 지능과 감성을 소구하는 '마케팅 2.0'을 실천하는 모범 사례로 칭송받을 만하다. 이 같은 흐름을 주도해온 CJ는 정체성을 확고히 하기 위해 2009년 5월, 브랜드명(회사명이기도 함)을 변경하는 강수를 두었다. 새 이름은 'CJ오쇼핑'이었다. '오(O)'는 인터넷 기반의 편리한 쇼핑online, 최적의 제품과 서비스optimum, 언제 어디서나 쇼핑을 즐길 수 있게 하는 다양한 채널omnipresent을 뜻하는 글자로, CJ 경영 철학의 핵심인 '온리원Only One'의 의미도 품고 있었다.

CJ는 쇼퍼테인먼트라는 차별화된 전달 형식을 개발, 발전시키는 한편, 제품 자체의 차별화 측면에서도 노력을 기울여왔다. TV 홈쇼핑 영역에서는 유통업계의 전통 강호들도 시도하지 못했던 프라이빗 브랜드Priavate Brand; PB 영역에 일찌감치 도전해 굳건한 아성을 구축한 것이다.

홈쇼핑 방송을 유심히 지켜보지 않는 사람이라면 어느 채널이든 상품 구성이 유사하다고 생각하기 쉽다. CJ의 경우에도 2010년 기준으로 오로지 CJ에서만 판매되는 온리원 브랜드의 비중은 6.2%에 불과했다. 그런데 2013년부터는 자체 브랜드의 비중이 30%대를 넘어섰다. CJ의 대표적인 온리원 브랜드로는 캐비아(철갑상어 알)를 원료로 한 화장품 '르페르', 스칸디나비아 디자인의 주방용품 '오덴세' 등이 있다.

사실 유통업계에서 PB 상품은 '흔한' 차별화 전략의 산물이다. 전문업체와 제휴해 독자적으로 개발한 PB 상품을 판매하면 비용이 줄어들고 유통경로가 단축되므로 아무래도 일반 상품에 비해 가격이 저렴해진다. 소비자로서는 선택의 폭이 넓어지고 제공업자로서는 마진을 더 많이 챙길 수 있는 셈이니 하지 않을 이유가 없었다. 그러나 전투적인 가격 경쟁 속에 '프라이빗' 브랜드라는 이름이 무색할 정도로 대동소이한 물건들이 쏟아져 나오면서 고객들에게 남다른 제품으로 인정받지 못했다.

CJ는 PB를 단순히 합리적인 가격을 내세운 실속형 상품군으로 보지 않았다. 저렴한 가격과 적당한 기능에 초점을 맞추기보다는 감성적인 만족을 주는 전략 상품이 되어야 한다고 생각했다. 그 생각을 실천한 첫 번째 행보는 2001년으로 거슬러 올라간다.

'가치'를 담은 PB 브랜드, 피델리아

- 탄생 15돌(2001년 론칭)
- 홈쇼핑 사상 최장수, 최대 매출 브랜드(연매출 300억 원대, 2014년 말 기준 누적 매출 약 5230억 원)
- 현재 주축 디자이너(프리미엄 라인): 베라 왕Vera Wang
- 중국, 인도 등 해외 시장 진출, 서울, 파리 등 각종 패션쇼 출품

CJ오쇼핑의 자체 브랜드로 15년 가까이 사랑받고 있는 피델리아 Fidelia의 당당한 프로필이다. 유행이 빠르게 변하는 바람에 단명하는 소소한 브랜드가 부지기수인 패션 계통에서, 그것도 홈쇼핑이라는 영역에 국한된 단일 브랜드가 10년이란 세월을 훌쩍 넘겨 명맥을 제대로 이어가고 있다는 점은 인상적이다. 자타가 공인하는 장수 PB 브랜드로 자리잡은 피델리아의 성공 비결은 무엇이었을까. 크게 두 가지 전략이 주효했다.

'가격 대비 괜찮은' VS '아름답고 고급스러운'

피델리아는 론칭 때부터 기능이나 디자인 면에서 확실히 차별되는 프리미엄 PB 브랜드로 포지셔닝했다. 중요한 것은 어떤 방법으로 프리미엄 이미지를 구축하느냐의 문제였다. 브랜드 인지도가 전혀 없는 상황에서 단순히 ODM이나 OEM 방식*으로 접근하면 효과가 없을 게 뻔했다. 이미 강력한 브랜드를 지닌 디자이너를 간판으로 내세우기로 했다. 이름 없는 실력파도 아닌, 떠오르는 신성도 아닌, 현존하는 최상급 디자이너를 원했고, 국내를 대표하는 패션 디자이너 이신우와 손을 잡았다. 그저 이름만 빌리는 게 아니라 그를 실질적인 크리에이티브 디렉터로 삼는 컬래버레이션이었다. 그렇게 홈쇼핑 진출 두 번째 해인 2001년, '디자이너 속옷 브랜드'라는 콘셉트를 홈쇼핑 무대에서 처음으로 선보이며 피델리아를 론칭했다.

타깃 고객층은 40대 여성. 4세트 99,000원. 일반 제조업체 브랜드National Brand; NB보다도 가격대가 높은 편이었지만 반응은 뜨거웠다. 많은 여성들이 '가격 대비 괜찮은' 속옷이 아니라 '아름답고 고급스러운' 디자이너 속옷을 원했다. 여성들은 자신이 추구하는 '가치'가 담긴 상품을 즐겁게 소비했다.

피델리아의 성공적인 입성으로 홈쇼핑 업계에서는 PB 상품 개발이 유행처럼 번졌다. 이름 있는 디자이너들과의 컬래버레이션 프로젝트도 여러 분야에서 폭넓게 인기를 끌었다. 그러나 세계 경영학계

---

* ODMoriginal development manufacturing은 제조업자가 상품을 개발해 유통업체에 제공하는 방식이며, OEMoriginal equipment manufacturing은 유통망을 갖춘 주문업체에서 자사에서 요구하는 상품을 제조업체에 위탁하여 완성품을 자사 브랜드로 판매하는 방식으로, '주문자상표부착생산'이라고도 한다.

의 주목을 받고 있는 컬럼비아 대학의 리타 건터 맥그래스 교수가 주장했듯이, 엄청난 특허와 기술을 장착한 하이테크 기업이 아니라면 오늘날 대부분 기업들의 경쟁우위는 '단기적'이기 쉬운 게 현실이다.[*] CJ는 경쟁력을 강화하기 위해 피델리아의 핵심 전략인 '컬래버레이션'을 더욱 밀어붙였다. 그렇게 태어난 것이 피델리아의 간판, '베라 왕 포 피델리아Vera Wang for Fidelia'다.

'프리미엄'과 '컬래버레이션'을 확장하다

미국의 대형 유통업체 타깃Target이 뉴욕 출신 스타 패션 디자이너인 아이작 미즈라히의 디자인 라인을 론칭했듯이 글로벌 톱 디자이너를 컬래버레이션 파트너로 영입하면 괜찮지 않을까 하는 아이디어였다. 명품 웨딩드레스 디자이너로 유명한 베라 왕이 새로운 라인을 이끌 후보로 떠올랐다. 인지도 조사를 했더니 상당히 높게 조사됐다. 실용적이고 저렴한 패션 브랜드를 만든 경험이 있는 베라 왕은 마침 란제리로는 뚜렷한 족적을 남긴 이력이 없었다. 기회였다. 이 협업 건을 진행했던 담당자 CJ오쇼핑 김수형 MD는 베라 왕을 만나기 위해 뉴욕행 비행기에 올랐다.

베라 왕은 기회를 포착할 줄 아는 사업가형 디자이너였다. 그녀는 새로운 채널을 통해 란제리 영역에 도전해볼 수 있다는 점, 그리고 라이선스 형태로 이름만 빌려주는 게 아니라 자신이 크리에이티브 디렉터로서 디자인에 적극 관여하는 사업 방식에 호감을 보였

---

[*] "스페셜 리포트: 리타 건터 맥그래스 강연 및 토론", 「DBR」, 2015년 1월, 168호

다.* 그렇게 해서 2012년 4월, '베라 왕 포 피델리아'가 첫선을 보였다. 프리미엄 라인으로 기획된 만큼 가격과 구성부터 달랐다. 당시 홈쇼핑 란제리 류의 경우, 8종 세트를 14만 9천 원에, 12종 세트를 16만 원대에 판매하는 '다종 전략'이 주를 이루고 있었는데, 베라 왕 라인은 프리미엄의 이미지를 살리기 위해 4종 세트를 23만 8천 원에 내놓는 모험을 감행했다.

홈쇼핑 최초의 고가 PB 라인이었던지라 평소의 방송 진행 방식으로는 시청자를 사로잡기 어려울 듯했다. 색다른 란제리 방송을 만들어보기로 했다. 일반적으로 홈쇼핑에서 란제리를 판매하면 제품을 입힌 마네킹을 갖다 놓고 장황하게 설명을 하는 데 비해, 베라 왕 포 피델리아 판매 방송에서는 쇼호스트들이 근사한 차림새로 등장해 줄곧 베라 왕에 대해서만 떠들어댔다. 가격이니 상품 구성이니 하는 요소들에 대해서는 일절 언급하지 않고 30분가량을 오로지 베라 왕이 얼마나 대단한 디자이너인지 얘기하는 데에만 할애한 것이다.

"보통 10분 정도 상품을 소개하고 그다음 10분은 주문을 유도하고, 그런 패턴을 반복하죠. 그런데 베라 왕 첫 방송 때는 그녀의 작품들과 단골 고객인 셀럽들의 모습을 계속 보여주고 그녀가 직접 디자인하는 모습이 담긴 영상을 공개했어요. 그렇게 한참을 가다가 시청자들이 점점 빠져들어 '클라이맥스' 상태에 이르렀을 무렵, 비

---

* 샤넬의 수석 디자이너 칼 라거펠트가 H&M과, 독일 명품 브랜드 질 샌더가 유니클로와 손잡은 사례에서도 볼 수 있듯이 세계적인 디자이너들도 자신의 영향력을 확인할 수 있을 뿐만 아니라 모든 소비 계층에 다가갈 수 있는 대중적인 컬래버레이션을 선호하는 경우가 많다.

로소 주문을 받기 시작했습니다. 방송 종료를 15분쯤 남겨두고 말이죠."

— CJ오쇼핑 언더웨어 · 침구팀 김수형 MD

주문이 쏟아졌다. 첫 방송에서 준비했던 5200세트가 완판됐다.* 수천만 원을 호가하는 드레스를 만드는 베라 왕이 디자인한 고급스러운 란제리를 합리적인 가격대에 제공하는 똑똑한 컬래버레이션 프로젝트는 그렇듯 폭발적인 호응을 얻었고, 덕분에 피델리아는 홈쇼핑 업계에서 '최장수, 최대 매출을 자랑하는 브랜드'로 입지를 굳혔다.**

---

* 당시에는 신제품 론칭 때 대개 평균 5천 세트가 판매되면 '성공작'으로 간주됐다(10시 프라임 타임 기준).

** 베라 왕 라인은 론칭 4년 차를 맞이한 현재 21만 8000원대(정가)를 기준으로 판매되고 있으며, 피델리아 매출의 40% 이상을 차지한다.

홈쇼핑의 탈출은 무죄

"사람들은 삶의 속도에 적응하는 쇼핑 방법을 바란다." 『쇼핑의 유혹』의 저자 토머스 하인의 말이다. 홈쇼핑 산업을 이야기할 때 놓치지 말아야 할 중요한 흐름은 플랫폼 환경을 둘러싼 변화다. 최근 전 세계적으로 인터넷, 모바일 쇼핑이 급성장하고 있다. 세계 최대 규모를 자랑하는 중국의 매머드급 전자상거래 기업 알리바바Alibaba가 그 기폭제 역할을 하고 있다. 아직까지 인터넷, 모바일 수익 비중은 크지 않지만 국내 홈쇼핑 업체들에게도 이러한 흐름은 놓칠 수 없는 기회이자 만만치 않은 도전이다.

모든 기기들이 서로 연결되는 '사물 인터넷' 시대에는 홈쇼핑도 굳이 사각의 스크린을 장착한 TV라는 판매 창구에 갇힐 필요가 없다. 예컨대 CJ오쇼핑의 쇼핑 콘텐츠에 접근할 수 있는 지능형 가전제품으로 요리를 하는 도중에, 스마트 워치를 차고 조깅을 하면서 물건을 사는 행위가 얼마든지 가능한 시대다. 다시 말해 홈쇼핑은 지금 '홈'이라는 단어를 확실하게 떨쳐낼 수 있는 기회를 맞이했다.

2014년 국내 인터넷 쇼핑 규모는 44조 원으로 추산된다. 이중 모바일 쇼핑 비중이 32%(14조 원)에 달하는데, 이 비중은 갈수록 커질 전망이다.* 국내 홈쇼핑 기업들로서는 내수 시장은 물론 궁극적으로 글로벌 시장에 대한 미래의 청사진을 희망적으로 그려보기 위해서는 이러한 상황을 염두에 둔 행보를 펼칠 수밖에 없다. 주요 홈쇼핑 업체들이 급변하는 유통 환경에 적극적으로 대응해 인터넷몰과 모바일앱 사업을 확대하면서 빠르게 진화를 꾀하고 있는 이유다. 예컨대 평일 저녁 6시~밤 12시까지 주문이 가장 많은 모바일 매출 행태를 감안해 홈쇼핑 업체들은 이 시간에 모바일 쇼핑족을 겨냥한 마케팅을 맹렬히 펼치고 있다.

　　사실 요즘 국내 홈쇼핑 업계는 생태계를 둘러싼 변화의 급물살 속에서 수익성 악화로 고전하고 있다. 인터넷과 스마트폰 대중화, 그리고 T커머스(TV방송을 보다가 리모컨으로 물건을 구매할 수 있는 양방향 쇼핑 채널)까지 가세하면서 경쟁은 점점 더 치열해지고 있다. 하지만 적어도 국내 홈쇼핑 기업의 모바일 매출 비중은 계속 증가세를 타왔다는 점을 기억할 필요가 있을 것 같다.** 지금 홈쇼핑 업계는 그 어느 때보다도 창의적이고 유연한 전략으로 '반전'을 모색해야 한다. 차별화된 상품·서비스와 브랜드 전략으로 내실 다지기에 나서면서도 모바일 플랫폼과 해외 사업에 적극 투자해야 할 때다. 전반적인 소매 유통업의 성장세가 둔화된 와중에도 국내 TV 홈쇼핑 산업이 수년간 두 자릿수 성장세를 이어오며 14조 원에 육박하는

---

* 2014년 CJ오쇼핑의 모바일 취급고는 6000억 원을 넘어섰다.

** 2013년 5% → 2014년 9%. 김민지, "이제 더 이상 '홈쇼핑'이 아니다", 이트레이드증권보고서, 2013년 11월 19일

시장을 형성한 것*은 이처럼 유연하게 상황 변화에 대처해온 덕분이었지 않은가.

모바일 쇼핑의 편의성이 더해질수록 '평판 자본'의 가치가 커질 것이라는 의견은 설득력 있게 들린다. 인터넷 시대에서는 '검색'이 핵심이었다면 모바일 시대에서는 '구독subscription'이 가장 중요한 구매의 잣대이자 동기라는 논리다.** 추천이 모여 평판이 되고, 평판이 쌓이면 이를 기반으로 한 특정 구독 채널을 믿고 사는 소비자들이 점점 많아진다는 얘기다. 케이블 TV는 물론이고 인터넷, 모바일 등 멀티 플랫폼에 맞춰 유연하게 쇼핑 콘텐츠를 선별하고 편집할 줄 아는 홈쇼핑 브랜드들은 이러한 구독 경쟁에서도 결코 불리한 입장에 처해 있는 것은 아니다. 브랜드 콘텐츠를 가진 쇼핑 채널로서는 거느리는 플랫폼이 많을수록 좋을 테니 말이다.

CJ오쇼핑은 일찌감치 '홈' 대신 '오'를 선택했듯이 TV 홈쇼핑이라는 꼬리표를 떼어내고 경계 타파에 적극적으로 나서고 있다. 온라인 강자들이 오프라인 인프라를 활용하고 전통적인 오프라인 업체들은 온라인 전략을 가열차게 펼치는 식으로 전개되고 있는 유통 채널 간의 통합 움직임에 앞서고 있는 것이다. 2015년 봄부터 PB 상품인 르페르 화장품을 기존의 TV와 온라인, 모바일앱 채널에 더해 '방문 판매' 방식에도 손을 대는 행보가 대표적인 예다. 무점포 채널에서 벗어나 오히려 오프라인으로도 영역을 확장하는 것이다.***

---

* 2014년 GS, CJ, 현대, 롯데, NS, 홈앤쇼핑 등 6개사 합산 취급고 기준. "뻐꾸기시계·리모컨으로 시작한 '방송 판매'… 14조 시장 일구다", 「서울경제」, 2015년 4월 20일 자

** "2014년 트렌드", YTN 「FM 94.5 김윤경의 생생경제」, 2014년 12월 26일

*** "백화점은 PC 안으로 인터넷몰은 PC 밖으로… 유통가 '온-오프' 채널 파괴 가속", 「국민일보」, 2015년 2월 13일 자

이처럼 홈쇼핑 서비스를 오프라인 매장까지 확대한 소위 'O2O(Online to Offline)' 현상과 더불어 '모바일', '글로벌'이라는 세 가지 흐름은 당분간 기존 업계의 변신을 촉구하는 키워드로 작용할 것으로 보인다.[*]

TV 밖으로 뛰쳐나가며 영역을 넓히고 있는 홈쇼핑의 미래는 어쩌면 그냥 쇼핑의 미래일지도 모르겠다. 차별화된 경쟁력만 탈출하도록 두지 않는다면.

---

[*] "위기의 홈쇼핑 업계 반전카드 찾았다", 「이코노믹리뷰」, 2016년 3월 29일 자 인터넷판

한류노믹스를
꿈꾼다

K컬처의 기폭제, MAMA와 KCON

경제적 관점에서 문화는 곧 가치를 뜻한다.

기 소르망(프랑스의 사회학자)

MAMA에 대한 '오해'

"아시아 사람들 모두가 좋아하는 K팝인데, 시상식도 외국에 나가서 하면 어때?"

 해마다 연말이면 아시아 언론의 헤드라인을 화려하게 장식하는 MAMAMnet Asian Music Awards. 이 행사의 전신은 CJ의 음악 채널 엠넷 Mnet이 10여 년간 진행해온 국내 음악 시상식이었다. 2010년, CJ가 이 시상식의 무대를 바다 건너로 옮기자, 대중은 물론 업계 관계자 들마저 대부분 어이없다는 눈초리를 보냈다. '왜 우리나라 시상식을 남의 나라에 가서 해?', '돈이 남아 도나?', '너무 과한 거 아니야?' MAMA는 온갖 파격으로 점철된 CJ의 긴 여정에서도 가장 뜬금없 는 행보로 비쳤던 것이 사실이다.

 그런데 어느새 상황이 반전됐다. MAMA는 어엿한 글로벌 행사 로 발돋움했다. 적어도 아시아 최대 규모의 음악 시상식이자 축제 로 자리매김한 MAMA의 존재 자체에 의문부호를 다는 이들은 이제 많지 않다.

"'왜'에 대해 설명하지 않아도 되는 국면이지요. 처음에는 다들 안 된다고 했지만, 지금은 CJ가 선견지명이 있다고 할 정도로 반응이 좋고, 브랜드 가치 또한 큰 행사입니다."

— 정은일 CJ E&M Mnet 콘텐츠마케팅 팀장

장장 여섯 시간에 걸친 쇼를 보러 온 1만여 명의 다국적 관객들이 공연장을 가득 메우고, 6800만 명 이상이 사전 온라인 투표에 참여하는데 그중 한국인의 비중은 8.2%로, 10%를 넘지 않는다.* 그런데도 외양은 번지르르하지만 내실은 별로 없는 '빛 좋은 개살구'가 아니겠냐는 일각의 인식은 여전하다. 매머드급 무대는 물론 대대적인 홍보와 보안, 참가자들의 항공편과 숙소 제공에 이르기까지, 수준 높은 이벤트를 연출해내는 모든 요소들은 '비용'과 직결되니 오해를 살 만도 하다. MAMA에는 웬만한 영화 한 편을 만드는 비용에 맞먹는 수십억 원의 예산이 가뿐히 소요된다. 그것도 단 하루짜리 단발성 행사에.

초기 출혈이 상당하리라는 건 CJ도 충분히 짐작했던 바다. 그런데도 심지 굳게 밀고 나갔던 데는 그럴 만한 이유가 있었다.

한류 2.0시대의 전략적 플랫폼

2000년대 후반, K팝의 시대가 도래했다. 〈겨울연가〉와 〈대장금〉 등

---

* MAMA 2015 홈페이지 투표 사이트 참고

K드라마가 한류 1.0을 이끌었다면 동방신기, 소녀시대, 빅뱅, 카라 등 아이돌 스타들을 앞세운 K팝으로 한류 2.0시대가 펼쳐졌다.* 한류는 '컬처 얼리 어댑터culture early adapter'들을 위한 마니아 문화가 아닌 어엿한 아시아의 대중문화로 자리 잡아갔다.

좋아하는 스타를 가까이에서 보기 위해 한국행 비행기에 오르는 열혈 팬들이 갈수록 늘어났다. 한류 스타들도 공연이나 팬사인회를 하기 위해 빈번히 해외로 나갔다. CJ는 이처럼 갈수록 커지는 해외 한류 팬들의 수요에 주목했다. 이들의 갈증을 시원하게 풀어줄 최적의 콘텐츠를 고민하기 시작한 것이다. 여러 아티스트들이 한자리에 어우러지는 신나는 축제라면 어떨까?

CJ에게는 이미 경험이 있었다. 바로 MAMA였다. MAMA의 시작은 1999년 '엠넷 영상음악대상'으로 거슬러 올라간다. 2000년 '엠넷 뮤직비디오 페스티벌', 2006년 '엠넷 KM 뮤직페스티벌(MKMF)'로 이름을 바꾼 것에서 알 수 있듯이, CJ는 이 행사를 단순한 시상식이 아닌 '축제'로 키워오고 있었다.** 해를 거듭하면서 행사는 음악뿐 아니라 영화, 패션, 라이프스타일로 연결되는 확장성 있는 콘텐츠로 자리매김했다. 시상자로 나온 배우들의 출연작이 자연스럽게 알려지고, 참여한 스타들의 패션과 메이크업이 소개되고, 그들의 일거수일투족이 한층 주목을 받으면서 한국의 라이프스타일도 전해진 것이다. 한마디로 즐길 거리가 풍성한 '종합선물세트'였다.

---

* 매일경제 한류본색 프로젝트팀, 『한류본색』, 매일경제신문사, 2012
** MAMA로 이름을 변경한 해는 2009년이다.

오스카노믹스, 시상식의 경제학

잘 만들어진 시상식의 영향력은 그야말로 막강하다. 시상식의 '원조' 격으로, 매년 LA에서 개최되는 아카데미 시상식(오스카)의 경우, 연간 수익이 9000만 달러에 육박한다.[*] 단 하루의 시상식이라 올림픽 같은 매머드급 스포츠 행사처럼 유휴 인프라에 대해 걱정할 필요가 없지만 글로벌 스타들을 내세운 화려한 쇼에 몰리는 시선만큼은 엄청나다. 정기적으로 개최되면서 고정 팬들을 확보한 막강 브랜드로 자리 잡았고, 이런 브랜드 파워 덕분에 '오스카노믹스Oscarnomics'라는 용어까지 만들어졌다.[**]

CJ는 MAMA를 해외로 내보내기로 했다. 한 장소에서 동시에 보기 힘든 다양한 K팝 스타들을 해외 팬들이 보다 가깝게 접할 수 있는 기회라는 점에 더해, 이 행사를 통한 장기적인 시나리오도 그리고 있었다. 이러한 글로벌 무대를 통해 재능 있는 새로운 아티스트들을 소개한다면 한국 대중음악의 폭과 깊이를 보여줄 수 있으리라는 생각이 그것이었다. 그렇게만 된다면 어느 소속사의 아무개 아티스트 때문이 아니라 'K팝'이라는 브랜드만으로도 해외 팬들이 설레고 열광하는 풍경이 가능할 것 같았다.

[*] 2012년 미국 영화예술과학아카데미(AMPAS) 조사 기준

[**] "작년 여우주연상 제니퍼 로런스 드레스 값만 4300만 원", 「중앙일보」, 2014년 3월 1일 자

"음악산업의 경쟁력과 판을 키우기 위해서는 아이돌뿐 아니라 힙합, 록, 인디 밴드도 고루 실력을 높여야 하고, 이들을 글로벌로 진출시킬 수 있는 플랫폼도 마련되어야 합니다. 영화산업과도 비슷하죠. 영화산업 전체의 발전을 위해서는 코미디, 드라마뿐 아니라 SF 블록버스터도 찍고, 독립영화도 만들어 다양성을 키워야 하니 말입니다. 영화에 이어 음악 콘텐츠를 다룸에 있어서도 CJ는 산업화 차원의 브랜딩이라는 큰 프레임에서 접근했던 것이죠."

— CJ E&M Mnet 콘텐츠 부문 신형관 상무

시상식과 축제의 종합적인 특성을 잘 활용한다면 패션, 뷰티, 음식 등 한국 대중문화의 면면에 대한 수요까지 이끌어낼 수 있다는 계산도 섰다. MAMA는 K팝의 입지를 단단히 하고 K컬처를 확산시킬 수 있는 꽤 괜찮은 플랫폼인 셈이었다. 그리고 이러한 방향은 CJ가 줄기차게 추구해온 한국 문화산업의 세계화와도 맞닿아 있었다.

"K컬처를 세계인의 심장에 새기자."

한류노믹스를
꿈꾼다

그렇다고 수익을 염두에 두지 않은 것은 아니었다. CJ는 MAMA를 K팝을 알리기 위한 마케팅 수단이 아니라, 그 자체로도 지속적인 수익을 창출해낼 수 있는 문화 상품으로 기획했다. 이러한 접근에는, 그래미Grammy나 오스카Oscar의 예를 봐도 알 수 있듯이, 축제 분위기가 물씬 나는 글로벌 시상식이 장기적으로 꽤 괜찮은 비즈니스 모델이 될 수 있다는 확신이 버티고 있었다. SM엔터테인먼트나 YG엔터테인먼트 같은 우리나라 대형 기획사들이 개별 아티스트의 발굴과 양성에 발군의 실력을 발휘해왔다면, 이들의 부가가치를 최대치로 끌어올리는 산업적 플랫폼은 시스템 구축과 네트워크 운영에 강한 기업의 몫이라는 사명감도 한 축을 담당했다.

CJ는 문화사업 진출 초기부터 한국을 비롯한 아시아의 문화가 언젠가는 영미권 중심의 문화 패러다임을 깨고 당당하게 맞설 만한 경쟁력을 가졌다는 믿음을 지녀왔다. 그래서 MAMA에도 '아시아의 축제'라는 수식어를 붙였다. 첫 진출지는 마카오였다. 마땅한 장소를 찾는 것 자체가 쉽지 않은 상황에서 공연장 등 인프라가 탄탄한 데다 스폰서를 구하기도 비교적 어렵지 않은, 최적의 장소였다. 그 시점에서는 물론 미래의 수요를 내다보더라도 중화권은 잠재력이 가장 큰 시장이었고, 마카오는 그 1차 거점이 되기에 적당했다. 2010년 11월 28일, 마카오의 베네치안 리조트에서 MAMA의 신고식이 치러졌다. 시상식은 아시아 13개국에 생중계됐다. 나쁘지 않은 출발이었다.

이듬해인 2011년, MAMA는 무대를 싱가포르로 옮겼다. 판이 확커졌다. 방송과 디지털 플랫폼을 통해 전 세계 20개국에 걸쳐 전파를 내보내는 계약을 맺었는데, 가시청자 수가 무려 19억 명에 이르렀다. 현장은 물론이고 유튜브, 소후닷컴(중국 포털사이트) 등 온라인 상에서도 폭발적인 관심을 이끌어냈다. 온라인 시청자만 816만 명이 넘은 것으로 집계될 정도로 기록적인 접속자 수를 확보했다.

"초기에는 우리가 먼저 부탁하는 자세로 도움을 요청했지만 2011년을 분기점으로 전세가 역전됐죠. 사업 파트너를 구하는 일도 한결 쉬워졌고요."
　　　　　　　　　　—CJ E&M Mnet 콘텐츠 부문 제작2CP 윤신혜 팀장

2012년에는 자신감을 안고 아시아 엔터테인먼트의 허브라고 할 수 있는 홍콩으로 갔다. 그로부터 4년 내리 홍콩에서 MAMA를 진행해왔는데, 해가 갈수록 위상이 달라지고 있다. 2012년에는 홍콩 최대 민영 방송사이자 지상파 채널인 TVB와 중국 최고 시청률을 자랑하는 호남위성, 폭스 인터내셔널 채널(FIC) 등 내로라하는 미디어 기업들이 참여했고, 2013년에는 대형 엔터테인먼트 기업인 미디

어 아시아가 공동 제작사로 나섰다. 전 세계 94개국에 방송을 내보내면서 MAMA를 접할 수 있는 가시청자 규모는 24억 명 수준으로 늘어났다. 2014년에는 중소기업청 대중소기업협력재단과 함께 중소기업의 글로벌 진출을 지원하며 문화산업 플랫폼으로서의 역할도 강화했다. 2015년 MAMA는 진화된 공연 기술과 예술적 퍼포먼스를 융합한 '테크아트' 무대를 선보이며 아시아 최대 음악 축제로 자리를 굳혔다. 또 장기적인 안목에서 음악산업의 발전을 이끄는 상생 플랫폼으로의 진화를 더 적극적으로 꾀하기도 했다. 2014년에 이어 유네스코와 손잡고 빈곤 국가 소녀들의 교육을 지원하기 위한 '소녀 교육Girls' Education' 캠페인을 전개하고, 국내 중소기업들이 해외 판로를 개척하도록 돕는 나흘간의 프리위크 프로그램 등을 개최하면서 의미 있는 행보를 보인 것이다.

'맨 땅에 헤딩', MAMA 성장기

하지만 MAMA의 초반 여정은 결코 쉽지 않았다. 해외 인지도는 약해도 충분히 창의적인 연출력과 기술력을 장착하고 있다는 자신감이 있었고, 국내에서 쌓은 경험과 노하우를 바탕으로 움직이면 진행 자체는 어렵지 않을 것이라 생각했지만 막상 부딪힌 현실은 가혹했다. 무대 연출, 대대적인 홍보와 보안, 참가자들의 항공편과 숙소 제공에 이르기까지, 엄청난 사전 준비가 필요한 대규모의 축제를 국내가 아닌 해외에서 만들어낸다는 것은 베테랑 제작진들에게도 '불가능'으로 다가왔다. 예상치 못했던 걸림돌들이 계속 나타났다. 소품 하나를 구하려 해도 한국처럼 뚝딱 공수하기 어려웠고, 나라마다 공연 규제가 달랐다. 예컨대 홍콩에서는 무대에서 불을 사용하면 안 되고, 일본에서는 객석에 어떤 물건이든 절대로 던질 수 없는 식이다.

문화의 차이에 따른 해프닝도 종종 빚어졌다. 해외 아티스트들의 경우 리허설에 대한 개념이나 행사 진행 방식에 대해서도 다른 이해를 지니고 있었던 터라, 공연을 무대에 올리기 전까지 스태프들이 챙겨야 하는 부분이 상상을 초월할 정도로 많았다. 게다가 해외 스타들은 어제는 유럽에 있다가 오늘은 남미로 떠나고 내일은 호주로 향하는 역동적인 글로벌 스케줄을 따르기 때문에 담당 PD들은 밤낮이 바뀌는 건 기본이고, 그런 사이클 내에서 시차마저 빈번히 달라지는 생활을 감수해야 했다.

MAMA의 운영 전략, 2030 팀 체제와 글로벌 컬래버레이션

대규모 음악 공연의 경우 아티스트와 PD의 '케미'가 성패를 좌우한다고 해도 과언이 아니다. 공연에 대한 아이디어를 나누고 콘텐츠로 표현해나가는 협업의 과정이 대단히 중요하다. MAMA는 이를 위해 기존 방송 제작 방식의 틀을 과감히 깨고 아티스트별로 전담 팀을 구성했다. 2030세대의 젊은 PD들이 주축이 되어, 각자 서너 명의 아티스트를 맡는 식이었다. 팀을 짜서 움직이니 아티스트들의 일정 확인은 물론 현지 무대 연출이나 행사 진행이 훨씬 용이해졌다.

MAMA의 실무진을 가장 고민하게 한 것은, 글로벌 행사다운 면모와 정체성을 확실히 갖추는 것이었다. '단순히 국내 음악 시상식의 무대를 해외로 옮긴 것이 아닌, 진정한 의미에서의 글로벌 축제가 되기 위해서는 무엇이 달라야 할까?' MAMA의 실무진은 '컬래버레이션

collaboration'에서 답을 찾았다. 우리나라를 대표하는 가수들이 아시아 뿐만 아니라 다른 대륙의 저명한 뮤지션들과 협연을 벌이는 흔치 않은 퍼포먼스를 고정적으로 내놓기로 한 것이다. 2011년 싱가포르에서 개최된 MAMA에서는 힙합계의 전설적인 인물인 닥터 드레와 윌아이엠, 스눕 독과 세계 클래식계의 신성인 랑랑 같은 초청 가수들이 2NE1, 비스트 등 우리나라 스타들과 컬래버레이션 무대를 선보였다.

2013년에는 본격적으로 대형 프로젝트를 밀어붙였다. 세계적인 거장 스티비 원더의 무대를 마련한 것이다. 전 세대를 아우르는 글로벌 스타와의 컬래버레이션이 반드시 필요하다고 생각했던 MAMA의 제작진은 몇 번이고 설득에 나섰다. 특히 동서양이 음악으로 화합하는 'East meets West' 차원의 공연이라는 점을 강조했다. 결국 스티비 원더는 이러한 취지에 공감하고 출연을 결정했고, 시스타의 효린, 홍콩 스타 곽부성과 함께한 합동 무대는 전 세계 음악 팬들의 이목을 사로잡았다. 동서양을 가로지르는 컬래버레이션은 MAMA의 개성으로 자리 잡은 동시에 국내 아티스트들에게 커다란 도전이자 다시 없는 성장의 기회로 인정받고 있다.

마침내 오해를 풀 때가 왔다. MAMA는 2014년부터 손익분기점을 돌파하면서 바다 너머로 무대를 옮긴 지 5년 만에 '돈 먹는 하마'라는 오명을 벗었다. 티켓 매출, 광고 판매 수익, 스폰서 부스, 파생 효과 등 한 번의 공연에서 발생하는 직·간접 경제 효과는 300억 원에 이르는 것으로 추산된다. 여기에 미디어 협력사들과의 연계로 빚어지는 홍보 효과, 한국 스태프들의 인지도 상승에 따른 해외 고용 효과, 뷰티, 패션 분야의 중소기업 해외 진출 효과까지 종합적으로 고려하면 MAMA의 경제 효과는 무려 3500억 원에 달한다.

이제 MAMA는 한국 음악시장이 아시아에서 제1순위로 거론되는 데 나름의 공을 세웠다고 자부할 정도로 한류의 강력한 전파자 역할을 하고 있다. 또 글로벌 교류를 도모하는 지속 가능한 플랫폼으로서의 가능성도 보여주고 있다. 음악을 발판으로 한국 문화의 면면을 복합적으로 보여줄 수 있는 출구 역할도 톡톡히 해내고 있다.

MAMA가 성공적으로 자리를 잡아감에 따라 CJ는 더 넓은 곳으로 눈을 돌렸다. 미국이었다. 대중문화를 휘어잡고 있는 미국에 뿌리를 내린다면 거대한 문화의 파이프라인을 통해 한류 콘텐츠가 기세 있게 뻗어나갈 수 있다는 포부였다. 2012년 초부터는 기획 단계에 돌입했다. 갖은 우려가 있었지만 그해 여름에 나와 미국을 중심으로 전 세계를 휩쓴 싸이의 〈강남스타일〉이 자신감을 더해줬다. 결국, CJ는 다시 한 번 무모한 도전을 감행했다.

하버드 MBA에서 주목한 KCON

전 세계적으로 축제, 테마파크, 뮤지엄 등 몰입적인 체험을 중심에 둔 이른바 '공간형 콘텐츠'들이 대세다.* 우리나라에서도 공간형 콘텐츠는 불황에도 끄떡없이 전성기를 누리고 있다.** 이러한 인기는 '체험'의 가치를 입증한다. 바야흐로 '체험경제experience economy'의 시대가 펼쳐지고 있는 것이다. 아티스트들의 에너지 넘치는 무대를 가까이에서 즐길 수 있는 MAMA도 체험 중심의 공간형 콘텐츠라고 볼 수 있다.

하나의 이벤트를 많은 이들의 마음속에 단단히 자리잡은 막강한 글로벌 브랜드로 키우려면 꽤나 강력한 견인차들이 필요하다. 여러 대륙을 아우르는 다국적 팬층, 산업적인 규모, 콘텐츠 기획력, 효과

---

* 태지호, 『공간형 콘텐츠』, 커뮤니케이션북스, 2014

** 문화체육관광부의 조사 결과에 따르면, 우리나라 공연시설의 매출은 최근 5년 새(2009년 ~2013년) 80% 증가했다. "공연시설 매출 첫 4000억 원대 진입… 5년 새 80% 껑충", 「뉴스 1」, 2015년 3월 6일 자 인터넷판

적인 마케팅 전략 등의 요소들을 꼽을 수 있을 것이다. 이 모든 것이 갖추어진다 해도 인지도를 얻기 위해서는 인내의 시간이 필요하다. MAMA도 '아시아의 그래미'를 방불케 하는 글로벌 축제라는 궁극의 목표를 향한 여정에서 이제 막 날개를 달았을 뿐이다. 그렇더라도 언어와 국적을 초월해 보편적인 공감대를 이끌어내는 음악, 그중에서도 폭발력과 파급력이 큰 대중음악을 매개체로 하여 비교적 빠른 시간에 괄목할 만한 성장을 이룰 수 있었다.

체험경제 시대의 공감 마케팅

제임스 길모어와 조지프 파인 2세는 밀레니엄의 문턱에서 체험경제의 시대가 도래할 것이라 예측한 주인공들이다. 이들이 자녀의 생일잔치를 축하하는 부모의 방식을 빗대 설명한 경제 가치economic value의 진화 논리에 따르면, 농경사회에서는 밀가루, 설탕, 버터 등 케이크를 만드는 원료들을 직접 생산하다가, 산업화 이후로 전문 브랜드의 케이크 믹스를 사서 굽게 됐고, 서비스 경제에서는 아예 원하는 빵집에서 초까지 곁들여진 케이크를 구매하는 식으로 변화해왔다. 그러다가 21세기에는 '잊지 못할 생일 파티'라는 감동의 이벤트를 통째로, 맞춤형으로 주문해 선사하는 '체험의 시대'로 접어들었다. 서비스는 '무형의 혜택intangible benefit'만을 제공하지만 체험은 '추억할 만한 감정memorable sensation'을 안겨준다는, 의미심장한 차이가 있다고 두 사람은 주장했다.[*]

---

[*] "Welcome to the Experience Economy", 「HBR」, 1998년 7-8월 호

모든 물건과 서비스가 네트워크로 연결되는 사물 인터넷 시대, 상상하는 무엇이든 거의 다 가상현실로 펼쳐낼 수 있는 사이버 시대가 되어 갈수록 오히려 체험의 가치는 더 높아지고 있다. 웬만한 건 손쉽게 구할 수 있는 데다, 간접 경험도 얼마든지 가능하기에 재화나 서비스로 인한 감동 자체가 희소해지는 경향이 있기 때문인지도 모른다. 기업들이 이를 놓칠 리 없다. 단순한 상품·서비스와 체험이 빚어내는 경제적 가치의 차이를 알아차린 기업들은 연필 한 자루, 수첩 한 권을 파는 데도 체험의 요소를 불어넣는 '공감 마케팅'을 펼치느라 무던히 애쓰고 있다.

"미국 내 K팝 소비자들은 대부분 유튜브를 통해 한국 대중문화를 접해요. 온라인 화면을 뛰어넘어 완전한 몰입을 경험할 수 있는 이벤트를 개최하려고 고민했습니다."*

— CJ E&M 아메리카 안젤라 킬로런 C.O.O

KCON은 음악 콘서트와 컨벤션의 결합을 시도한 사례다. 'K'는 한국적인 것을, 그리고 'Con'은 콘서트concert와 콘텐츠contents, 컨벤션convention의 요소를 모두 지녔다는 중의적인 표현이다. MAMA가 콘서트형 시상식이라면 KCON은 보다 융합적인 축제형 컨벤션이었다.

그러나 MAMA가 그랬듯이 KCON도 처음에는 미심쩍은 시선을 받았다. 개최 장소가 '미국'이었기 때문이다. CJ 임직원들조차도 대

---

* "CJ E&M: Creating a K-Culture in the U.S.", 「HBS Case」, 2014년 12월 22일

부분 '당혹스럽다'는 반응을 보였다. 자체 문화가 워낙 강하게 형성돼 있는 미국은 한류가 가장 미약한 존재감을 발산해왔던 곳이었기 때문이다. '컨벤션은 너무 생소한 형태가 아닐까?', 한류 팬들이 많은 아시아 지역에서 여는 편이 훨씬 더 유리하지 않을까?' 그러나 CJ 최고경영진의 생각은 달랐다. 폭발력이 큰 체험형 콘텐츠라면 오히려 대중문화의 심장부로 치고 들어가는 정공법이 나을 수 있다고 판단했다. 문화 강대국인 미국에 K컬처를 심을 수만 있다면 다른 어느 지역보다 전파력이 폭발적이리라는 데 초점을 맞췄던 것이다. 이재현 회장은 KCON의 '미국행'을 승인했다.

이종 격투기에서 착안한 쌍방향 스킨십

2012년 10월, 미국 캘리포니아 주 어바인에 위치한 버라이즌 와이어리스 앰피시어터에서 하루짜리 파일럿 테스트로 시작한 KCON 2012. 현지 팬들의 수요가 예상보다 클 것이라는 예측은 맞아떨어졌다. 리스크를 감안해 한류 대스타들이 대거 출동하지 않았는데도 상당히 인상적인 결과를 얻었다. 1만2천 석 규모의 공연장에 1만 명에 가까운 현지 팬들이 자리잡은 데다, 무엇보다 반응의 순도가 높았다. 홍보성 공짜 표를 남발하지 않았기 때문인지 팬들의 성원과 열기가 보다 진실되게 느껴졌다.

현지 팬들의 호응을 자아낸 주된 요소는 체험경제의 가치를 한껏 끌어올리는 '스킨십'이었다. 미국 UFC 경기에서 힌트를 얻었다. 엄청난 덩치의 이종 격투기 선수들이 팬들과 손바닥을 마주치면서 인사하거나 'V' 포즈를 취하면서 사진을 찍는 등 적극적으로 스킨십을 시도하는 모습에서 반전의 가치를 포착해낸 것이다. CJ는 이를 KCON에 접목했다. 대형 공연이나 시상식에서는 아티스트들과 개인적인 유대감을 갖는 것은 거의 불가능했다. 반면 KCON에서는 쌍방향으로 교류가 이뤄지는 시간이 틈틈이 마련됐다. 팬들은 아티스트들과 '하이파이브'를 하면서 친근하게 인사하고 사진을 찍으며 대화를 나누는 '밍글링mingling' 기회를 잡을 수 있었다. 교감을 중시하는 미국 문화에 눈높이를 맞춘 전략이었다.

그런데 예상을 뛰어넘는 호응에도 불구하고 첫해에는 적자를 면치 못했다. 주 타깃층인 10대에 초점을 맞추다 보니 티켓 값을 비싸게 받을 수 없었고, 인지도가 전무한 행사라 스폰서를 구하는 데도 애를 먹었던 것이다. 어차피 돈은 벌지 못할 확률이 크니 이대로 멈출 것인가, 아니면 한류를 북돋우는 마케팅 도구로 계속 활용할 것인가, 그도 아니면 브랜드 가치를 지닌 대형 이벤트로 키우기 위해 더욱 박차를 가할 것인가?

전략적 선택의 기로에 서게 된 CJ는 고심 끝에 계속 나아가기로 결정했다. '이익 창출'이라는 목표를 내걸고 더 과감하고 적극적으로 나선 것이다. 투자액을 두 배로 늘리면서 무대를 캘리포니아 주의 심장부인 LA로 옮겼고, 행사 기간을 하루에서 이틀로, 참가 아티스트 수도 2배 수준으로 대폭 늘렸다.

다채로운 콘텐츠가 빚어내는 융합적 시너지

KCON이 던진 결정적인 승부수는 다양한 콘텐츠를 집결시켜 만들어내는 융합적 시너지였다. 2013년부터는 음악, 영화, 음식뿐만 아니라 패션, 뷰티, 게임 등 다채로운 한국 문화콘텐츠를 한자리에서 즐길 수 있는 통합 플랫폼의 면모를 더 뚜렷하게 갖췄다. 이미 현지에서 환영받은 KCON 본연의 장점을 한층 더 강화하고 나선 것이다. 그전까지는 음악이면 음악, 식문화면 식문화, 이렇게 '따로 국밥'인 경우가 대부분이었지만, KCON에서는 다채로운 한국 문화콘텐츠를 한자리에서 즐길 수 있었다. 게다가 공감대를 지닌 또래 집단을 만나 종일 대화를 나눌 수 있고, 문화콘텐츠를 전파한 주역들을 직접 만나 오감을 자극할 수 있었다. 한마디로 융합의 장, 체험의 장이었다.

'융합의 장', 복합형 컨벤션

딱딱하고 건조한 비즈니스의 장이 아니라 모두가 함께 즐기는 축제 형태로 진화한 복합형 컨벤션은 세계적인 흐름이다. 매년 3월 미국 텍사스 주 오스틴에서 열리는 SXSW(사우스바이사우스웨스트) 뮤직 페스티벌이 대표적이다. 세계 각지에서 몰려든 뮤지션 2천여 팀이 90여 개 공연장을 장악하는 모습이 진풍경인 행사로, 매년 참가자만 20만 명을 훌쩍 넘어서는 것으로 추산된다.[*]

SXSW의 비약적인 성공을 이끈 저력은 '융합'이었다. 음악뿐 아니라 영화, 게임, 첨단 IT 기술 등이 어우러진다.[**] 낮에는 컨벤션 센터에서 집중적으로 컨퍼런스를 열고, 밤에는 시내 클럽에서 유명인과 일반인 뮤지션들이 어우러진 수많은 쇼케이스를 펼치는 식으로 진행되는 SXSW는 프랑스 미뎀MIDEM의 아성을 허물고 세계 최고 음악 페스티

---

[*] "美 SXSW 뮤직 페스티벌 달군 케이팝 관객과 하나된 '용광로 무대'", 「동아일보」, 2015년 3월 23일 자 인터넷판

[**] SXSW는 1987년 인디 음악 축제로 시작했지만 1990년대에는 영화로, 2000년대에는 IT산업으로 각각 영역을 확장하며 규모를 키웠다. "K팝 스타 총동원한 컨벤션 CJ KCON, 문화왕국 LA를 흔들다", 「DBR」, 2013년 11월, 141호

벌로 도약했고, 매년 엄청난 양의 거래를 성사시키는 세계 최대 음악 마켓이자 문화콘텐츠 비즈니스 플랫폼으로 부상했다. SXSW에서 열리는 컨퍼런스와 트레이드쇼는 각각 1만 건이 넘는다.[*]

KCON에서는 많은 것들이 가능했다. G드래곤, 아이유처럼 방송이나 동영상으로만 접했던 콘텐츠의 주인공을 눈앞에서 볼 뿐 아니라, 해당 콘텐츠를 일상에서 활용하도록 노하우를 전수해줄 '일일 멘토'들도 만날 수 있었다. 예를 들어, K팝 가수들에게 춤을 가르쳤던 할리우드 댄스 아카데미 강사가 와서 춤을 가르쳐주고, 한식 전문 셰프가 비빔밥을 만드는 방법을 알려주는 식이었다. 2013년부터 운영된 온스타일의 뷰티 정보 프로그램 〈겟잇뷰티〉 부스에서는 메이크업 아티스트들이 한국 스타들의 화장법을 따라 할 수 있는 클래스를 운영했는데, 그야말로 열화와 같은 환호를 받았다.

홍보 효과가 생각보다 쏠쏠하자 고객과의 접점을 모색하려는 기업들의 참여가 잇따랐다. 현장에서 부스를 차려 전시도 하고 직접 판매도 했는데, 첫해 58개에 불과했던 참여 기업 수가 2013년 85개로 껑충 뛰었고, 2014년에는 131개로 또다시 두 배 가까이 증가했다. 2014년에는 국내 우수 중소기업들을 중심으로, 4DX 영화관, 게임 세션까지 추가되면서 '문화 장르'의 폭이 더 넓어졌다. 관객들도 이에 화답했다. 첫해 만여 명 수준이었던 관객 수는 2013년에는 2만 명, 2014년에는 4만3천 명, 2015년에는 7만 명까지 늘어나며 해마다

[*] 박준흠, 『축제기획의 실제』, 한울, 2007

KCON 관객의 프로필

연령

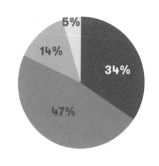

5%
14%
34%
47%

● 18세 미만　　● 18~24세
● 25~34세　　　35~44세

인종 정체성

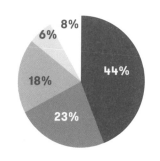

8%
6%
44%
18%
23%

● 아시안　　● 히스패닉　　● 백인계 미국인
　아프리카계 미국인　　○ 기타

*CJ E&M 자료, 2014년 기준

KCON의 진화

	2012년	2013년	2014년	2015년	
	USA	USA	USA	Japan	USA
시기	10/13 (1일)	8/24~25 (2일)	8/9~10 (2일)	4/22 (1일)	LA: 7/31~8/2 (3일) NY: 8/8 (1일)
장소	미국 어바인 버라이즌 앰피시어터	미국 로스앤젤레스 메모리얼 스포츠 아레나	미국 로스앤젤레스 메모리얼 스포츠 아레나	일본 사이타마 슈퍼아레나	LA: LA 컨벤션센터 / LA스테이플스 센터 NY: 미국 푸르덴셜센터
방문객	1만 명	2만 명	4만 3천 명	1만 5천 명	총 7.5만 명 (LA: 5.8만명 / NY: 1.7만명)
참여 기업	58개	85개	131개	65개	총 166개 (LA: 126개 / NY: 40개)
프로그램 개수	20개	45개	122개	11개	총 150개 (LA: 135개 / NY: 15개)
참여 패널	72명	87명	125명	42명	총 227명 (LA: 203명 / NY: 24명)
참여 아티스트	총 10팀	총 11팀	총 10팀	총 14팀	총 13팀

두 배씩 성장했다. 한인 교포나 아시아인들의 축제일 것이라는 편견과 달리, KCON의 관객은 90% 이상이 미국인이고, 아시아인은 절반도 채 되지 않는다(2014년 기준). 국적을 초월해서 3만~4만 명이 모이는 문화 행사는 올림픽, 월드컵 등 말고는 쉽게 찾아볼 수 없다는 점을 감안하면 값진 성과다. KCON은 콘텐츠 영역, 참가자 구성 등 여러 면에서 '글로벌 축제'라 부를 만하다.

"기성세대가 보기에는 정말로 충격적일 거예요. 50대 백인 관객이 떡볶이를 먹으면서 틴탑의 노래를 따라 부르고 있거든요. 더 놀라운 점은 관객의 40%가 캘리포니아 주 밖에서 왔다는 사실이죠. 어떤 관객은 딸과 함께 20시간을 운전해서 오기도 합니다. 기존의 K팝 공연과는 관객의 참여 수준이 다른 거지요."

— CJ E&M Mnet 콘텐츠 부문 신형관 상무

2015년 3월, KCON은 하버드대 경영대학원(MBA)의 연구 사례로 등장했다. 한국의 문화콘텐츠를 사례로 다룬 것은 처음 있는 일이다. 리스크가 예상되는 상황에서도 한국 문화에 대한 잠재 수요를 꿰뚫고 뚝심 있게 투자한 CJ의 혜안을 하버드 경영대학원에서도 높게 평가한 것이다. '성공'이나 '해피엔딩'이라는 단어가 따라붙기에는 아직 새내기 축제에 불과하고 진행형인 콘텐츠이지만, 적어도 가능성만큼은 충분히 입증된 셈이다.

KCON은 2015년부터 더 적극적인 행보를 펼치고 있다. 캘리포니아를 벗어나 뉴욕, 도쿄까지 진출해 연 4회의 행사를 개최하는 '팽창 전략'을 전개하고 있다. MAMA 또한 야심만만하기는 마찬가지다. 2015년에는 홍콩에서 진행했지만 이후에는 중국 본토로 들어간다는 원대한 목표를 갖고 있다. 그 여정에서 '케이코노믹스 KCONomics', '마마노믹스MAMAnomics'라는 꿈을 이룰 수 있을지 지켜 볼 일이다.

혐한류를 넘어서는 컬처 코드

음악에는 영화나 방송 같은 다른 문화콘텐츠에 비해 덜 민감하게, 그래서 더 자연스럽게 흡수된다는 탁월한 장점이 있다. 그래서 별로 티 안 나게 국경을 사뿐사뿐 넘나들면서도 강력한 흡인력을 내뿜을 수 있다. 특히 체험경제의 진수를 맛볼 수 있는 축제라는 흥겨운 형식을 띤 음악 콘텐츠는 그 폭발력이 막강하다. 글로벌 축제를 내세운 CJ의 'K컬처 대장정'이 순풍을 타고 있는 현상도 그런 맥락에서 볼 수 있을 듯하다.

하지만 앞으로의 여정에서 가장 큰 걸림돌은 아마도 혐한류가 되지 않을까 싶다. 콘텐츠 다양성의 결여와 획일화 등 상품 경쟁력 자체도 문제가 될 수 있지만 일본 내 한류가 거센 역풍을 맞은 예처럼 혐한류의 동인은 여러 이해 관계에서 비롯될 수 있다. 그래서 한 나라의 문화 열풍이 타 문화권에서 오래도록 지속된다는 건 참으로 어려운 일이다. 1980년대 우리나라 대중의 마음을 훔쳤던 홍콩 영화들의 현주소를 보라. '항류'의 전성시대는 한 세대도 지속되지 못한 셈이다.

사실 한류가 자리를 잡은 것은 그리 오래되지 않았다. 1990년대 코믹 드라마 〈사랑은 뭐길래〉가 CCTV 수입외화 방영사상 2위를 기록할 정도로 중국에서 큰 인기를 끌었고, 2000년대에 들어서는 〈겨울연가〉와 〈대장금〉이 핵폭풍을 일으켰다. 현재의 한류를 만들어낸 티핑 포인트는 K팝에 의해 주도됐다고 하는데, 그 중심에는 SM엔터테인먼트, YG엔터테인먼트, JYP엔터테인먼트 등 3대 기획사에서 키워낸 아이돌 스타들, 그리고 디지털 문화의 수혜를 입은 싸이가 있다.

1, 2차 한류에서 지금의 단계로 넘어오는 사이에 한류는 전문화의 길을 걷게 됐다. 보부상처럼 중화권을 누비며 홀로 프로그램을 파는 '각개전투'형 중개자들의 활약상은 자취를 감추고, 기업들이 복잡한 비즈니스 네트워크를 구축하고 있는 것이다.* MAMA와 KCON도 그 과정에서 탄생한 문화상품들이다. 영화나 드라마 시리즈물처럼 브랜드 파워를 확실하게 장착한 문화콘텐츠는 아무래도 장수할 수 있는 잠재력을 상대적으로 더 많이 가진다.

하지만 국가와 국적을 내세운 마케팅은 다분히 리스크를 지니고 있다. 미국화된 문화의 시대에서 한류가 또 다른 문화 제국주의로 비쳐질 수 있다는 우려도 존재한다. 지나친 자문화 중심주의 역시 동전의 양면처럼 장애 요소로 작용할 수 있기 때문이다. 그러므로 한류가 신선한 흐름을 만들어낸 건 사실이지만 아시아의 대중문화를 주도하는 듯한 인식은 과장된 것이라는 지적에 귀 기울일 필요가 있다. 간간이 혐한류 소식이 들리고 각국마다 문화 보호의 가드를 은근히 올리는 모양새를 봐도 알 수 있지만, 어떤 특정 문화가 국적을 앞세워 들어오면 방어 본능이 생겨나는 것은 당연한 현상일 것이다.

K팝이나 J팝은 이미 국적을 내포하고 있는 단어들이다. 미국이 세계 문화콘텐츠의 70%를 점유하고 있다고 하지만,[*] 미국 콘텐츠에는 '미국'이라는 국적이 따라붙지 않는다. 미국 기업들은 자신들이 미국 브랜드라고 들먹이지 않는다. 이것이 바로 무의식 속에 강하게 자리 잡은 미국의 '컬처 코드'가 지닌 힘일 것이다.

한국문화가 산업적으로 더 성장하고 글로벌 문화의 한 축으로 자리 잡으려면 군이 'K'를 붙이지 않고도 고유의 색이 드러나면서 다양한 사회에 자연스럽게 융화되는 컬처 코드를 품어야 할 것이다. 그러려면 개별 문화콘텐츠의 브랜드화 과정이 필수적이다. 우리는 레이디 가가를 기억하지, 그녀가 어느 국적인지를 군이 되새기지는 않으니 말이다. 같은 맥락에서 '한국적인 것'만을 외치기보다는 현지 문화와의 소통과 융합을 모색해야 한다. 글로컬glocal이 없는 글로벌은 존재하지 않는다.

MAMA와 KCON은 둘 다 성장세를 타고 있긴 하지만 진화를 모색해야 할 지점도 보인다. MAMA는 아시아 엔터테인먼트의 확고한 구심점으로서 자리 잡아야 할 필요가 있다. 아직까지 K팝에 치중돼 있는 구도를 범아시아적인 수준으로 끌어올려야 한다는 얘기다.[**]

KCON도 마찬가지다. 이 행사가 글로벌 축제로 견고하게 자리매

---

[*] 박치완, 김평수, 『문화콘텐츠와 문화코드』, 한국외국어대학교출판부 지식출판원, 2011

[**] 실제로 MAMA는 아시아를 아우르는 음악 네트워크를 더욱 공고히 하려는 목표 아래 해외 시상 부문을 매년 조금씩 확대하고 있다. 중국, 일본, 태국, 인도네시아, 싱가포르, 베트남의 아시아 6개국에서 한 해 동안 가장 활약이 컸던 아티스트에게 주어지는 '베스트 아시안 스타상'이 대표적이다.

김하기 위해서는 언젠가는 K컬처가 아니라 그냥 문화를 사랑하는 이들이라면 누구나 즐겁게 찾을 수 있는 국적 없는 문화 브랜드로 인식돼야 할 것이다. 그러므로 앞으로는 국적을 막론하고 보다 다양한 영역의 아티스트들과 기업들을 동참시킬 필요가 있다. 이질적 집단들의 교류로 인해 서로의 역량이 융합되면서 창의적인 시너지를 빚어내는 소위 '메디치 효과Medici Effect'를 낼 수 있도록 말이다. 다행스럽게도 CJ는 이 점을 알고 있는 듯하다.

"미래에는 'K'라는 글자가 무엇을 의미하는지에 대해 다시 생각할 필요가 있습니다. 어느 시점에 그것은 제약이 될지도 모릅니다."*

---

* "CJ E&M: Creating a K-Culture in the U.S.", 「HBS Case」, 2015년 1월

입맛을 사로잡는 것이야말로 문화의 완성이다

'음식'이라는 대중문화

사회적 존재로서 인간 욕구에는 한계가 없다. 음식물 섭취량과
소화기관 활동에는 한계가 있지만, 음식물에 관한 문화 체계는 무한하다.
장 보드리야르, 『소비의 사회』

변화를 담아내는 일상의 식탁

"당신이 무엇을 먹는지 말해달라. 그러면 당신이 어떤 사람인지 말해주겠다." 세기의 미식가로 통하는 장 앙텔므 브리야사바랭은 2백 년쯤 전에 이런 말을 던졌다.* 프랑스 법관이었던 그는 진정한 미식 예찬론자로 영양학에 대해 상당한 식견을 갖추고 있었지만, 사실 이 문장에는 계급 의식이 다분히 내포돼 있었다. 일반 사람들은 굶주림을 당연한 것으로 여길 만큼 궁핍한 시대였던 당시에 미식이란 부르주아 계층만이 누릴 수 있는 특권이었기 때문이다.

음식을 둘러싼 환경이 한층 풍요로워진 20세기에 또 다른 명언이 나왔다. "당신이 먹는 것이 곧 당신이다You are what you eat!"** 미국의 영양학자 빅터 린드라가 1940년에 발표한 저서의 제목이기도 한 이 말은 언뜻 브리야사바랭의 발언과 비슷하게 들리지만 실제로는

---

* 장 앙텔므 브리야사바랭, 『브리야사바랭의 미식예찬』, 르네상스, 2004

** "Victor Lindlahr", 「Wikipedia」

대중의 식습관에 대한 걱정을 담고 있다. 식생활이 건강을 지배한다는 신념을 지녔던 그는 정크푸드junk food 같은 질 낮은 음식으로 인해 질병이 생긴다는 논리를 폈다.

21세기에는 음식이 더 이상 신분의 증표라는 꼬리표를 달지도, 건강을 위한 자양분으로만 부각되지도 않는다. 상당수의 나라에서 음식은 이제 대중이 즐기는 일상의 '문화'로 자리 잡았다. "음식이 우리를 정의하는가?" 뉴욕의 저명한 칼럼니스트 애덤 고프닉은 이렇게 자문하면서 음식이 우리를 규정하는 게 아니라 우리 자신이 '나'라고 정의하는 것을 먹는다는 편이 아마 진실에 더 가까울 것이라는, 꽤나 설득력 있는 답을 내놓았다.* 그도 그럴 것이 음식을 선택할 수 있는 폭이 넓어진 데다 환경이나 웰빙 등 식생활을 둘러싼 생각할 거리가 늘어나면서 사람들의 취향은 더 까다로워지지 않았는가.

음식은 우리나라에서도 대중의 품을 파고들었다. 최근 들어 대한민국의 민심을 가장 강력하게 사로잡고 있는 일상의 주제는 단연 맛나고 즐거운 먹거리다. '카페 공화국'이라는 별칭이 생겨날 만큼 거리에는 커피 전문점이 넘쳐나고, 디저트 카페가 그 어느 때보다 성행하며, 잘나가는 한식 뷔페에는 오후 시간에 기습적으로 방문해도 줄이 길게 늘어서 있기 일쑤다. TV를 틀면 '먹방', '쿡방'으로 도배돼 있다시피 하고, 『킨포크』, 『시리얼』, 『올리브』 등 음식을 주제로 한 잡지와 책들이 쏟아지고 있다. 전국 방방곡곡, 세계 각지로 떠나는 미식 기행도 유례없는 인기를 누리고 있다. 이런 풍경을 보면 브리야사바랭도 혀를 내두르지 않을까 싶을 정도다.

---

* 애덤 고프닉, 『식탁의 기쁨』, 책읽는수요일, 2014

식탁을 둘러싼 변화, 새로운 수요를 부르다

물론 음식은 언제나 인류의 일상과 함께해왔다. 하지만 단순히 생사를 좌우하는 먹거리 차원이 아니라 삶에 윤기를 선사하는 '즐길 거리'라면 얘기가 다르다. 식생활을 즐김의 관점에서 바라보게 된다는 것은 일상을 지배하는 가치관 자체가 바뀌는 상황을 전제한다. 이런 변화는 '삶의 질'과 밀접하게 맞닿아 있다. 많은 이들이 이러저러한 취향을 스스럼없이 입에 올릴 만큼 다양한 사회·경제적 토대가 마련돼 있어야 한다는 말이다. 1970, 80년대만 해도 '잘 살아보세'라는 기치를 내걸고 새마을운동이 벌어지던 한국 땅에서 대중의 식도락이 거론되기 시작한 시점이 그리 오래되지 않은 것은 당연하다. 백설탕이 포장 박스에 담겨 선물세트로 팔리고, 바나나가 '물 건너 온' 럭셔리로 대접받던 그런 시절이 실제로 존재했으니 말이다.

1990년대 초·중반에 이르러서야 변화의 싹이 텄다. 국민소득이 1만 달러에 근접하면서 삶의 질이 향상되고, 도시화 흐름과 함께 맞벌이 가구와 핵가족이 늘어나자 자연스레 식탁의 풍경이 달라졌다. 간편하고 신속한 라이프스타일에 대한 수요가 높아지면서 집에서 '한솥밥'을 먹는 풍경은 보기 드문 풍경이 되어갔다. 외식산업의 성장세가 이러한 변화를 단적으로 말해주었다. 1988년에는 6조 5000억 원 정도였던 외식산업의 규모가 1994년 무렵에는 18조에 이를 정도로 부쩍 커졌다.[*] 가정에서는 최신식 전자레인지의 수요가 엄청나게 증가했고, 김치냉장고 같은 공전의 히트 상품이 탄생했다.

일상의 식생활에 대한 사람들의 수요도 달라져갔다. 식품의 질이

---

[*] 『CJ 그룹 60주년 사사』

나 음식의 맛은 훨씬 더 까다롭게 따지게 됐으면서도 요리를 하고 식탁을 차리는 데는 시간과 공을 많이 들이지 않기를 바랐다. 맛있지만 편한 것을 원하는 마음인 셈이었다. 그런데 이처럼 식생활을 대하는 사람들의 태도가 바뀌어가고 있음에도 정작 그 변화된 일상의 수요를 담아낸 식품은 별로 눈에 띄지 않았다.

40년 내공을 지닌 식품기업이라면 이러한 변화 속의 틈새를 눈여겨볼 법했다. 특히 1953년, 설탕과 밀가루로 시작한 CJ(당시 제일제당)은 1960년대 보릿고개 시절부터 1970~80년대 고도 성장기까지 생활의 변천사를 두루 겪은 기업이 아닌가. 경제가 성장하고 문화가 발달하면서 식생활을 둘러싼 풍경이 얼마나 달라질 수 있는지를 목격해왔고, 또 그런 변화에 상당 부분 기여도 해온 주체였던 만큼 아무래도 식품산업을 바라보는 눈이 더 예리했다. 이제 음식은 그저 배만 채워주는, 또는 맛만 선사해주는 도구로 여겨서는 안 될 일이었다. 삶의 속도와 리듬을 조절하도록 도와주고, 심지어는 만족도를 좌우할 수도 있는 잠재력을 지니기 시작했으니 말이다. 한국인들의 식생활이 단지 먹고사는 차원에서 벗어나 근본적으로 바뀌어야 할 필요성을 절실히 느꼈다. 한 나라의 운명은 그 나라가 식생활을 영위하는 방식에 달려 있다는 말도 일찍부터 존재해오지 않았는가.[*]

"식생활을 넘어 식문화를 바꿀 수 없을까?"

---

* 장 앙텔므 브리야사바랭, 앞의 책

입맛을 사로잡는 것이야말로
문화의 완성이다

잘 빠진 히트곡 하나로 랩이나 힙합 음악이 대세 음악 장르로 자리 잡을 수 있고, 달팽이 크림 같은 듣도 보도 못한 상품이 순식간에 '잇it 아이템'으로 인기몰이를 할 수도 있다. 하지만 많은 이들의 혀를 사로잡기는 결코 쉽지 않다. 우리나라에서 파스타를 대중적으로 접하게 된 시기는 1990년대인데, 가정에서 만들어 먹기 시작한 것은 그로부터 10년도 더 지난 비교적 최근의 일이다. 지난 몇 해 사이에 디저트 문화가 인기를 끌게 되면서 떠오른 마카롱도 예외는 아니다. 전문가들은 마카롱이 자리 잡는 데 족히 15년은 걸렸을 것이라고 지적한다. 자고로 음식이란 맛만 있다고 되는 게 아니라 문화적인 맥락을 감안한 현지화와 더불어 적절한 스토리텔링을 녹인 영리한 마케팅까지 더해져야 하기 때문이다.*

이렇듯 식문화는 문화의 맨 끝단에 자리하고 있다. 숱한 이들이 오

---

* "달콤함의 매혹, 일상의 작은 사치", 「스타일조선」, 2014년 12월 호

랫동안 즐겨온 입맛을 변화시키고, 새로운 식문화를 그들의 일상에 녹아들게 하는 일은 가장 완성하기 어려울뿐더러 많은 시간이 걸리는, 문화의 마지막 퍼즐과도 같다고 할 수 있다. 대신 반짝 유행을 타는 수준이 아니라 한번 터를 제대로 잡으면 웬만해서는 잘 흔들리지 않는 단단함과 꾸준함이 식문화의 큰 매력이다. 반세기 넘게 대한민국 식문화의 한 축을 일궈온 CJ는 이러한 기다림의 미학을 누구보다 잘 알고 있었다. 그래서 식생활이 그저 먹고사는 문제가 아니라 즐거움과 편리함이 수반된 문화로 자리 잡을 수 있도록, 가정의 식탁에 혁신을 꾀하자는 원대한 목표에 차근차근 접근했다. 대한민국 식품 마케팅에 한 획을 긋고 조미료 시장의 파이를 키운 장수 브랜드 다시다는 그 지긋한 내공의 단면을 보여주는 좋은 사례이다.

조미료에 감성을 불어넣다

반세기가 넘는 식품사업의 역사 속에서 우직하게 내공을 쌓은 결실로 '국민 조미료'라 할 수 있는 다시다를 빼놓을 수 없다. 사내 공모로 '입맛을 다시다'라는 표현에서 이름을 따 1975년 복합조미료로 첫선을 보였는데, 조미료 시장의 패러다임을 바꾸며 1위였던 화학조미료 미원의 아성을 무너뜨렸다.[*] 이는 소비자 니즈를 파악하고 한국인 입맛의 허전함을 채워주고, 요리에 간편함까지 더해주는 식품을 개발하겠다는 목표에 집중해온 연구의 결실이었다.

---

* 다시다는 파스타나 마카롱처럼 전혀 새로운 식습관이나 맛이 아니라 감칠맛을 더해주는 양념이라는 점에서 사람들이 적응할 때까지 기다릴 필요 없이 빨리 자리 잡을 수 있었다. 국은 한국인에게 일상적인 음식이지만 당시에는 쇠고기 국물을 매일 마실 수 있을 정도로 식환경이 풍족하지 않았기 때문에 특히 다시다가 요긴했다.

'그래 이 맛이야'라는 유명한 광고 카피를 내세운 다시다의 마케팅 전략은 식품 브랜딩의 역사를 새로 썼다고 해도 과언이 아닐 정도로 혁신적이었다. 아련한 향수를 부르는 듯한 '고향의 맛'이라는 콘셉트는 소비자 입맛뿐만 아니라 뇌리까지 강렬하게 사로잡았다. 실제로는 어느 누구의 고향에도 존재하지 않는 '개념'만으로 '맛의 상징화'에 성공하면서 광고 캠페인 차원을 넘어서 '맛의 문화'라는 맥락을 창출해냈다. 식품이 아니라 문화로 소구하는 접근 가능성을 보여준 최초의 사례가 된 것이다. 또 미원과 활발히 경쟁을 펼치면서 세계적인 발효 기술을 확보하는 계기를 맞기도 했다. 여러모로, 다시다는 결코 단순한 조미료가 아니었다.

이제 다시다는 40돌을 지났다. 하지만 아무리 단단히 입맛을 사로잡았다 해도 반세기 가까운 세월에 걸쳐 장수식품으로, 그것도 1등으로 존속한다는 것은 어려운 일이다. 시대가 큰 흐름을 타고 변하면 이제껏 익숙해온 식문화도 바뀔 수 있게 마련이다. 다시다에게도 위기는 있었다. 2000년대에 접어들어 웰빙 바람이 불면서 조미료 시장 자체가 타격을 받았던 것이다. 혹시 복합조미료도 웰빙의 반대 급부에 있는 게 아닐까 하는 우려가 불거졌다.

CJ는 다시다 지키기에 돌입했다. 급한 불을 끄고 보겠다는 의도는 아니었다. 복합조미료가 맛을 내기 위한 '필요악'이 아니라는 확신이 있었고,* 따라서 다시다가 즐겁고 편리한 생활의 동반자가 될 자격이 있다는 점을 부각시키고자 장기적인 리브랜딩 작업에 적극

---

* 1995년 미국 식품의약국(FDA)과 세계보건기구(WHO)가 공동으로 연구·조사한 결과, L-글루타민산나트륨(MSG)은 평생 먹어도 안전한 식품 첨가물로 판명됐다. "L-글루타민산나트륨(MSG)은 인체에 안전하다", 「열린마루」(식품의약안전처 웹진) Vol.41, 2014년 3월 호

나섰다. 신혼부부(야근을 끝내고 돌아오는 아내를 위해 수제비를 만드는 남편)를 등장시키는 현대적인 감성을 담은 광고 캠페인에 이어, 마트 매장의 매대를 활용해 레시피recipe 카드를 제공하는 등 다각도에서 활동을 펼쳤다.

제품의 다양성도 꾸준히 키워왔다. 처음에는 쇠고기와 멸치 다시다로 단출하게 출발했지만 이후 조개다시다(1980년대), 다시다골드 (1990년대), 해맑은멸치(2000년대) 등으로 변신했고, 2000년대 중반부터는 유기농 재료가 들어간 다시다순 등을 내놓으며 다채로운 구성을 꾀했다.[*] 2015년에는 40주년을 맞이해 또 하나의 기대주인 액상 형태의 '다시다 요리수'를 선보였다.

오래도록 단단하게 여물어온 내공과 함께 유연한 변신에의 노력이 빛을 발하기 시작한 것일까? 최근 다시다의 시장 점유율은 무려 82% 수준이다.[**] 또 대중의 인식에도 긍정적인 변화의 기운이 엿보인다.

"스스로 요리를 하는 걸 즐기는 사람들이 많아지면서 요새 인식이 다시 달라지고 있어요. 〈삼시세끼〉에서 배우 차승원이 다시다를 넣고 요리하는 모습이 자연스럽게 노출되며 긍정적인 효과를 얻기도 했습니다. 의도했던 바는 아니지만 이런 시너지가 다양한 문화콘텐츠를 지닌 기업이 지니는 장점인 것 같습니다."

— CJ 제일제당 식품마케팅 다시다팀 안혜선 부장

---

[*] "서른 살 '다시다' 어제와 오늘", 「헤럴드POP」, 2005년 11월 9일 자

[**] 2014년 링크아즈텍 자료 기준

밥문화의 혁신, 햇반: 비상식食에서 일상식食으로

우리 일상에 가장 단단하게 뿌리 내린 식품은 단연코 '밥'이다. 현대 문명의 혜택으로 가스레인지가 아궁이 역할을 대신하고 전기밥솥이 가마솥 자리에 들어앉았을 뿐, 수천 년의 '밥 문화'는 그 맥을 꿋꿋이 이어왔다. 그런데 언젠가부터 사람들은 시간의 제약으로 밥 짓기를 버거워하게 됐다. CJ는 밥심으로 살아가는 한국인들이 간편하게 한 끼를 해결할 수 있는 식품이 필요하다고 생각했다. 한때는 개념조차 생소했지만 지금은 다시다와 마찬가지로 보통명사처럼 쓰이는 '햇반'은 그렇게 만들어졌다.

햇반은 다시다 못지않게 한국인의 일상에 큰 변화를 초래한 '카테고리 킬러'였다.[*] 원래 CJ가 제품 개발에 착수한 시기는 1989년이었는데, 실제로 햇반을 내놓은 것은 7년 뒤였다. 원하던 맛과 품질이 나오지 않아서였다.

시간이 걸렸지만 CJ는 밥맛과 식감이 뛰어난 '무균 포장밥'을 찾아냈다. 이에 100억 원의 과감한 설비 투자를 단행했고, 1996년 말 국내 최초의 무균 포장밥 '햇반'을 선보였다.[**]

'쌀, 물, 솥 없이 짓는 밥'을 표방한 햇반은 많은 이들에게서 밥짓기라는 족쇄를 풀어줬다는 점에서 확실히 혁신적인 상품이었다. 하지만 즉각적인 반응을 이끌어내지는 못했다. 품질을 등에 업고

---

[*] 둘 다 보통명사처럼 통용될 정도로 브랜드 가치와 선도적인 이미지를 갖고 있다.

[**] 햇반 같은 즉석밥을 가리켜 전문 용어로 '상품밥'이라고 부른다. 1993년 천일식품을 비롯한 국내 식품업체들이 볶음밥, 필라프 등의 형태로 냉동밥을 내놓았고, 1995년에는 고온 멸균 방식의 레토르트 공법으로 만들어진 상품밥도 시장에 나왔다. CJ의 무균포장밥은 씹히는 맛, 식감, 찰기 등 여러 면에서 가장 우수하다는 평가를 받았다. "카테고리 창출로 신시장 개척한 햇반 '비상용'에서 '일상식'으로 도약하다", 「DBR」, 2011년 11월, 93호

시장 점유율을 압도해나가기는 했지만 즉석밥 시장 규모 자체가 쉽게 커지지 않았다. 어느 정도 예상된 일이었다. '엄마가 해준 밥'이라는 강력한 경쟁자가 버티고 있었기 때문이다.

당시 즉석밥은 갑자기 쌀이 떨어졌을 때나 야외로 놀러 갈 때 유용한 '비상 식량'으로 여겨졌다. 실제로 CJ도 '가끔은 햇반이 좋다'는 식으로 소비자에게 접근했다. 그러나 자취생, 주말 부부 등 1인 가구가 증가하면서 햇반은 서서히 가정 살림을 편리하고 즐겁게 해주는 '고마운 편의식'으로 자리 잡았다. 2005년, 햇반 판매량은 5000만 개를 돌파했다. 첫해보다 10배가량 늘어난 규모였다. 2000년대 중반부터 CJ의 마케팅 방향도 확실해졌다. 2008년 햇반의 광고 문구는, "엄마들, 미안해하지 마세요. 그러지 않아도 될 만큼 햇반은 잘 만들었습니다"였다. 2010년 이후로는 '하루 내에 지은 밥', '밥보다 더 맛있는 밥, 햇반'이라는, '엄마밥'의 아성을 뛰어넘었다는 과감한 메시지를 내밀었다.

"2000년대 중반부터는 햇반이 확실한 식문화로 자리 잡았죠. 비상식食이 아니라 일상식食을 이루는 하나의 상품 카테고리로요. 물이나 장류는 예전에 돈 주고 산다는 걸 상상할 수도 없었지만 요즘에는 달라진 것과 비슷한 일입니다. 10년이 걸린 셈인데, 미래의 트렌드를 내다보고 꾸준히 투자하면서 시장을 만들어나갔기 때문에 가능한 일이었다고 봅니다." ─CJ 제일제당 식품마케팅 본부장 이상구 상무

가정의 식탁에 혁신을 몰고 온 햇반. 또 다른 10년 뒤에 햇반 문화는 어떤 모습으로 진화해 있을까? CJ가 보는 미래의 키워드는 '건

강한 한 끼'다. 하나의 식문화가 된 만큼 이왕이면 햇반 하나만으로도 한 끼의 몫을 충분히 감당할 수 있는, 맛있고 간편하면서 영양가 높은 식사가 될 수 있도록 하겠다는 목표다. 그래서 최근 햇반은 웰빙 라인업을 강력하게 갖춰나가고 있다. 원래 있던 6종 잡곡밥에 더해 2015년 초부터 렌틸콩, 퀴노아 등 '슈퍼푸드'를 넣은 신제품을 내놓고, 건강밥의 비중을 점차적으로 늘려나갈 계획이다. 이와 함께 취나물밥, 카레밥처럼 굳이 다른 반찬을 곁들이지 않고도 끼니가 해결될 수 있도록 '원밀one meal'* 형태의 햇반에도 점차 무게를 싣는다는 전략이다.

밥은 무조건 집에서 지어 먹는다는 편견이 없어졌듯이, 한 번에 반찬까지 해결할 수 있는 원밀 형태의 '컵반'이 진화한다면 또 다른 식문화가 형성될 수 있을지도 모른다.

진정한 맛의 비결, 기술

당돌해 보일 수 있는 햇반 마케팅 전략의 기저에는 기술 혁신에 대한 자신감이 자리하고 있었다.** CJ는 경쟁 업체들이 시장에 뛰어들면서 위협을 받았을 때 가격 할인으로 돌파구를 마련하기보다는 밥맛 높이기에 '올인'했다. 한국인이 원하는 구수한 향과 찰기 좋은 밥맛을 구

---

* 가정간편식(HMR·Home Meal Replacement)이라는 용어로도 불리며, 간편하게 데우기만 하면 가정에서 간편하게 먹을 수 있게 1차 조리된 식품으로 볶음밥, 스파게티, 육개장, 갈비탕에 이르기까지 다양한 메뉴가 나와 있다.

** 햇반은 '한 사회가 경제적으로 번영하는 시기에 음식과 관련된 기술적 혁신은 특정 음식을 전체 사회로 확산시킨다'는 독일 학자 군터 비겔만의 주장에 들어맞는 사례로 볼 여지가 있다. 주영하, 『음식인문학』, 휴머니스트, 2011

현하기 위해 전국의 쌀을 모조리 훑으며 심도 있는 조사에 나섰고, 소문난 맛집의 밥맛도 연구했다. 그리고 이미 도정된 백미가 아니라 현미 상태의 쌀을 가져와 직접 도정하는 '자가 도정' 시스템을 구축했다. 2006년 3일 도정, 2010년 1일 도정 시스템을 구축하며 맛을 더 끌어올렸다. 햇반은 2015년 한 해에만 판매량 2억 개를 돌파하는 기록을 세웠고, 누적 판매량으로는 11억 개를 넘어섰다.

토종 외식 브랜드, 가능성만이 아닌 현실로 일궈내다

햇반이나 다시다가 주로 '집 안'에서 식문화에 변화를 불어넣었다면, 비슷한 시기에 '집 밖'에서는 외식 열풍이 변화를 몰고 왔다. 그 주역은 패밀리 레스토랑이었다. 소득 수준이 높아지고 식생활이 서구화된 데 따른 결과였다. 1990년대 중반에는 TGI 프라이데이, 판다로사, 시즐러, 데니스 등 외국계 패밀리 레스토랑들이 대거 진출해 '한 건물 건너면 패밀리 레스토랑'이라고 해도 과언이 아닐 정도로 치열한 접전을 펼쳤다. 햄버거와 피자 중심이었던 품목도 스테이크·시푸드·면 종류로 다양해지기 시작했다.

1994년 초에 일본계 패밀리 레스토랑 '스카이락'으로 외식 사업에 첫발을 내디뎠던 CJ는 3년 만에 본연의 야심을 담은 패를 내놓았다. 1997년, 로열티를 지불하지 않는 최초의 토종 스테이크 하우스 '빕스VIPS'를 선보인 것이다. 마치 엔터테인먼트 사업에서 드림웍스와 손잡았듯이 식품 사업에서는 외식 전문업체 스카이락과 체결한 기술 계약과 공장 운영에 대한 노하우를 바탕으로 실력을 갈고닦아 '우리 입맛'에 맞는 외식 브랜드를 개발했다는 점이 흥미롭다.

당시 패밀리 레스토랑은 주로 '양식'이라는 새로움에 눈뜬 젊은 이들이 열광하는 곳이었다. 이른바 '어르신'들은 어색하다는 이유로 별로 찾지 않는 장소였다. 빕스는 '패밀리 레스토랑'이라는 명칭에 걸맞게 젊은 세대뿐만 아니라 중장년층도 얼마든지 부담 없이 드나들 수 있는 '가족들을 위한 식공간'을 만들고 싶었다. 고민 끝에 우리나라에서는 생소했던 '샐러드바'라는 참신한 승부수를 꺼내들었다. 신선한 채소와 과일은 물론 연어, 새우 등 일반 식당에서는 맛보기 어려웠던 메뉴를 앞세운 웰빙형 뷔페였다. 이와 함께 빕스는 '토종'이라는 수식어에 부끄럽지 않게 한국 문화에 맞는 스테이크의 변신을 시도했다. 우리 입맛에 맞는 메뉴를 개발하기 위해 부위별 조리법, 숙성 과정, 다양한 소스 등 모든 요소에 신경을 쓰고, 맛을 살리기 위한 직화구이식 주방 시스템을 갖췄다. 2005년에는 품질 경쟁력 향상을 위해 업계 처음으로 100% 냉장육 스테이크를 도입했으며 2010년에는 '프리미엄 스테이크 하우스'로 변신을 시도하며 뜨거운 팬에 스테이크를 한두 번 뒤집어 굽는 팬프라잉pan-frying 조리법을 업계 최초로 선보이기도 하였다. 이를 적용한 '넘버 원(No. 1) 스테이크'는 아직까지도 베스트셀러 메뉴를 굳건히 지키고 있다.

채식과 육식의 깔끔한 조화를 내세우면서 한국인의 입맛과 성향을 고려한 이런 다각도의 노력은 결국 '세대공감'이라는 결실로 이어졌다. 어느새 빕스는 평일이면 학생들이나 주부들이 '모임 장소'로 선호하는 곳, 그리고 주말이면 가족들이 즐겨 찾는 곳이 됐다. 그 결과 2010년 외국 브랜드를 제치고 국내 1위 패밀리 레스토랑으로 올라섰다. 이를 계기로 그 후 빕스만이 아니라 토종 외식 브랜드들이 잇따라 자리를 잡았다.

뿐만 아니라 빕스는 CJ가 외식기업으로 자리 잡는 토대가 되었다. 20년 가까이 축적된 R&D 역량과 다점포 운영 노하우가 글로벌 외식 전문 기업으로 성장하는 계기가 된 것. 빕스의 성공 이후 CJ푸드빌은 비비고, 뚜레쥬르 등 자체 개발한 토종 브랜드로 라인업을 갖추고 해외 10개국에 250여 개 매장에 진출하며 '한식 세계화'에 앞장서고 있다.

"어쩌면 유명한 해외 브랜드를 들여와 그들의 방식대로 운영하는 편이 더 쉬웠을지도 모르죠. 하지만 우리 힘으로 세련된 토종 브랜드를 만들어낼 수 있다고 생각했습니다. 처음에는 시간과 공이 더 들어갈지 모르지만 장기적으로 보면 우리 입맛과 정서에 맞는 브랜드가 더 승산이 있다고 본 거죠."
— CJ 푸드빌 빕스 사업부 전정만 부장

외식문화 체험의 궁극, CJ푸드월드

"한 회사가 이렇게 여러 브랜드를 가지고 있다는 점이 정말이지 놀랍고, CJ가 브랜드 간 시너지에 능한 기업이라고 느꼈습니다."
— 제이미 올리버(영국의 스타 셰프)

대개 기업의 본사는 그룹의 아이덴티티를 잘 보여주는 방식으로 꾸며진다. 건물 내부와 외부 모두가 그곳을 찾는 사람들에게 특정한 메시지를 전달하는 것이다. 직원들을 위해서도 본사는 상징적인 공간이다. CJ는 라이프스타일 기업이라면 회사 공간에도 사람들의 본능과 호기심을 자극하는 요소가 있어야 한다고 봤다. '음식을 둘러싼 이야기와

문화를 융합한 공간을 본사에 만들어보면 어떨까?'

이 시대에 소비자들은 단순히 식재료나 레스토랑의 메뉴만을 소비하지 않는다. 식품은 재료가 선택될 때부터 개성 넘치는 요리법, 요리를 즐기는 방법, 그것을 먹는 장소, 식기, 분위기까지 거대한 스토리를 담고 있는 문화 상품이다. 식당은 요리를 먹기 위한 곳이 아니라 자신의 라이프스타일을 드러내기 위해 선택하는 곳이다. 그리하여 CJ는 현재 식문화의 정수를 담은 공간, CJ푸드월드를 구상하게 됐다.

2010년 11월, 올리브영, 프레시웨이, 푸드빌, 제일제당, 엔시티, 건설, 지주사까지 총 7개 사가 참여한 복합화 TF팀이 구성됐다. 8개월간의 준비 기간을 거쳐 2011년 7월, CJ제일제당센터에 CJ푸드월드가 문을 열었다. 지하 1층과 1층 로비에 제일제면소, 빕스버거, 투썸커피, 차이나팩토리 등 CJ의 17개 외식 브랜드를 총망라한 복합 식문화 공간으로, 총 1400평 규모에 1100석의 좌석 수를 자랑한다.

론칭 후 2014년까지 방문객은 약 1000만 명에 달한다. 특히 오픈 초기에 비해 외부 고객과 외국인의 비중이 월등히 높아진 점을 주목할 만하다. 초기에는 CJ 제일제당 사옥 내 임직원들의 이용률이 높은 편이었지만 '식문화의 모든 것을 경험할 수 있는 곳'이라는 입소문이 자자해지자 주변 직장인과 주민뿐 아니라, 원거리에서도 찾아오는 고객 비중이 높아졌다. 또 외국인들이 즐겨 찾는 관광 명소로도 인기를 모으고 있다. 2012년부터는 국내뿐 아니라 베이징에도 첫발을 내디디며 글로벌 행보도 넓혀나가고 있다.

2030이 먼저 찾는 한식

빕스가 샐러드바와 더불어 스테이크의 대중화를 이끌면서 새로운 외식 문화를 창출했다면 최근 외식 트렌드에 새물결을 일으킨 주인공은 진정한 토종인 '한식'이다. CJ의 계절밥상(2013년 론칭)이 그 대표 주자다. 빕스의 샐러드바와 한식 브랜드의 특장점을 살린 '한식 패밀리레스토랑'이라는 새로운 카테고리를 창출해 큰 호응을 얻고 있다. 뒤이어 올반(신세계), 자연별곡(이랜드) 등 후속 주자들이 나서면서 '한식 대첩'을 방불케 하는 붐이 일었다.

계절밥상은 여러모로 외식 문화의 패러다임을 뒤흔든 '사건'이었다. 기존에 뷔페 스타일의 한식당이 없었던 건 아니다. 하지만 '농가 상생'을 목표로 한 '브랜드'는 존재하지 않았다. 국내 토종·희귀 제철 식재료를 발굴해 그 계절에 만날 수 있는 가장 맛있고 건강한 음식을 푸짐한 뷔페 방식으로 선보인다는 개념은 안 그래도 세계적으로 지역 농산물에 초점을 맞추는 '푸드마일'이나 '팜 투 테이블 farm-to-table'을 강조하고 있는 시대에 매력적이고 참신하게 느껴질 수밖에 없었다. 예전에는 글로벌 트렌드를 좇아가기에 급급했지만 이제는 '우리 식'으로 소화해 새로운 유행을 만들어낼 만큼 국내 기업들의 역량이 쌓였다는 증거로도 보인다.

"원래는 한식 패밀리 레스토랑이 아니라 '아시안 그릴 키친'을 생각했었어요. 그릴 메뉴가 중심이 되고 한식 메뉴는 부가적으로 더해진 형태였죠. 그런데 시장 조사를 하면서 고객 니즈를 분석하다 보니 '건강'과 '안전'을 기본으로 해야 한다는 결론을 얻었습니다. 우리 땅에서 자란 우리 식재료를 우리 조리법대로 만든 한식이어야만

했던 거죠. 구이, 무침, 전, 국, 비빔밥 등으로 우리 한식 메뉴를 구성하고 패밀리 레스토랑으로 선보이게 됐습니다. 토종 식재료를 발굴하고 메뉴화하다 보니 자연히 국내 농가와의 접촉이 많아졌고, 농가의 소중함과 어려움을 알게 됐습니다. 그때부터 본격적으로 농가와 '상생'하는 구조를 만들어나가기 시작했죠."

—CJ 푸드빌 계절밥상 사업부 이상열 부장

한식 뷔페 열풍으로 한식 자체도 새롭게 대중의 폭넓은 주목을 받는 전기가 마련됐다. 사실 계절밥상 같은 뷔페가 등장하기 전만 해도 한식은 외식 문화에서는 소외받는 종목이었다. 소박한 '밥집' 이야 많았지만 세대를 가리지 않고 즐겨 찾는 한식 레스토랑은 드물었다. 한정식 레스토랑이 있긴 했지만, 점잔을 빼고 격식을 차릴 때나 찾는 장소라는 인식이 지배적이었다. 때문에 젊은이들은 꺼리는 경향이 있었다. 한식을 둘러싼 외식 시장은 6~7천 원대 백반 아니면 고급 한정식 시장으로 양분돼 있었던 셈이다. 그러한 와중에 계절밥상은 우리 입맛에 잘 맞을뿐더러 웰빙 트렌드에도 부합하는 즐거운 한식 공간으로 30~40대 주부들은 물론 젊은이들에게도 인기를 얻고 있다.* 이제는 한식 뷔페 앞에 줄지어 기다리고 있는 대학생들의 모습이 전혀 낯설지 않다. 빕스에 이어 한식으로도 다시 한 번 세대공감을 이끌어낸 것이다.

---

* 수시로 바뀌는 토종 제철 먹거리로 만드는 건강한 밥상이라는 콘셉트는 웰빙 트렌드에도 잘 맞을 뿐 아니라 농가와의 협업으로 바탕으로 한 상생 활동이라는 의미도 갖고 있다. 여기에 합리적인 가격대(성인 기준 1~2만 원대)까지 매력을 발휘해, 익월 예약을 접수받기 시작하는 매월 1일마다 계절밥상 전 매장으로 전화가 쏟아진다.

비비고의 한식로드

우리나라를 비롯한 동양권에서만 먹거리 문화에 대한 관심이 뜨거운 것은 아니다. '어떻게 안전하고 건강한 먹거리를 지속가능하게 할 것인가'라는 문제는 지구촌이 공통으로 안고 있는 '핫hot'한 과제이다. 지난 20년간 서양에서는 먹거리를 둘러싼 거대 담론이 형성된 것은 물론, 사회·문화적 차원에서 음식 개혁 운동이 활발하게 벌어져왔다. 슬로푸드, 식재료로 활용 가능한 학교 텃밭, 온갖 채식주의를 비롯해, 철학자 피터 싱어 등이 이끄는 윤리 운동 등이 그것이다. 유럽에서 10여 년 동안 활동한 여미영 디자인 컨설턴트는 "21세기 들어 의·식·주 가운데 식문화가 가장 많은 변화를 일궈냈다. 지금 구미 지역에서는 웰빙, 디자인·아트, 경제적 가치, 사회적 의식 등 다양한 각도에서 식문화를 주목하고 있다"라고 설명했다.

특히 요즘 식문화는 그 어느 때보다 관대하다는 점을 주목할 만하다. 가장 고집이 세기에 느릿느릿 변한다는, 보수성이 강한 식문화가 동서양을 막론하고 '혁신'을 꽤나 포용적으로 흡수하고 있는 모양새다. 이러한 트렌드는 글로벌화와도 맞물려 각국의 에스닉ethnic 푸드가 각광받고 있고, 글로벌 식문화는 전반적으로 훨씬 개방적인 면모를 띠게 됐다. 더욱이 이제 음식은 드라마나 음악 같은 다른 문화콘텐츠와 어우러져 '융합형 콘텐츠'로 다가가는 추세다.

이처럼 뜨거운 식문화 콘텐츠가 최근 가장 큰 규모로 어우러졌던 장은 이탈리아 밀라노에서 6개월(5.1~10.31)에 걸쳐 열린 2015년 밀라노 엑스포Expo Milano 2015였다. 흔히 패션과 디자인의 도시로 일컬어지는 밀라노이지만 2015 엑스포의 초점은 '먹거리'였다. '지구 식량 공급, 생명의 에너지Feeding the Planet, Energy for Life'라는 주제 아래 145개국이 참여하고, 2000만 명이 넘게 관람했다.

그런데 유럽의 자존심을 걸고 굉장히 공들여 준비했다는 밀라노 엑스포에서 모두의 예상을 깨고 다크호스로 등장한 국가관은 230만 명을 동원한 한국관이었다. 그 주된 동력의 하나는 한식 열풍. 한국관은 조화·발효·지혜가 담긴 한식을 미래 먹거리 대안으로 소개하는 전시를 선보였다. 한국관 레스토랑에서는 이러한 전시 주제에 맞춰 한식을 대표하는 품목인 김치와 장, 비빔밥 등을 현대적으로 해석한 한상차림과 가공식품을 내놓았다.

처음에는 별 관심거리가 아니었다. 그런데 한번 다녀간 관람객들과 기자들 사이에서 발효의 지혜가 깃든 최상의 음식이라는 입소문이 나면서 '한식당은 엑스포장에서 가장 훌륭한 식당'이라는 찬사가 쏟아졌다. 엑스포에서 '한식로드'를 대표하도록 내세운 얼굴은 우리에게도 낯설지 않은 CJ 대표 브랜드 '비비고bibigo'였다. 엑스포 기간에 비비고에서 한식을 맛본 사람은 20만 명에 이른다. 본디 하루 200~300명으로 예상했던 고객 수는 한 달 만에 700명을 넘어섰고 일평균 최고 1600명까지 치솟기도 했다. 특히 비비고 김치 제품을 활용해 선보인 '김치스튜(김치찌개)'는 줄을 서서 먹을 정도로 폭발적인 인기를 끌었고, 음식을 접한 이들 역시 칭찬을 아끼지 않았다. "둥둥 떠 있는 두부는 풍미가 뛰어나다. 맵고 생기를 돋우는 김치와 최고의 궁합이다. 김치를 한번 먹어보면 먹지 않고는 더 이상 견딜 수 없게 된다." 밀라노 엑스포 홈페이지에 이렇게 소개됐을 정도다.

비비고의 파급 효과는 꽤 쏠쏠했다. 엑스포에서 한식을 접한 현지인들(한국관 방문객 중 80%가 이탈리아인이었다고 한다)이 밀라노에 있는 한식당을 찾는 경우가 늘어나고 있다는 후문이다. 실제로 밀라노 엑스포 한국관이 관람객들을 대상으로 설문조사를 진행한 결과, '한국관 방문 이후 한식을 추천하겠다'는 응답이 89%나 됐다. 자국 식문화에 대한 자부심과 사랑이 대단한 이탈리아에서 이처럼 한식의 매력이 부각된 것은 이례적인 일. 그렇지만 그만큼 준비가 철저하기도 했다. 수프, 샐러드, 메인 요리 등을 한 접시에 담아 정갈하면서도 간편한 테마 메뉴를 만들었고, 현지의 신선한 재료를 공수해 정통 한식에 가까운 맛을 냈으며, 현지인 직원 교육에도 남달리 공들였다. CJ가 비비고 브랜드를 론칭한 이래 해외에서 쌓은 노하우와 운영 경험이 '푸드 엑스포'라는 기회를 맞아 좋은 타이밍에 빛을 발하기 시작한 것이다.*

---

* "'한식'에 빠진 유럽… 투자자도 관심", 「한경비즈니스」, 2015년 11월 18일, 1041호

한국판 맥도날드, 비비고

"이미 10여 년 전부터 한식이 뜰 것이라는 믿음으로 사업을 시작했습니다. 그간의 노력으로 이제 막 한식 세계화가 시작됐습니다. 10년 뒤에는 한식이 세계 식문화의 주요 카테고리를 차지할 것이라고 믿습니다. 비비고는 '코리안 맥도날드'가 될 수 있다고 봅니다."

— 이재현 CJ그룹 회장(2012년 3월, 제주도 '온리원페어')

1990년대 중반부터 문화산업을 꾸준히 일궈온 CJ는 식문화를 하나의 온전한 문화콘텐츠로 바라보게 됐고, 지속력이 크고 다른 한류 콘텐츠와 융합적인 효과를 낼 수도 있는 글로벌 문화콘텐츠로서의 가능성을 높이 샀다. 그러한 기대와 바람을 담아 음식 한류의 첨병 역할을 맡긴 비비고는 한식 고유의 전통에 현대적인 가치를 더해 외식을 넘어 가공식품으로 가정에서도 손쉽게 한식을 즐길 수 있도록 한 최초의 글로벌 한식 브랜드다. '비비고bibigo'는 '비비다'라는 우리 말과 테이크아웃을 뜻하는 '투고to-go'를 합해 만든 이름이다. 원래는 건강하면서도 간편한 비빔밥으로 유명한 레스토랑 브랜드로 출발했지만(2010년 5월 광화문 1호점), 2011년 말에 CJ그룹의 글로벌 한식 브랜드들이 비비고라는 하나의 이름으로 통합됐다. 이후 CJ가 운영하는 해외 한식 레스토랑은 물론이고 가공식품들도 비비고라는 브랜드를 입게 됐다.*

비비고를 '맥도날드처럼 만들겠다'는 CJ의 목표는 곧 우리 식문

---

* 비비고가 은근한 인기를 끌면서 브랜드 가치를 인정받은 데다 해찬들, 햇반, 다시다처럼 카테고리 특성에 맞춘 브랜드명들이 해외에서 발음과 의미 전달이 어렵다는 이유도 고려됐다. 국내에서는 각각의 카테고리를 대표하는 브랜드명들이 그대로 쓰인다.

화를 세계에 전파하겠다는 얘기다. 우수한 한국의 식문화를 서양식 패스트푸드처럼 강력한(하지만 훨씬 더 건강한 철학이 담긴) 글로벌 문화상품으로 만들어 K컬처를 확산시키겠다는 생각이 담겨 있다.

"비슷한 얘기처럼 들릴 수 있지만 CJ는 한식의 세계화가 아니라 한국 식문화의 세계화를 뚜렷한 지향점으로 삼고 있습니다. 불고기, 비빔밥 등 한국의 개별 음식을 알린다기보다는 그 음식에 담긴 이야기와 정신, 역사를 자연스럽게 알리면서 한국의 식문화가 일상에 스며들게 하자는 것입니다. 우리 음식에는 K컬처의 정수가 녹아 있으니 말입니다."
— CJ 푸드빌 글로벌사업 담당 김찬호 부장

일단 출발 신호는 나쁘지 않다. 밀라노의 한식 바람은 2015년 엑스포를 계기로 싹튼지라 아직 걸음마 단계라 할 수 있지만, 또 다른 유럽의 도시 런던에서는 수년째 나름 순풍이 불고 있다. 300여 개의 언어가 공존할 정도로 다문화적 개성이 만발한 런던은 유럽에서 음식문화의 천국으로 일컬어진다. 자국 식문화가 발달하지 않은 덕(?)에 오히려 세계 각국의 음식문화를 가장 폭넓게 수용한 도시가 바로 런던이기 때문이다. 각종 아시안 푸드가 활개 치는 이 도시에서 홀본에 1호점을 낸 퓨전 한식당 '김치', 모던 한식당 '진주' 등이 상당한 인기를 끌고 있다. CJ는 2012년 중심가인 소호에 캐주얼 다이닝 분위기의 비비고 1호점을 냈는데, 3년 연속 미슐랭가이드에 이름을 올리면서 맹위를 떨치고 있다. 이 여세를 몰아 2015년 초 엔젤 지역에 2호점을 열었다.

한식 붐이 일면서 최근 외식 기업이나 투자자들이 한식 비즈니스에 전례 없는 관심을 보이고 있다(실제로 진주나 김치는 외국계 투자자들의 자금을 받은 것으로 알려져 있다).

"외식업은 단순히 먹고 마시는 사업이 아닙니다. 식품·관광·문화 등 다른 산업과 연계돼 동반 진출할 수 있기 때문에 차세대 경제 성장 동력이기도 하지요. 그래서 진정한 한식 세계화는 한국의 문화를 세계에 알릴 수 있어야 합니다."[*]

― CJ 푸드빌 박호영 영국 법인장

한식의 '현대적인' 세계화라는 녹록지 않은 과업

한국 식문화의 전파라는 궁극적인 목표를 이루기 위해서는 필수적인 선행 과제가 뒷받침돼야 한다. 바로 한식의 현대적인 세계화라는 과업이다. 이 과업에는 상당히 섬세하고 세련된 내공과 전술이 요구된다. 일단 한식을 현대적으로 해석하고, 균일한 맛을 내도록 표준화 시스템을 갖추며, 위생 수준을 높이고, 현지의 식문화에 맞도록 '리디자인redesign'하는 다각도의 작업이 반드시 필요하다. 예를 들어 우리 고유의 식문화를 이루는 핵심 요소들인 밥, 장류, 김치 등을 생각해보자. 이런 음식들이 식문화 차원으로 올라서려면 밥이 그저 다른 메뉴에 곁들여지는 수준이 아니라 한 끼를 책임지는 주식이 되어야만 한다.[**] 아니면 이미 일상에 녹아든 인기 있는 주식과 감초처럼 어우러지는 양념이 되어야 한다.

---

[*] "'한식'에 빠진 유럽… 투자자도 관심", 「한경비즈니스」, 2015년 11월 18일, 1041호

[**] 구미에는 '맨밥' 문화가 존재하지 않기 때문에 쌀을 먹더라도 카레밥, 볶음밥 같은 원밀 형태를 당연시한다. 비비고도 글로벌 제품은 원밀 형태를 지향한다는 방침이다.

동양권 브랜드로 이미 자국 전통식품을 세계 시장에서 성공시킨 사례로 일본 굴지의 소스회사 기코만キッコ_マン과 '굴소스'로 유명한 중국의 이금기李錦記를 들 수 있다. 둘 다 자국 음식이 보편화되기 전에 일찌감치 철저한 현지화·규격화 전략을 펼치고, 식문화 홍보에 앞장서 각각 일식과 중식의 세계화에 크게 공헌했다는 공통점을 지니고 있다.* 그 결과, 산업의 덩치가 가장 크다는 미국에서 기코만은 간장 시장의 60%, 이금기는 굴소스 시장의 90%를 점유하고 있다.** 게다가 일식의 경우에는 건강하고 세련된 식문화라는 프리미엄 이미지를 굳히며 자국 식문화의 텃세가 심한 편인 서유럽 등의 지역에서도 큰 성공을 거두었다.

여기에서 눈여겨볼 또 하나의 공통분모는 굴소스든 간장이든 나홀로 '단품'으로만 인기를 그러모은 것이 아니라는 사실이다. 테이크아웃 메뉴로도 흔히 볼 수 있는 볶음면이나 볶음밥 같은 캐주얼 중식이나 스시 문화가 해외 곳곳에 뿌리를 내리고 있기에 소스도 덩달아 각광받은 것이다. 맥도날드와 케첩, 샌드위치와 마요네즈의 공생관계도 비슷한 맥락에서 해석할 수 있다. 한식의 글로벌화도 마찬가지다. 비빔밥이나 백반 문화를 현지의 일상적인 식생활 속에 심지 못하고서는 고추장이나 김치가 잘 팔리기를 기대할 수 없는 법이다.

CJ가 비비고를 꾸리는 방식은 바로 이러한 현지화의 맥락에서 이해될 수 있다. 일단 레스토랑과 가공식품을 하나의 브랜드로 통합해 운영하는 전략부터 한식을 낯설어하는 이들이 자연스럽게 입맛

---

* 스시나 볶음밥 같은 요리는 모두 한 코스로 해결되는 간단한 일품 요리 형태로 발달하면서 전 세계적으로 인기의 토대를 다졌다. 간장과 굴소스는 일식과 중식의 '단짝' 같은 상징성을 지닌다.

** "전통식품의 산업화 및 글로벌화와 대기업의 역할", CJ경영연구소, 2011년 7월 28일

글로벌 Top 4 외식 기업 실적 추이(2010~2014)

단위: 억 원

구분		2010	2011	2012	2013	2014
맥도널드	매출	281,677	315,970	322,533	328,840	321,059
	영업 이익	87,434	99,801	100,678	102,538	93,003
얌그룹	매출	132,713	147,724	159,506	153,082	155,364
	영업 이익	20,697	21,235	26,839	21,036	18,216
스타벅스	매출	125,271	136,890	155,610	174,236	192,441
	영업 이익	16,602	20,229	23,364	3,802	36,047
다든그룹	매출	83,222	87,750	62,325	57,575	73,546
	영업 이익	4,761	5,592	4,153	3,205	2,035
4대 기업 평균	매출	155,721	172,083	174,993	178,433	185,602
	영업 이익	32,373	36,714	38,759	32,645	37,325
	영업 이익률	21%	21%	22%	18%	20%

*각사 연차 보고서, 환율 1170원 기준

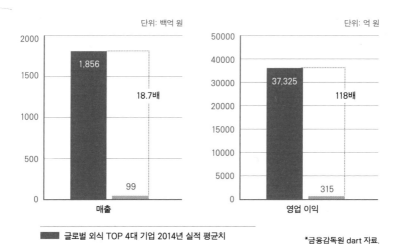

글로벌 외식 TOP 4대 기업 2014년 실적 평균치
국내 대표 외식 TOP 4대 기업 2014년 실적 평균치

*금융감독원 dart 자료, 2014년 실적 평균치 기준

식문화를 주도하고 있는 글로벌 식품기업들은 흔히들 예상하는 것보다 사업의 덩치가 크다. 단적인 예로, 맥도널드는 햄버거 문화, 스타벅스는 커피 문화를 바탕으로 각각 매출 수십 조 원대 기업으로 성장했다. 특히 이들의 영업 이익률이 꽤나 안정적인 두 자릿수라는 공통점에도 주목할 만하다. 꾸준한 성장과 고수익 구조라는 누구나 부러워할 법한 면모가 잘나가는 첨단 IT기업들의 전유물은 아니라는 사실을 잘 보여준다.

을 확장하는 것에 그 목적을 두고 있다. 레스토랑에서 음식을 일차적으로 맛봄으로써 경험을 쌓고, 서서히 호감을 갖게 되면 동일한 브랜드 제품인 가공식품을 가정에서 간편하게 즐기도록 한다는 포석이 깔려 있는 것이다.

상품의 면면을 봐도 현대인의 일상에서 누구나 부담 없이, 손쉽게 접할 수 있도록 치밀하게 구성했다. 현재 비비고 레스토랑 중에는 일반적인 레스토랑 형태인 CDRCasual Dining Restaurant매장도 있지만, 해외에서는 맥도날드처럼 기호에 맞게 조합을 선택, 주문할 수 있는 QSRQuick Service Restaurant이 주축을 이루고 있다. 이에 따라 세계 어디를 가든 같은 맛을 낼 수 있도록 전용 밥과 전용 소스가 구비돼 있는데, 토핑 또한 입맛에 맞게 선택할 수 있게 했다.

가공식품의 경우에도 현지 라이프스타일에 철저히 맞춘 내용과 구성으로 승부한다는 전략이다. 실례로, 비비고의 전략 제품 중 하나인 만두는 미국 식품시장에서 '한국식 만두K-Mandu'라는 새로운 식품 장르를 창출하며 한식 세계화 열풍의 단초를 제공하고 있다. 맛과 건강, 편의성을 고루 갖춘 차별화된 제품 특장점을 앞세워 소비자 입맛을 사로잡은 것인데, 미국에 공장을 건설하고 현지인들의 입맛에 맞춘 제품들을 개발해 선보이는 등 철저한 현지화 전략을 바탕으로 한 공격적인 투자가 주효했다.

"만두를 전략 제품으로 택한 데는 분명한 이유가 있어요. 아직은 많은 나라에서 한식을 외식으로 즐기는 것을 낯설어하기 때문에 집에서 조리하는 가공식품까지 이어지려면 시간이 걸릴 수 밖에 없거든요. 그런데 만두는 이미 미국을 비롯해 지구촌 여기저기에서 쉽

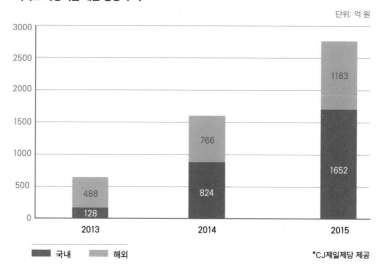

비비고 가공식품 매출 성장 추이

단위: 억 원

2013: 국내 128, 해외 488
2014: 국내 824, 해외 766
2015: 국내 1652, 해외 1183

■ 국내   ■ 해외   *CJ제일제당 제공

게 볼 수 있는 식품의 형태라 '글로컬glocal 상품'이 되기에 가장 적
합하다고 봤습니다. 만두 외에도 한식의 대표 제품이라 할 수 있는
김치나 양념장 등도 글로벌 브랜드로 자리 잡아 한식 문화를 확산
시킬 수 있도록 노력할 것입니다."

— CJ제일제당 식품마케팅 HMR팀 장현아 부장

　이 같은 글로컬 전략에 힘입어 비비고 만두는 미국 만두 시장의
2인자로 뛰어올랐다. 미국 만두 시장 자체가 엄청난 규모는 아니지
만 낯선 브랜드의 음식이 호감을 얻는 데까지는 성공하더라도 일상
으로 파고드는 데까지 상당한 시간이 걸린다는 점을 감안하면 제
법 고무적인 결과다. 레스토랑과 가공식품을 하나의 브랜드로 엮어
소비자에게 다층적으로 다가가는 CJ의 접근 방식이 일단 비비고 만

두에서는 빛을 발한 것이다. 이 방식이 비비고 김치든, 비비고 스낵이든 다른 상품군으로 효과적으로 확산될지 여부가 글로벌 식품사업의 성패를 가늠하는 1차 관건일 것이다.

한국 식문화의 경계를 새로 그리자

CJ의 글로벌 전략 브랜드 명단에는 비비고 말고도 베이커리 브랜드 뚜레쥬르와 커피 체인 브랜드 투썸플레이스, 스테이크 전문점 빕스까지 버젓이 올라와 있다.* 현대적인 해석과 장치를 적용했다 하더라도 기본적으로는 전통적인 DNA를 지닌 한식 브랜드야 그렇다 치지만, 빵이나 스테이크, 커피 같은 서양식으로 도대체 어떤 글로벌 로드맵을 그린다는 걸까?

이 지점에서 과연 한국 식문화의 경계는 어디까지인지 가늠해볼 필요가 있을 것 같다. 어떤 음식이 한국 문화와 섞여 새로운 식문화를 형성하게 되는 경우가 있다. 짜장면과 카레가 그렇다. 한국에서

---

* 투썸플레이스, 뚜레쥬르, 빕스는 비비고와 함께 CJ푸드빌의 '사각 편대'를 이루고 있다. CJ푸드빌은 2005년부터 중국, 미국을 중심으로 해외 진출을 시작했고, 2015년 3월 기준으로 해외에 총 221개 지점을 두고 있다(뚜레쥬르 173개, 투썸 14개, 비비고 14개, 기타 18개, 빕스 2개). CJ푸드빌의 대표적인 글로벌 사업은 '뚜레쥬르'다. 국내에 1300여 개, 해외 150여 개(중국 70개, 동남아, 미국 등) 매장을 두고 있는데 2020년까지 1600~2000개 매장을 해외에 진출시키겠다는 목표를 갖고 있다.

는 대표적인 중식이 짜장면이지만 정작 중국에서는 이를 잘 모르고, 카레가 처음 선보였을 때만 해도 일본식 카레만 유행했다. 그렇다면 짜장면과 카레의 국적은 무엇일까?

"짜장면은 한국 음식이라고 생각합니다. 카레는 인도식 카레도 있지만 일본 음식이기도 하죠." CJ 그룹 이재현 회장은 수년 전 영업 담당자들을 만난 한 간담회에서 실제로 이 같은 문답을 스스로 한 적이 있다. 누가 처음 만들었느냐가 중요한 게 아니라 어떻게 변형해 라이프스타일 콘텐츠로 팔 수 있느냐가 국적까지도 바꿀 수 있다고 보는 시각을 피력한 것이다. 그리고 그는 덧붙였다. "그렇다면 피자는 어느 나라 음식입니까? 이탈리아죠. 그런데 피자헛은 어느 나라 회사죠? 타코벨은요?"

피자헛과 타코벨은 미국을 대표하는 브랜드다. 피자와 타코는 각각 이탈리아와 멕시코를 대표하는 음식이지만 산업적인 차원에서는 미국 기업들이 세계화를 선도해오며 짭짤한 수익을 챙겨왔다. 이렇듯 '남의 나라' DNA가 강한 음식을 해외로 역수출하는 사례는 역발상의 차원이 아니라 F&B 업계에서 역사로 증명되어왔다. 익히 알려졌다시피, 스타벅스의 창업자 하워드 슐츠 회장은 밀라노 여행 중에 들른 에스프레소 전문점에서 영감을 받아 매머드급 글로벌 기업을 일궈냈다. 저마다 커피의 원조라고 자부하는 이탈리아나 브라질, 컬럼비아, 인도네시아에서는 스타벅스만큼 강력한 브랜드를 키워내지 못했다. 또 요즘 인기가 높은 캡슐 커피는 어떠한가? 단 한 톨의 커피도 생산하지 못하는 스위스가 세계 5위의 커피 수출국이며 스위스 다국적 기업 네슬레는 캡슐 커피 브랜드 '네스프레소'와

'돌체 구스토'로 시장을 주도하고 있지 않은가.*

아예 유래를 잘 모르는, 그렇지만 아무도 그런 점에 크게 신경 쓰지 않는 글로벌 식품들도 있다. 예컨대 『음식의 언어』에서 저자인 댄 주래프스키 스탠퍼드대 교수는 케첩의 원류가 중국 푸젠성에서 활용되던 발효된 생선소스라고 주장했다. 최근 한국에서도 인지도가 상승 중인 다쿠와즈 같은 디저트는 원래 프랑스 지방이 원조이지만 오히려 일본에서 더 대중적인 인기를 얻게 되면서 진화한 것이다.

비비고를 대표하는 만두도 기원을 따지자면 순수한 우리 것은 아니다. 비비고의 만두는 피가 두꺼운 중국 만두와 달리 속이 비칠 정도로 얇고, 깨물었을 때 '속이 꽉 찼다'는 식감을 준다. 한국인들이 좋아하는 빵은 분명 구미권의 기호와는 차이를 보인다. 그래서 뚜레쥬르를 비롯한 한국 베이커리 브랜드들은 동양인 기호에 더 맞는 단팥빵, 찹쌀도넛 등 간식용 빵과 기름기 적고 담백하지만 너무 심심하지는 않은 유럽식 식사용 빵을 함께 선보인다. 빕스의 경우에도 정통 스테이크만 접할 수 있는 장소가 아니다. 갓 만든 수제피자와 쌀국수를 제공하는 '라이브 키친', 비빔밥을 즐길 수 있는 '라이스존Rice Zone' 등을 함께 운영하기에 '한국형 패밀리 레스토랑 브랜드'라고 불릴 수 있는 것이다.

한국 음식을 즐기고 한국 문화에 호감을 품는 이들이 많아지면서 이러한 서양식 품목들도 나름의 한국형 브랜드로 충분히 인정받을 수 있다는 게 CJ의 생각이다. 누구의 식문화든 경계는 없기

---

* "음식, 잘 포용한 나라가 '소유권' 갖는다", 「조선일보」, 2015년 5월 7일자 인터넷 판

때문이다.[*]

하지만 국경선이 따로 없다고 해서, 또 식문화를 창출해낸다면 누구나 소유권을 가질 수 있다고 해서, 손쉽게 맥도날드가 되고 스타벅스가 될 수 있는 것은 아니다. 아니, 맥도날드조차도 F&B 업계를 지배하는 '느림의 미학'에서 자유롭지는 못하다. 30조 원(2014년 기준)에 육박하는 연매출을 자랑하는 맥도날드가 야심차게 투자한 치폴레Chipotle라는 패스트 캐주얼 레스토랑 브랜드가 있다. 부리또와 타코 등 멕시칸 그릴 메뉴를 중점으로 한 이 브랜드는 소비자 호응에 힘입어 1998년 맥도날드의 지분 투자를 받았다. 워낙 인기가 높은 편이었고 큰 지분은 아니지만 든든한 지원군까지 얻었으므로 탄탄대로를 달릴 듯했지만 실제 상황은 다르게 펼쳐졌다. 치폴레는 몇 년이 지나도 적자를 면치 못했고, 맥도날드는 해마다 1000억 원 이상의 투자비를 쏟아부으면서 급기야는 이 회사의 지분율을 90%까지 높여야 했다. 투자 누계액이 4000억 원 규모에 이르렀다.[**]

2004년, 치폴레는 드디어 흑자 전환을 달성하면서 상승세로 돌아섰다. 2006년에는 기업 공개(IPO)를 통해 자금줄에 숨통이 트이면서 맥도날드는 투자금을 회수할 수 있었다. 현재 치폴레는 구미 지역에 활발히 진출하면서 '워너비' 글로벌 브랜드로 쑥쑥 성장하고 있다. 하지만 치폴레가 맥도날드가 원군으로 나서고 난 뒤에도 수익을 내는 데 6년, 그리고 자금 회수를 할 수 있을 정도로 성장하기까지는 8년이란 시간이 걸렸다. 이처럼 맥도날드 같은 '큰손'이 투자를

---

[*] 실제로 뚜레쥬르와 파리바게뜨 같은 한국 베이커리 브랜드들은 중국에서 상당한 인기를 누리고 있다.

[**] 맥도날드·치폴레 연차 보고서

해도 식문화 영역에서 글로벌 브랜드를 키워내는 일은 결코 쉽지 않다. 통도 커야 하지만 무엇보다 지속적인 투자를 해줄 수 있는 장기적인 뒷심이 필요하기 때문이다. 이제 막 시작된 '경계 없는' 한식 로드에서도 절대로 끈기를 잃지 말아야 하는 이유다.

'국민 드라마'라는 칭호를 얻었던 〈응답하라 1988〉이 막바지에 이르면서 '남편 찾기'가 뜨거운 화두로 부상하자, 미혼의 딸을 둔 많은 어머니들이 혀를 끌끌 차며 이렇게 핀잔을 줬다고 한다. "네 남편이나 좀 그렇게 열심히 찾아보지 그러냐." 우스갯소리이긴 하지만 두 명으로 좁혀진 후보 중 누가 여주인공 덕선이의 남편이 될 것인지 하는 문제는 그만큼 많은 이들에게 큰 관심사였다. 돈이 나오는 것도, 떡이 나오는 것도 아닐진대, 생사와는 하등 관계가 없는 이슈에 왜 그렇게 열을 올리는 걸까?

삶의 무게감에 비춰보면 하찮을 수도 있는 일에 집중하게 만드는 것이 문화상품의 매력일 것이다. 대중문화사에 정통한 학자 도널드 서순이 말했듯이, 문화적 산물은 다양한 목적에 이용되지만 순기능을 따지자면 무엇보다도 우리가 시간을 즐겁게 보내는 데 도움을 준다는 점에서 높이 평가받는다. '응팔'이라는 작품 속 설정이 어디까지나 가상이라는 사실을 빤히 알면서도 실제 상황처럼 화내고 들

뜨고 몰입하게 만드는 힘. 이런 '즐거운 몰입'이야말로 대중에게 가장 유용하고 소중한 가치인 것이다. 특히, 그 에너지가 엄청나게 많은 이들의 공감으로 응집될 때의 가치는 하나의 사회적 현상으로 나타날 정도로 무섭게 치솟는다.

그 가치는 때때로 국적, 인종, 언어, 종교의 벽을 넘어 소통되기도 한다. 개인적 경험을 예로 들자면, 2010년 남아공 월드컵 시즌에 '한국 대 그리스전' 중계를 함께 보면서 '절친'임에도 선뜻 한국 편이 되어주지 않았던 대만 친구가, 어느 날 드라마 '별그대'에 푹 빠졌다면서 전화를 걸어오고, 서울에 놀러와서는 나흘 내내 한 끼도 거르지 않고 한국 음식만 찾고 국산 브랜드 화장품을 사러 다니던 기억이 있다. 유학 시절, 서먹했던 중국인 동창생이 소주 한잔 하는 자리에 동참했던 계기는 그가 최고로 꼽는 영화 〈살인의 추억〉 때문이었다. 스코틀랜드 호수 네스호湖를 여행할 때는, K팝 골수팬인 인도 소녀가 단지 한국에서 왔다는 이유만으로 내게 친근하게 대해주었다. 요새 런던에 가면 '비비고'나 '김치' 같은 레스토랑에는 서양인들이 빼곡하다.

그 어떤 외교사절도 넘보지 못할 부드러운 설득과 전이, 그것이 21세기를 주도한다고 운위되는 '소프트파워'의 핵심 축으로 문화가 꼽히는 이유일 것이다. 그런데 다수가 탐내는 문화콘텐츠 산업을 둘러싼 역학 구도에 의미심장한 변화의 조짐들이 보이고 있다. 그 한 가지는 인터넷이 드디어 '딥미디어deep media'라는 별칭에 걸맞은 파워를 행사하고 나서기 시작했다는 것이다(몰입도가 뛰어나다는 맥락에서 붙여진 이름이다). 일례로 아마존이 TV 드라마에 이어 영화 제작에 본격적으로 나섰고, 넷플릭스는 동서양을 아우른 성공을 거둔 〈와호장룡臥虎藏龍〉의 속편인 〈와호장룡 2〉의 제작과 배급을 맡았으며 봉준호 감독의 차기작 〈옥자〉에도 5000만 달러를 투자한다고 발표했다(〈옥자〉는 〈설국열차〉를 뛰어넘어 한국 감독이 만든 작품 중에서 최대 규모의 블록버스터가 될 것으로 전망된다).

전통적인 엔터테인먼트 강호가 아니어도 자사 플랫폼에 이미 수천만 명의 잠재 고객을 보유한 이 기업들은 콘텐츠 색깔 등에서는 차이가 있지만 뚜렷한 공통분모도 갖고 있다. 상영관 개봉과 스트리밍 서비스의 시간 차를 별로 두지 않거나 아예 없애겠다는 노선을 드러냈다는 점이다. 궁극적으로는 사람들을 TV나 극장이 아닌 '스트리밍'으로 끌어들이겠다는 의도다. 세계 온라인 스트리밍 시장이 가파른 성장세를 타면서 2014년 기준으로 이미 82억 달러 규모를 넘어선 것으로 추산된다는 통계(PwC)는 콘텐츠 업계 새 주자들의 거침없는 행보에 힘을 보태줄 만하다. 카카오가 유료 회원 360만 명을 가진 국내 1위 음원 플랫폼 '멜론'이 소속된 로엔엔터테인먼트를 자사 연간 매출의 두 배 수준인 1조 8700억 원이 넘는 금액에 인수한 것도 이 시장의 확장성에 프리미엄이 붙은 증거가 아닐까. 대중문화가 갈수록 세계화 흐름을 타는 가운데 콘텐츠 대전은 이렇듯 업종, 플랫폼 등 온갖 경계를 사뿐히 무너뜨리며 누구도 향방을 섣불리 예측하기 힘든 방식으로 전개되고 있다.

CJ도 따지고 보면 전혀 예상치 못한 '새내기'로 이 판에 뛰어들었다. 심지어 아마존이나 넷플릭스처럼 서비스 기업도 아닌, 설탕과 밀가루로 출발했던 식품 제조업에서 미디어·콘텐츠 기업으로 파격적인 전환을 시도한 흔치 않은 경우다. 그것도 '산업'적인 틀에서는 불모지에 가까웠던 땅을 일군 시장 창출형이다. 지금에 와서야 '극적

dramatic'이라는 수식어를 붙이기도 하고 사업군 간 '시너지'를 운운하기도 하지만 실제로 20여 년 전 상황을 몸소 겪은 사람들 얘기는 다르다. 제조업과 콘텐츠 사업은 너무나 이질적이었다는 것이다. "제조업은 확실한 매뉴얼이 존재하고, 인과관계가 분명합니다. 그런데 콘텐츠는 암묵적인 노하우로 움직이고, 히트작을 답습하더라도 또 흥행한다고 보장할 수 없죠." CJ E&M 경영지원실 최도성 상무의 말이다.

그런데 중요한 공통점이 하나 있었다. 항상 '소비자'와 '트렌드'를 읽어야 한다는 점이었다. 까다로운 '입맛'을 골똘히 연구하다 보면 소비자가 어떤 생각을 하고 무엇을 바라는지 깊이 들여다보게 된다는 것. 먹는 즐거움은 보는 즐거움, 느끼는 즐거움과 통하는 것일까. CJ만이 아니라 오리온그룹(동양), 롯데그룹 등 식품 기업들이 한국에서 엔터테인먼트 사업을 크게 꾸린 것은 우연이 아닐 수도 있다는 생각을 한다. CJ를 관통하는 '문화'라는 키워드는 전반적으로 긍정적인 브랜드 이미지를 창출하는 데 기여했고, 한때 '미운 오리새끼' 취급도 받았던 엔터테인먼트는 이제 식품사업에 좋은 영향을 주는 존재다. 예전엔 '설탕 회사가 영화도 만드네'라며 의아해했는데, 요즘 젊은 세대는 오히려 "CJ가 영화나 드라마만 만드는 줄 알았더니 먹을 것도 만드네"라고 말한다니 격세지감이 느껴지는 대목이다.

그렇게 20년을 쌓아온 융합적 역량이 해외 무대에서 얼마나 통할지는 사실 미지수다. 더 넓은 바다를 헤엄치려는 건 기업의 본능이기도 하지만 시장 규모 자체가 상대적으로 작은 나라들의 경우에는 성장, 아니 대개는 생존을 위한 지상과제이기도 하다. '크리에이터들의 크리에이터'를 자처하는 CJ라는 기업에 '글로벌'은 꿈이기도 하지만 어쩔 수 없는 선택이기도 한 것이다. 타이밍은 나쁘지 않아

보인다. 혹자는 요즘 문화콘텐츠 산업의 판도를 놓고 '떠오르는 나라들의 문화가 떠오른다'고 말하기도 한다. 30여 개국을 다니면서 이 분야를 파고든 한 프랑스 저널리스트는 미국식 모델이 주도하는 '메인스트림'에 맞설 세력을 키울 만한 후보로 중국, 인도, 브라질 등 신흥 경제국들을 꼽았다(마치 BRICs를 연상케 하는 이 명단은 모든 산업 메커니즘에 '시장 규모'가 얼마나 중요한지를 말해주기도 한다).

물론 이미 '뜬 나라'가 질 것이라는 얘기는 아니다. 누가 투자를 하고 제작을 하든 미국식 블록버스터와 베스트셀러가 갈수록 더 힘을 얻고 있듯, 메인스트림인 미국의 대중문화 파워는 점점 더 강해질 테지만, 더 이상 유일한 지배국이 되지는 못할 것이라는 게 내로라하는 문화산업 전문가들의 진단이다. 하지만 자본과 플랫폼이 워낙 이리저리 복잡하게 얽히고 있는 데다 인터넷이 콘텐츠 형태와 산업 구도 자체를 바꿔놓고 있는 이 시대에 '국적 가리기'는 큰 의미가 없지 않을까 싶다. 이 생태계는 기본적으로 기업들의 전장인 것이다. 크리에이터들의 혼이 담긴 콘텐츠를 소화하기 위해 플랫폼을 열심히 가꾸려는, 또 저마다의 플랫폼을 사수하고 키우기 위한 콘텐츠를 빚어내려는 기업들이 엉킨 실타래마냥 복잡다단한 구도에서, 때로는 '적과의 동침'을 불사하며 겨루는 무한 경쟁이다.

나는 이 책을 쓰면서 그 불꽃 튀기는 대결이 예상보다도 훨씬 더 격렬해서 어지럽기도 했지만 반갑기도 했다. 우리가 문화를 소비하는 방식은 시장에 달려 있고, 믿든 곱든 기업의 존재감과 역할은 크다. 그런데 모든 개념을 새롭게 해석해야 할지도 모르는 디지털 시대에 도태되지 않으려는 기업들의 몸부림은 나를 포함한 대중에게는 유리하게 작용하지 않을까 하는 생각 내지는 바람이 들었다. 오늘날 대중소비사회에서 각종 문화콘텐츠는 대다수 인류의 일상에서 삶의 중심을 차지하게 됐다. 따라서 자연히 고부가가치인 문화산업도 경제의 중심부로 이동하게 됐다. 모든 경계의 허물어짐 속에서 까다로운 대중의 마음을 사로잡기 위한 경쟁이 치열하게 펼쳐지면 보다 다채롭고 다문화적 요소를 품은 경쟁력 있는 문화콘텐츠가 많이 나올 가능성이 커지지 않을까. 그러면 자연스레 대중의 선택권도 넓어질 테고 말이다.

사실 진정한 의미에서의 '대중문화'는 기술의 복제와 대량 배포가 가능해진 20세기에 들어서야 설득력 있게 다가온 단어다. 19세기 초만 해도, 귀족이나 양반일지라도 문화적으로는 오늘날 평범한 주부나 학생보다도 풍요롭지 못했을 것이라고 하지 않는가. 아프리카에 간 록스타 공연을 인터넷을 통해 라이브로 관람하거나, 고인이 돼버린 명 지휘자 카라얀의 앨범을 방 안에서 헤드폰을 쓰고 원하는 만큼 감상하지는 못했을 테니 말이다. 이런 이유에서 기술적 혁신의 토대를 마련한 20세기를 '위대한 세기'로 부른 이들도 있었다. 위대한 역사학자 에릭 홉스봄은 21세기는 '문화적 혼종'의 시대가 될 것이라는 예측을 내놓았다. 더 이상 시간과 거리의 제약 속에 살지 않는 이동과 이주의 시대인지라 이질적인 문화들이 서로 섞이게 되므로, 그 과정에서 끊임없이 조합되고 융합되는 '혼종 콘텐츠'가 당연시된다는 것이다.

내가 얼마 전 만난 쿠바계 미국 아티스트는 서울에 와보니 모던함과 전통, 또는 별로 상관없어 보이는 요소들이 혼재한다는 느낌을 받았다고 했다. 그런데 오히려 그런 '맥락 없어 보이는' 어우러짐에 '끌림'이 생겼다고 했다. 유전적으로 이종교배가 우성인자를 낳듯이 서로 다른 생각들, 이질적인 문화들의 '우연한 충돌'에서 창의적 산물이 나온다는 점은 CJ를 비롯한 콘텐츠 기업들에 시사하는 바가 많다(미국이나 영국의 문화콘텐츠 경쟁력을 논할 때도 '다문화'가 꼭 언급되지 않는가). '비빔밥' 같은 하이브리드 식문화를 키워온 한국 문화도, 이어령 전 문화부장관의 말을 빌리자면, 세계 어느 문화에 못지않게 양극을 융합하는 '그레이존gray zone'의 특성을 지니고 있다. 단지 '우수한 돌연변이'가 우연히라도 나올 수 있는 시스템과 플랫폼, 그리고 풍토는 필요하다. 바로 그런 유무형적 '토대'를 구축하고 진화시켜가는 게 기업의 역할이자 경쟁력일 것이다.

기업 역시 하나의 문화이며 생활방식, 그리고 생존방식이라고도 했다. CJ의 생존방식은 그동안 우직하게 축적해온 경험치와 노하우를 바탕으로 탈경계적 상상력을 끝없이 발휘해나가는, 그리고 이제껏 그래왔듯이 끊임없이 낡은 껍질을 벗어야만 하는 여정이 되지 않을까. 분명한 건, CJ의 어깨에는 글로벌 콘텐츠 기업들과 무한경쟁을 펼치는 꿈과 도전의 부담스러운 무게도 얹혀 있지만, 문화사업에 뛰어든 이래 20년이란 세월 동안 여러 경계를 넘나들면서 접합과 접목을 수없이 시도해온 경험의 더께도 쌓여 있다는 사실이다. 그 내공과 의지를 토대로 21세기의 세계 문화지형도에 창조적 변화를 일으키는 '변종'으로 진화하기를 기대한다. CJ의 행로가 주목되는 이유는 그 지향점이 우리네 일상을 보다 풍요롭게 만들어주고 더 많은 이들의 재능을 꽃피우게 할 수 있으며 대중과의 소통 없이는 도태될 수밖에 없는, 까다롭지만 가치 있는 문화콘텐츠라는 영역이기 때문이다. 게다가 마침, 그 매혹의 땅을 둘러싼 역학 구도는 어느 때보다 역동적으로 흘러가고 있다.

CJ그룹 문화사업 20년 발자취

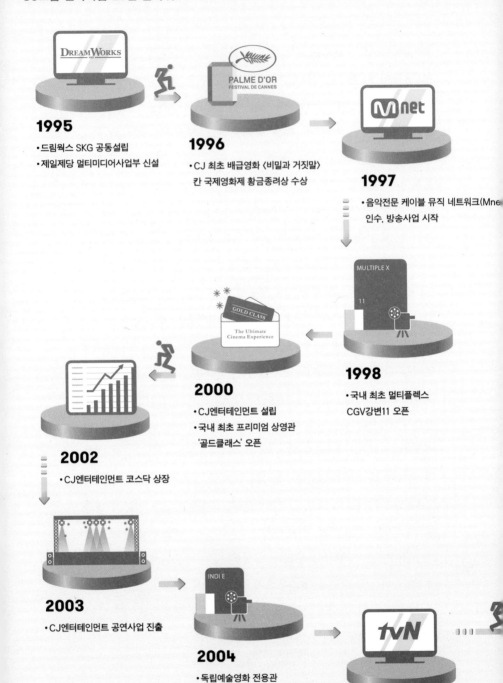

1995
- 드림웍스 SKG 공동설립
- 제일제당 멀티미디어사업부 신설

1996
- CJ 최초 배급영화 〈비밀과 거짓말〉
  칸 국제영화제 황금종려상 수상

1997
- 음악전문 케이블 뮤직 네트워크(Mne
  인수, 방송사업 시작

1998
- 국내 최초 멀티플렉스
  CGV강변11 오픈

2000
- CJ엔터테인먼트 설립
- 국내 최초 프리미엄 상영관
  '골드클래스' 오픈

2002
- CJ엔터테인먼트 코스닥 상장

2003
- CJ엔터테인먼트 공연사업 진출

2004
- 독립예술영화 전용관
  '인디영화관(현, CGV 아트하우스)' 오픈

2006
- 아시아 No.1 종합오락채널 tvN 개국
- CGV 첫 해외진출 (중국 상하이 CGV따닝

2015

- 영화 〈20세여 다시 한 번〉 한중 합작영화 최고 매출기록 경신
- 건강한 대한민국 문화생태계의 새로운 시작, 문화창조융합센터 출범
- MCN사업 새 브랜드 〈DIA TV〉 론칭
- 〈응답하라 1998〉 케이블 최고 시청률 기록하며 돌풍

2014

- 음악사업부문 레이블 체제 도입 선언 '기획사와 동반상생구조 마련'
- 영화 〈명량〉 1761만 관객 동원(역대 박스오피스 1위)

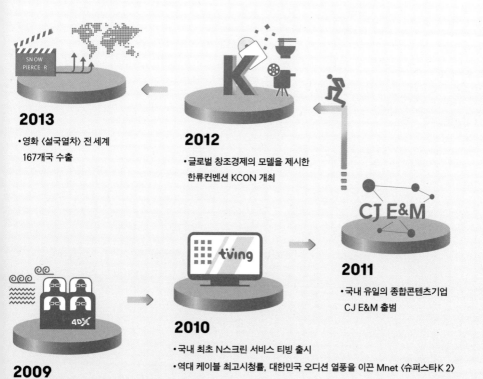

2013

- 영화 〈설국열차〉 전 세계
  167개국 수출

2012

- 글로벌 창조경제의 모델을 제시한
  한류컨벤션 KCON 개최

2011

- 국내 유일의 종합콘텐츠기업
  CJ E&M 출범

2010

- 국내 최초 N스크린 서비스 티빙 출시
- 역대 케이블 최고시청률, 대한민국 오디션 열풍을 이끈 Mnet 〈슈퍼스타K 2〉

2009

- CGV상암 세계 최초 오감체험 영화관 CGV 4DX 런칭
- 아시아 최대 음악 축제 MAMA(Mnet Asian Music Awards) 개최
- 영화 〈해운대〉 CJ영화 최초 1천만 관객 돌파

도와주신 분들

CJ E&M

미디어콘텐츠 부문 이덕재 님

미디어tvN 본부 이명한 님

미디어콘텐츠전략 담당 정형진 님

미디어기획제작1국 나영석 님

드라마ICP 이재문 님

Mnet 콘텐츠 부문 신형관 님

Mnet 전략콘텐츠TF 한동철 님

Mnet 컨벤션사업국 김현수 님

영화 해외사업부 김성은 님

영화 해외사업본부 남종우 님

영화 글로벌비즈니스팀 임명균 님

영화 글로벌비즈니스팀 김권식 님

영화 중국투자배급팀 이기연 님

영화 마케팅1팀 강은경 님

영화 한국영화2팀 방옥경 님

글로벌사업 담당 서현동 님

경영지원실 최도성 님

CGV

아트하우스 사업 담당 이상윤 님

컬처플렉스 기획팀 성인제 님

위탁영업팀 선택근 님

CJ 오쇼핑

방송콘텐츠 담당 홍수경 님

콘텐츠기획팀 장갑선 님

방송콘텐츠 담당 임호섭 님

언더웨어침구팀 김수형 님

CJ 제일제당

식품마케팅 HMR팀 장현아 님

식품마케팅 다시다팀 안혜선 님

CJ 푸드빌

글로벌사업 담당 김찬호 님

계절밥상 사업부 이상열 님

CJ 대한통운

중국 경영지원팀 박병용 님

타임와이즈인베스트먼트

대표 서장원 님

서일대학교 영화과 교수 김익상 님

전 CJ E&M tvN 본부 고문 송창의 님

전 CJ제일제당 식품마케팅 담당 박찬호 님

전 CJ 중국투자배급팀 김치형 님

전 열림원 편집부 김다미 님

CJ의 생각

초판 1쇄 발행 2016년 3월 2일
초판 2쇄 발행 2016년 4월 18일

지은이 고성연

발행인 정중모

발행처 도서출판 열림원

출판등록 1980년 5월 19일 제406-2000-000204호

주소 경기도 파주시 회동길 121 (문발동)

전화 031-955-0700

팩스 031-955-0661~2

전자우편 editor@yolimwon.com

홈페이지 www.yolimwon.com

페이스북 /yolimwon

기획 편집 박은경 임자영 김정래 심소영 이지연

제작 관리 박지희 김은성 윤준수 조아라

홍보 마케팅 김경훈 박치우 김계향

디자인 강소리

ISBN 978-89-7063-985-7 03190

만든 이들

편집 박은경 이지연

디자인 김형균(표지·본문) 이경민(인포그래픽)

사진·인터뷰 제공 CJ